Pattern Recognition

ビジュアルテキスト

パターン認識

荒井秀一 [著] ARAI, Shuichi

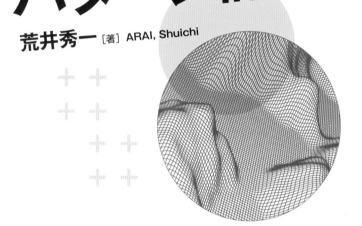

森北出版

まえがき

●この本の特長

　パターン認識技術は現代社会のさまざまなサービスの中に取り込まれ，すっかり身近なものになりました．みなさんもスマートフォンで指紋認識，音声認識，顔画像認識，楽曲認識，文字認識など，さまざまなパターン認識技術を当たり前のように利用していると思います．

　そのため，パターン認識技術に関する書籍も多く存在しますが難解な内容が多く，初学者にはハードルが高い分野になってしまっています．技術や理論は置いておいて，ともかく動かしてみましょうというスタンスの書籍が多い理由も，技術の難解さにあるのかもしれません．

　この本では，現在のパターン認識技術の根幹である統計的パターン認識技術の基礎理論を，その数学的意味を丁寧に説明することで，根本的な意味から理解できるように努めました．

　対象は大学低学年を意識して，大学初年度程度の基礎知識があれば読み進められるようにしました．

　多くの書籍ではページ数の都合で掲載されていない式の導出過程を詳細に示すことで，文を読むような感覚で式を読み進められるようにしてあります．こうすることで，基本的な式から始まって，順次さまざまな理論へと関係付けながら理解できるように心がけました．

　さらに，この式は何を意味しているのか，式と式の関係はどうなっているのかなど，わかりにくい部分に関しては，図と式を用いて意味を可視化することを心がけました．それでも数学的な理論は理解しにくいので，多くの例題で理解を深められるようにしてあります．

　専門書というよりも読み物に近い内容になっていることもあり，読み進めていくうちに自分が今，全体の理論構成の中のどこを歩いているのかがわからなくなるかもしれません．そこで，章末にまとめを設け，各事項の参照ページ番号と式・表・図番号を示すことで，各章を振り返れるようにしました．

　また，理解を深めるために Let's try! という問題を作り，各技術的説明の後に置きました．理解度をチェックするために用いてください．

　さらに，サンプルプログラムも用意しました．用意してあるものは本文中に Program と示してあります．サンプルのプログラムは Python で書きましたので，さまざまな OS

で動かすことができると思います．実際に動かして理解を深めてください．

このサンプルプログラムと Let's try! の簡単な解答例は

https://www.morikita.co.jp/books/mid/088091

から取得することができます．

このような構成にしたのでページ数は多くなりました．さらに，教師なし学習など
さまざま提案されている技術も網羅できていません．しかし，この本で取り上げてい
る技術は，現在のパターン認識技術の根幹の部分であり，この基礎的理論を数学的に
理解できれば，この先にあるさまざまな技術の理解も容易になると考えています．

理論がブラックボックスになりかけてしまっている現代に新たにこの分野に入って
こられる読者のみなさんが，パターン認識の基礎理論を理解するための助けになれば
幸いです．

●この本のあらすじ

では，この本で扱う内容を簡単に説明しましょう．本書の内容を図 1 から図 4 にまと
めました．まず，図 1 を見てください．ここでは，目の前に現れた未知の動物が「犬」
か「猫」かを見分けることを例として考えます．

みなさんは未知の動物が与えられたときに，今まで経験したことを思い出して，そ
れらのうちのどれに**似ている**だろうと考えるでしょう．似ているというのは，図に示
したように**距離**で測ることができます．さて，この方法は記憶との総当たりです．こ
れでは，知っていることが増えると破綻してしまうので，人間はこのようには認識し
ていないでしょう．

ではみなさん，「犬」をイメージしてみましょう．一つのイメージが頭に浮かびます
よね．これが典型例（**プロトタイプ**）です．物体一つに対し一つの典型例だけなので，
識別にかかるコストは低くなりました．

ここで，「犬」と「猫」のプロトタイプの間には，未知の動物との距離が等しくなる
点があります．これが**識別境界**（決定境界）です．この境界を識別関数 $f(x)$ で定める
と，その正負だけで認識ができます．便利ですね．

ところが，プロトタイプを用いた方法だと，識別境界の近くに既知の事例が存在する
ことがあります．そこで，既知の事例群の間のマージンが最大になるように境界線を
引くことを考えました．みなさんが図のようなデータを与えられたら，**大体真ん中**に
境界を引きますよね．それがマージン最大化です．

次は，図 2 を見てください．ここまでは，直線（線形関数）で犬と猫（〇と□）を分
割できましたが，この例では分割できません．実際の場合では，このようなことがよ
く起きます．では，識別境界を定めていた識別関数を拡張することを考えましょう．

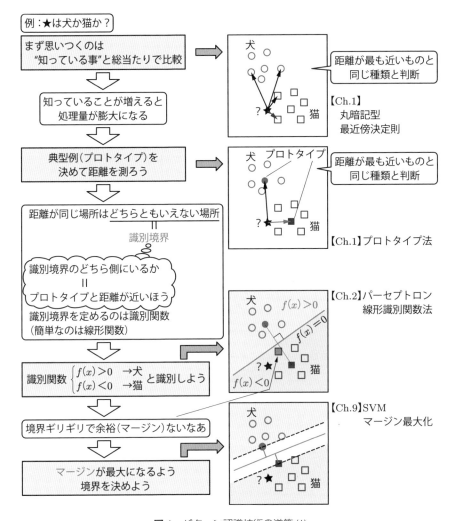

図1 パターン認識技術の道筋 (1)

　まず，一つ目は**評価関数最小化法**です．今までは距離という尺度を用いていて，それにより識別境界が決まっていました．この方法では，距離を用いずに，理想的な識別関数の値を一つひとつの事例に対し教師信号として与えます．そして，教師とのズレが最小になるように識別関数を決めようと考えます．

　二つ目は直線で引けないなら曲線で引けばよい，と考える方法です．実際に曲線だと自由度が高すぎるので，細かい線分を組み合わせて識別境界を決めます．この考え方に近いのが**ニューラルネットワーク**（多層パーセプトロン）です．

　最後は先ほどのマージン最大化の拡張です．自分の領地からはみ出たデータには負

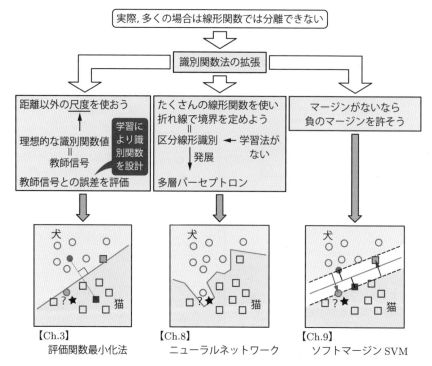

図2　パターン認識技術の道筋 (2)

のマージンがあるとしてマージンを定義し直し，マージン最大化を行う方法です．**ソフトマージン SVM** といいます．

　この本で扱うのは，このように，みな識別関数に基づいた方法です．

　では，次は図3を見てください．このようにさまざまな方法で認識された結果は本当に正しいのでしょうか．認識した結果の**確からしさ**を考える必要がありそうですね．図に示すように，確率モデルを導入した認識方法が多く提案されています．この本ではベイズ推定を中心に，何を確率モデルで表現するかに注意しながら代表的な認識手

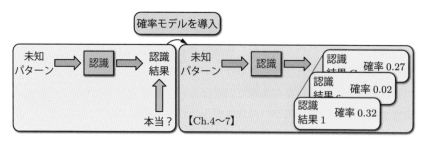

図3　認識の確からしさを考慮

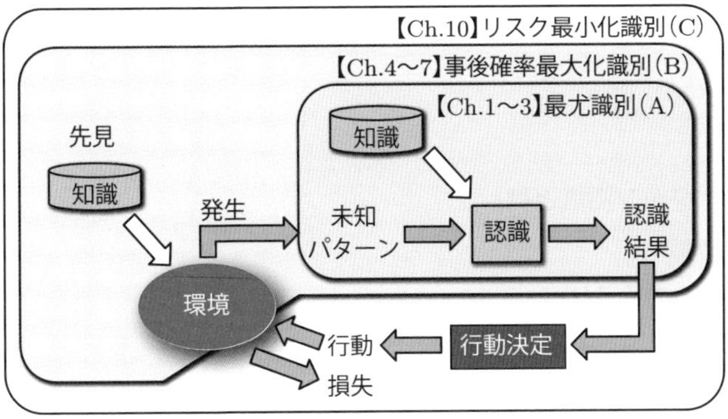

図4 何に留意してパターン認識するか

法を説明していきます.

　最後に, どのような点に留意しながら認識を行うかを考えてみます. 図4を見てください.

　ここまでの例では,「目の前に現れた未知の動物が犬か猫か？」を認識していました. それが図中 (A) の枠の部分で, 目の前にある現物を何と判断するのが最も 尤 もらしいかという基準で認識を行います.

　ところが私たちは, それ以外の知識も使いながら認識を行っています. 例えば, 認識結果が "猫" ではなく "ライオン" だったとしましょう. そして未知動物が現れたのは, "家の中" です.「まさか！ こんなところに」と思うわけですが, これが**常識, 先験知識**などと呼ばれるもので, それを考慮した認識法が図中 (B) の枠の部分です.

　さらに, 何のために認識を行っているかといえば, その判断結果に基づき行動するからです. 未知動物がライオンの場合, あなたが正しくライオンだと認識すれば, 家の外に逃げるでしょう. 一方, 間違って猫と認識してしまうと, あなたはライオンに襲われてしまい大きな損害を被るでしょう. では, 未知動物が猫の場合はどうでしょう. 誤った認識をしても, 大した損害はなさそうですね. このように損害まで考えてどのように認識をすべきかを考える方法が図中 (C) の枠の部分です. この本の最後で扱います.

　この本の全体の構成をお話ししてきましたが, イメージがつかめたでしょうか. このようにこの本では, 現在まで提案されてきたさまざまなパターン認識技術を関連付けながら説明していきます. きちんと腰を据えて読み進めれば, きっと理解できますし, これらの基礎技術が理解できれば, これからの未来に提案されるだろう新しい技術もきっと理解できるでしょう.

　2021 年 1 月　　　　　　　　　　　　　　　　　　　　　　　　　著　　者

目　次

パターン認識とは

この章では，まず，「パターン」とは何か，「認識」とは何かを考えます．また，それを理解するために「カテゴリ/クラス」と，それを表現する「知識」について説明します．

人間は当たり前のように「パターン認識」を行っていますが，コンピュータにそれを行わせるためには，「パターン認識」の手続きをモデル化する必要があります．パターン認識システムを設計する手順とそれに必要な要素を示すことで，コンピュータではどのようにパターン認識を実現しているのかを説明します．ここでは，まず，単純なパターン認識の方法を考えることにより，コンピュータ上でのパターン認識の基本的な仕組みを説明します．

パターン認識システムの性能を評価するにはさまざまな指標がありますので，それらについても説明します．

1-1 人間と認識

みなさんが生まれてから現在までの間，絶えず環境から受け取った刺激を「認識」しています．例えば

- 今，この文書を「見て」，そこに映し出されている「文字」が何を表しているかを「認識」しています．
- 耳を澄ませば，あなたがいる環境中に存在するものから発せられる「音」を「聞く」ことができるでしょう．そして，その音が何の音なのかを「認識」しています．
- その音が何の音かがわからなければ，音の方向を「認識」し，その方向に顔を向けることによって，新たな視覚情報を得るでしょう．そして，その音の正体が何かを「見る」「聞く」という動作から得られた情報から「認識」するでしょう．

このように，私たちは五感で捉えた外界のさまざまな情報を，時には無意識に，時には意識的に，脳神経系で処理し行動しています．声を聞き分ける，人の顔を見分け

る，食物を味わうなどの処理は，それらに関する記憶も含めて，私たち自身にとって普段は何ら負担に感じない情報処理なのですが，このような情報処理をコンピュータに行わせることは非常に難しいということが，さまざまな研究の結果わかってきました．コンピュータにとっては，情報を処理することは簡単なことなのですが，知覚した情報を処理して「認識」を行うプログラムを「処理」として記述することは難しく，現在もなお活発に研究が行われています．

1-2// パターンとカテゴリ

　まず，「パターン」を「認識」するという，私たちが常に行っている行動について考えてみましょう．

　例えば，図 1.1 のように，目を向けたシーン（視界）に犬がいたとします．この「見る」という動作の結果，脳内にシーンが形成されます．この脳内シーンは視覚器によって得られるもので，視覚器の特性によって異なります．例えば人間ではフルカラーのシーンと思われがちですが，乳児の場合はほぼ白黒のシーンです．ここから特徴の抽出が行われます．この抽出器にどのようなものが備わっているのかは脳科学の分野で研究が行われてきており，いくつかの形状要素に反応する脳の部位は発見されているものの，どのようなパターン空間が構成されているのかは明らかになっていません．しかし，とにかく「犬」であることを見分けるのに足る情報は抽出されているわけです．この脳内に出来上がったパターンを元に，既に脳内に蓄えられている知識との間で照合が行われます．その結果，過去の経験で取得したシンボル『わんわん』と思い込む（推定する）ことになります．この『わんわん』というシンボルは，親（ある文化圏に所属する人間）が与えた「ことば」であり，この「ことば」はパターンの揺ら

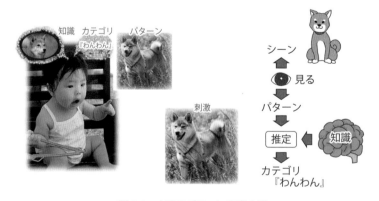

図 1.1　人間のパターン認識の例

ぎを許容した抽象度の高い表現です．その揺らぎの範囲のことを「範疇」「カテゴリ」と呼びます．「わんわんカテゴリ」とは，『わんわん』といえる性質の範囲のことです．

では，今出てきた用語について，以下でもう少し詳しく説明していきます．

1-2-1　カテゴリ

カテゴリ (category) とは，**同じ性質のものが属する部類**であり，すぐに思いつく例としては，「もの」の「名前」があります．"犬"，"猫"，"自動車"，"消しゴム" などがカテゴリになり得ます．

また，味覚を例にとれば，"甘い"，"辛い"，"苦い" などの性質（概念）がカテゴリになります．カテゴリには，そのカテゴリが担っている何らかの意味が存在し，それを抽象化して『甘い』『辛い』『苦い』などの**シンボル（記号）**が割り当てられることが多いのですが，必ずしもシンボルが割り当てられるわけではありません．カテゴリを**パターンクラス** (pattern class) もしくは単に**クラス** (class) という場合もあります．

カテゴリはあくまで人間が定めた「概念」なので，犬がもっているカテゴリと人間がもっているカテゴリは当然異なっています．

また，文化によってもカテゴリは異なります．有名なのは "虹色" です．大局的には「赤から紫までの可視光スペクトルが並んだ色の列」でしょうが，具体的に何色があるかは文化によって異なります．英語でレインボーカラーといえば一般に6色ですが，日本では明治時代までは5色でした．学術的分野では7色で定義されるのを受け，明治時代の小学校の教科書で7色と書かれて以来，日本でも7色が一般的に広まりました．このように，カテゴリは文化によっても大きく異なるので注意が必要です．

1-2-2　パターン

みなさんは，「パターン」という外来語を当然知っている（と思い込んでいる）わけですが，どのような概念を表す言葉として使っていたでしょうか．パターン (pattern) という言葉を辞書で調べてみると，いろいろな語義があることがわかります．

1. a perceptual structure;（知覚構造）
2. a customary way of operation or behavior;（手続きや振る舞いの慣習的な方法）
3. a decorative or artistic work;（装飾や芸術的な創作物）
4. something regarded as a normative example;（標準的な例としてみなされるもの）
5. a model considered worthy of imitation;（模倣するに価値があると考えられ

るモデル）

6. something intended as a guide for making something else;（何かを作るためのガイドとして意図したもの）

7. the path that is prescribed for an airplane that is preparing to land at an airport;（空港に着陸しようとしている飛行機のために規定された航路）

8. graphical representation (in polar or Cartesian coordinates) of the spatial distribution of radiation from an antenna as a function of angle;（アンテナからの空間放射分布の極座標系やデカルト座標系でのグラフ表現）

これらの語義に共通していることが，"pattern" という言葉の概念です．パターンとは，"何か" を "分類"，"再現" するための "形式的表現" といえます．

パターン認識における**パターン** (pattern) とは，外部から観測される何らかの信号やデータの集合であり，言い換えれば表に現れている何らかの要素の配置です．パターンはカテゴリを表象するための実在の観測物であり，観測されたパターンにより，カテゴリに分類できたり，もしくはパターン同士が同一カテゴリか否かを判定できるに足る情報を保持していたりしなければなりません．例えば，"甘い" というカテゴリを表象するパターンとしては，"砂糖" や "石焼き芋" や "ケーキ"，あるいはそれらの "成分表" などが考えられます．

一方，"赤い" というカテゴリを表象するパターンに，"モノクロ写真" はなり得ないのです．同様に，"悲しい" というカテゴリを表象するパターンに "顔画像" はなり得るかといえば，"嬉し泣き" という概念もあるので，怪しいところです（感情の研究には画像をパターンとして扱っているものが多く存在しますが，この議論からわかるように，画像からは限定的なカテゴリ "涙を流している"（≠ "悲しい"）を推定しているにすぎません）．このように，あるカテゴリを表象するパターンの定義は意外に難しいのです．

また，別の例として，図 1.2 のような "文字" を考えてみると，これは 2 次元的広がりをもった視覚パターンであるといえます．

図 1.2　文字パターンの例

図 1.3 カテゴリ "さ" に属する文字パターンの例

文字にはさまざまなカテゴリが存在しますが，例えば "さ" というカテゴリを表象するパターンには図 1.3 のようなものがあり，パターンにはかなりの揺らぎが存在することがわかります．

また，さらに別の例としては，音声情報という聴覚パターンも存在します．例えば，/a/ という言語音もカテゴリとしては一つであっても，発話者が異なったり，毎回の発話条件が異なること等によって，パターンは発声ごとに大きく揺らぎます．

このように，カテゴリがもつ性質には幅がある場合が多く，さらに，カテゴリを決定する性質以外はどのような特徴を有していてもよいので，あるカテゴリに属するパターンには大きな揺らぎが存在することになります．

Let's try! 1-1

パターン，カテゴリ，シンボル

(1) "晴れ" というカテゴリに対して "雲の量" はパターンとなり得るでしょうか？

(2) "楽しい" というカテゴリに対して "顔画像データ" はパターンとなり得るでしょうか？

(3) 将棋の棋譜はパターンといえるでしょうか？

(4) 動物（例えば犬）はカテゴリやシンボルをもっているのでしょうか？

1-3 パターン認識

1-3-1 認識とは

認識とは英語で書くと Re-Cognition と書け，「再び認知する」という意味です（図 1.4）．すなわち，既に知っている知識と照らし合わせて，今，受容した刺激パターンを認知する行動を認識というわけです．これは，「知らないもの ＝ 知識をもっていないもの」を何であるかを定めることは不可能であることを考えれば，当然なことです．

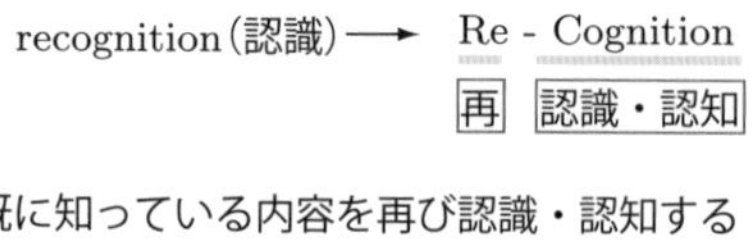

recognition（認識）── Re - Cognition

再　認識・認知

既に知っている内容を再び認識・認知する

図1.4　認識とは

1-3-2　パターン認識とは

ここまでで，"パターン"や"認識"という言葉を定義してきましたので，"パターン認識"とは何を行うものかがわかると思います．

図1.5に示すように，**パターン認識** (pattern recognition) とは，与えられたパターン X を，カテゴリに関する知識を用いながら，それが属するカテゴリ Y を推定することです．これは，パターン X を何らかの変換規則 $f(X)$ によって，異なる空間に属するカテゴリ Y に対応付ける操作と見ることもできます．

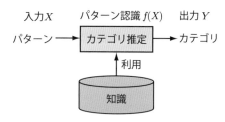

図1.5　パターン認識とは

このように，$X \rightarrow Y$ という写像を形成することが"認識"なのです．

この写像をどのように形成するかが，パターン認識器の設計での中心問題になります．そのためには，

- カテゴリに関する知識をどのようにして得るか
- その知識が表象されているようなパターンをどのように生成するか
- 得られた知識をどのように利用して写像を形成するか

などを，考えていく必要があります．

1-3-3　パターン認識の例

パターン認識は，知識処理の基礎を形成しており，表現の異なる空間に属しているものをつなぐ役割を果たしています．コンピュータにパターン認識を行わせることで，コンピュータの役割は単なる計算機から大きく変遷してきました．これまでに実用化

されてきたパターン認識技術は，以下に示すようにさまざまなものがあります．

- 手書き文字認識：パターン ＝ 手書き文字，カテゴリ ＝ 文字名
- スパム（spam）フィルタ：パターン ＝ メール，カテゴリ ＝ スパム（spam）か否か
- CV (computer vision)：パターン ＝ ロボットが見た物体の画像，カテゴリ ＝ 物体の種類
- 遺伝子解析：パターン ＝ マイクロアレイデータ，カテゴリ ＝ 病気か否か
- そのほかにも，郵便番号読み取り装置，指紋判定器，手のひら静脈認証，音声認識装置，顔画像認証，楽曲認識，などなど

人間の日常の営みを考えてみると，どのような行動もパターン認識そのもの，あるいはその基本にパターン認識があるといっても過言ではありません．よって，コンピュータで実現できているパターン認識は，そのごく一部だといえ，これからのパターン認識技術の進歩は，私たちの社会をさらに大きく変えていくことになるでしょう．

1-4　パターン認識の処理の流れ

　パターン認識は，前述のようにパターン空間からカテゴリ空間への写像とみなすことができるわけですが，実際には，図 1.6 に示すように，何回もの写像が行われるのが一般的です．

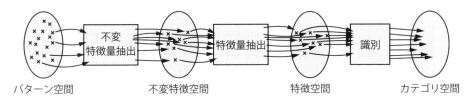

図 1.6　パターン認識処理の流れ

　「パターン空間」はセンサなどから得られたデータで張られた空間であり，そこから不変特徴量抽出が行われます．この処理は，データ取得における環境の揺らぎなどを除去するもので，例えば画像データであれば，照明の影響の除去や，データの回転，大きさの正規化など，いわゆる前処理といわれる処理にあたります．

　次に，「不変特徴空間」から特徴量抽出を行うことで，「特徴空間」への写像が行われます．特徴空間は，認識したいカテゴリを表現可能な空間であり，この写像はカテゴリを識別するために不要な情報を除去する処理ということもできます．認識したい

カテゴリの種類が変われば，必要となる特徴も変化するので，特徴空間は認識器が扱うカテゴリに依存して変化します．不変特徴空間から特徴空間への写像において，空間の次元数は大幅に減少します．この段階で適切な特徴空間を張らずに余分な特徴を残してしまうと，識別器の性能が低下することになるので注意が必要です．

　最後に「特徴空間」から「カテゴリ空間」への写像を行うのが識別器の役割です．識別器の設計方法には

$$\left\{\begin{array}{l} \bullet\ \text{統計的パターン認識}\cdots\ \text{パターンの統計的モデルに基づく} \\ \bullet\ \text{構造的パターン認識}\cdots\ \text{形態的構造に基づく} \end{array}\right.$$

の二つが考えられます．現在は，この本で解説する統計的モデルの利用が主流ですが，簡単なパターン認識タスクの場合には，構造的な手法もよく用いられます．

1-5 パターン認識システムの設計

　実際にパターン認識システムを設計する手順としては，以下に示すようないくつかのステップが存在します．この手順に沿って順次システムを設計していきますが，注意しなければならないのは，フィードバックループが設計手順に存在することです．すなわち，この手順に従って順次設計を進めていったとしても，まず1度では満足するような認識結果は得られないということを意味しています．まずは，認識システムを動作させて識別器の評価を行ってみないと，どのようにシステムを修正していくべきなのかがわからないのです．その理由は，図1.7のフィードバックループの先が複数箇所を指していることにあります．すなわち，「特徴選択」がよくないのか，「モデル選択」が誤っているのかなど，要求を満たすような識別性能を得るために必要なものが最初からはわからないというのがパターン認識の世界なのです．

　それでは，設計手順と各ステップのポイントについて示します．

データ収集
- 少数の典型的なデータで識別器をとりあえず構成することは可能です．
- 実際に性能のよい識別器を構成するには大量のデータが必要です．
- 目的に対して必要十分なデータ量はどのくらいかを知ることは大変困難です．

特徴選択
- 識別のために適切な特徴を選択することは，設計上重要です．
- 問題（タスク）により，最適な特徴は異なります．
- 選択には対象に関する知識が必要です．

モデル選択
- 対象の観測量と推定量（カテゴリ）とを結ぶモデルを選ぶことが大切です．

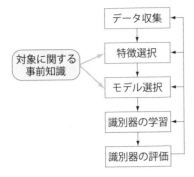

図 1.7 パターン認識システムの設計手順

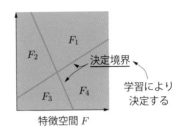

図 1.8 特徴空間とカテゴリ（クラス）

- 真のモデルと仮定したモデルとのズレを知ることが重要です.
- 選択には対象に関する知識が必要です.

識別器の学習

- 学習とは, 特徴空間 F をカテゴリによってラベル付けされた領域に分割することです（図 1.8）.
- この本ではさまざまな学習方法を扱います.
- 識別器の開発に最も有効な方法は, 実例から学ぶことを繰り返すことです.
- 万能な方法はないということを覚えておきましょう.

1-5-1 特徴ベクトルと特徴空間

ここまでパターン認識システムを設計する手順を説明してきましたが, そこで取り扱う特徴データやそれを用いた識別器の学習や評価について, もう少し詳しく眺めてみましょう.

特徴ベクトル

特徴量抽出の結果得られる特徴量は数値データの列です. 例えば, 性別識別器を構成する際に特徴量として "身長", "体重" を用いたとしましょう. この数値データは, あるパターン（性別）を表現する特徴なので, 一つのベクトル $\mathbf{x} = \left(\text{身長} \quad \text{体重} \right)$ として表現します. これを特徴ベクトルといいます.

特徴量として選んだ特徴の数が d 個であれば, 特徴ベクトルの次元数は d となります.

$$\text{特徴ベクトル} \quad \mathbf{x} = \left(x_1 \quad x_2 \quad x_3 \quad \cdots \quad x_d \right) \tag{1.1}$$

音声, 画像など, どのような入力パターンも, 特徴ベクトルになってしまえば同様にパターン認識できます. 特徴量抽出の手法は音声や画像などの個々の

メディアごとにさまざまな手法が提案されていますが，この本ではそれらについては扱わず，特徴量抽出後の世界について説明していきます．

特徴空間

特徴空間とは，特徴ベクトルによって張られる空間のことです．例えば，d 次元の特徴ベクトルは d 次元の特徴空間を張ることになります．

パターンから抽出した特徴ベクトルは特徴空間内で一つの点（位置ベクトル）になります．図 1.9 に示すように，いくつかのカテゴリに属するパターンから特徴量を抽出すると，それらの特徴ベクトルは雲のような塊を形成します．この塊を**クラスタ** (cluster) といいます．

各カテゴリを表現するのに適した特徴量が抽出されていれば，同一カテゴリに属するパターンは特徴空間上でクラスタを形成しますが，そうでない場合は，クラスタは形成されません．このように，クラスタが形成されるかどうかは特徴量抽出にかかっていて，うまくクラスタが形成されるような特徴量抽出ができないと，識別器を構成するのが困難になります．

クラスタとカテゴリ（クラス）

同一カテゴリに属する特徴ベクトルはクラスタを形成すると説明しましたが，実際には図 1.10 に示すように，カテゴリ対クラスタは 1 対 1 の関係にはありません．カテゴリは人間が定めた意味をもつ概念ですので，特徴空間とは直接対応しない場合が多くあります．そのため，特徴量がクラスタを形成しても，その一つひとつがカテゴリには対応せず，いくつかのクラスタの集まりがカテゴリを表す場合があります．

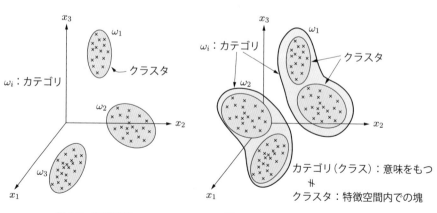

図 1.9　特徴空間　　　　　　　図 1.10　クラスタとカテゴリ（クラス）

1-5-2 識別器の学習

識別器を統計的手法で構築する際には，識別器の学習が必要です．これは図 1.11 に示すように，識別に用いる知識（パターン辞書）を，学習用の画像や音声パターンに対し，予め用意して学習するのが一般的です．このように，学習用に与えるパターンがどのカテゴリに属するのかを学習器に与える学習方法を**教師付き学習**といいます．

すなわち，教師データ（教師信号）が存在しないと学習できないわけです．当然，この情報は，すべての学習データに対して，人間が付与します．学習データが多くなると，教師データを付与するのは非常に困難になります．

さて，学習データが用意できたら，学習データから特徴量を抽出します．この特徴量とカテゴリとを結びつけるためのモデルを与えて識別器を学習します．

識別器の学習が終了したら，その識別器を用いて未知パターンに対する認識を行います．図 1.11 に示すように，識別器は特徴量抽出までは学習器と同じ操作を行い，学習により構築された知識を用いて未知パターンのカテゴリを推定します．

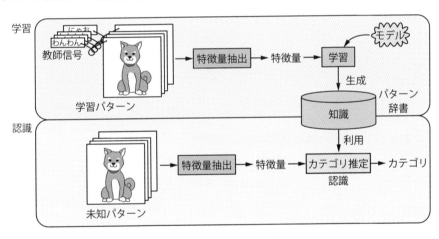

図 1.11 教師付き学習の流れ

1-5-3 識別器の評価

識別器の学習が終了したら，その性能を評価する必要があります．ここではまず，問題を単純にするために，2 クラス識別器の評価について述べます．

2 クラス問題では，「"本物" か "偽物" か」とか，「"正常" か "異常" か」とか，ある範疇か否かを判定します．例えば，今の例では，「"本物" か否か」，「"正常" か否か」，またはこの反対の「"偽物" か否か」，「"異常" か否か」，などです．

ここで，注目している概念（範疇）にあてはまるデータを**正例** (positive)，あてはま

らない学習データを**負例** (negative) といいます．例えば，「"異常"か否か」を識別する問題では，"異常"なデータが正例，"異常でない"＝"正常"なデータが負例になります．

さて，学習した識別器に，学習時とは異なるテストデータを入力して識別を行わせると，以下の4種類のケースが考えられます（図 1.12）．

正例 (+) のデータを $\begin{cases} (1)\ 正例\ (+)\ と識別した【識別成功】 & \text{True Positive (TP)} \\ (2)\ 負例\ (-)\ と識別した【識別失敗】 & \text{False Negative (FN)} \end{cases}$

負例 (−) のデータを $\begin{cases} (3)\ 正例\ (+)\ と識別した【識別失敗】 & \text{False Positive (FP)} \\ (4)\ 負例\ (-)\ と識別した【識別成功】 & \text{True Negative (TN)} \end{cases}$

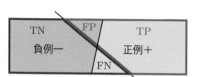

□: 推定クラス＋(Positive)
□: 推定クラス−(Negative)

図 1.12　TP, FP, TN, FN の関係

表 1.1　混同行列

		推定クラス	
		+ (Positive)	− (Negative)
真の	+ (Positive)	True Positive	False Negative
クラス	− (Negative)	False Positive	True Negative

テストデータすべてに対して識別を行い，その結果の件数を表 1.1 のようにまとめたものを**混同行列** (confusion matrix) といいます．

この混同行列は 2 クラス問題だけでなく，多クラス問題でもまったく同様に作ることができます．この表の対角要素が識別の成功したテストデータ件数，非対角要素が識別の失敗したテストデータ件数です．非対角要素を見れば，どのクラスをどのクラスに間違えやすいのかなど，識別器の性能や特徴を知ることができます．

●**正解率，誤り率**

識別器の性能評価指標で最も一般的なものとして，**正解率** (accuracy) があります．これは，テストデータを正しく識別できた割合で，次のような式で表されます．

表 1.2　正解率

$$\text{accuracy} = \frac{\text{TP} + \text{TN}}{\text{TP} + \text{FP} + \text{FN} + \text{TN}}$$

		推定クラス	
		+ (Positive)	− (Negative)
真の	+ (Positive)	True Positive	False Negative
クラス	− (Negative)	False Positive	True Negative

正例 (Positive) と負例 (Negative) の 2 クラスを正しく認識できた (True) 割合なので，全体のテストデータ件数 (TP＋FP＋FN＋TN) のうちの TP と TN の件数の和の割

合という式になります.

　また，識別器の誤りに注目する指標として，誤り率 (error rate) があります．これ
は，テストデータを正しく識別できなかった割合で，正解率との間には，error rate =
1 − accuracy という関係があります.

　さて，この正解率や誤り率だけで識
別器を評価すると問題が生じます．例
えば，表 1.3 のような混同行列が得られ
たときを考えます．これは，製品検査
の識別器の例で，欠陥品を検出するの

表 1.3　欠陥品検出の混同行列

		推定クラス	
		+ (Positive)	− (Negative)
真の	+ (Positive)	1	9
クラス	− (Negative)	1	99989

が目的なので，正例 (Positive) は欠陥品で，負例 (Negative) が "欠陥でない" = "正
常" です．この例の場合だと，10 万件中 99990 件が正常で，欠陥品が 10 件であり，多
くのサンプルは正常と識別されました．この混同行列から正解率を求めると，

$$\text{accuracy} = \frac{1 + 99989}{1 + 1 + 9 + 99989} = \frac{99990}{100000} = 0.9999 = 99.99\%$$

という非常に高い正解率となり，非常に優れた識別器と判断してしまいます．しかし，
欠陥は全部で 10 件あるにも関わらず，それを検出できたのは 1 件のみで，欠陥検出器
としてはまったく役に立ちません．このように，正解率だけでは識別器の評価は不十
分で，そのため，以下のようなさまざまな指標が提案されています.

●精度

　識別器が正例 (Positive) と判断したときに，それがどれだけ信用できるかを示す指
標が精度 (precision) です．情報検索などの分野では，精度を適合率ということがあり
ます.

表 1.4　精度

$$\text{precision} = \frac{\text{TP}}{\text{TP} + \text{FP}}$$

		推定クラス	
		+ (Positive)	− (Negative)
真の	+ (Positive)	True Positive	False Negative
クラス	− (Negative)	False Positive	True Negative

これは，検索器（識別器）が検索条件に合致すると判断してもってきた情報 (TP + FP)
のうち，それが本当に検索条件に適合している (TP) かの割合を示します.

　先ほどの表 1.3 に対して精度を計算してみると，

$$\text{precision} = \frac{\text{TP}}{\text{TP} + \text{FP}} = \frac{1}{1 + 1} = 50\%$$

となり，検出器が欠陥と識別した二つに一つしか欠陥品を識別できないということが，

この指標から明らかになりました.

●再現率

正例 (Positive) 全体のうち,どの程度正しく正例と識別できているかを示す指標として再現率 (recall) があります.再現率は**感度** (sensitivity) と呼ばれたり,**真陽性率** (true positive rate: TPR) と呼ばれたりもします.

表 1.5　再現率

$$\text{recall} = \frac{\text{TP}}{\text{TP} + \text{FN}}$$

		推定クラス	
		+ (Positive)	− (Negative)
真の	+ (Positive)	True Positive	False Negative
クラス	− (Negative)	False Positive	True Negative

では,先ほどと同様に表 1.3 に対して再現率を計算してみると,

$$\text{recall} = \frac{\text{TP}}{\text{TP} + \text{FN}} = \frac{1}{1 + 9} = 10\%$$

となり,全体で 10 件ある欠陥に対し,検出器が欠陥と識別できるのは一つしかないということが,この指標から明らかになりました.

この指標を高くするだけなら,簡単に実現できます.それは,すべてのテストデータに対して正例 (Positive) と推定すればよいのです.当然負例に対してはすべて誤りますので,FP は大きくなりますが,この指標には入っていないので関係はなく,簡単に recall を 1 にすることができます.

●偽陽性率

全負例 (Negative) のうち,誤って正例 (Positive) と判断してしまった割合を偽陽性率 (false positive rate: FPR) といいます.

表 1.6　偽陽性率

$$\text{false positive rate} = \frac{\text{FP}}{\text{TN} + \text{FP}}$$

		推定クラス	
		+ (Positive)	− (Negative)
真の	+ (Positive)	True Positive	False Negative
クラス	− (Negative)	False Positive	True Negative

負例なので,本来の正例を検出するという目的には関係ない事例なのですが,誤って,目的である事象 (Positive) と判断してしまう率を意味します.すなわち,この指標が高いと,識別器が余計な負例を正例として多く報告してくることになり,この指標は小さな値であることが望まれます.

この指標を低くするだけなら,簡単に実現できます.それは,すべてのテストデー

タに対して負例 (Negative) と推定すればよいのです．当然，誤って正例と判断しなくなるので，FP は 0 になり FPR も 0 にできます．一方，正例に対してもすべて負例と答えるので，TP は 0 となり正例の識別はできなくなりますが，この指標には TP は含まれていないので，関係ありません．

この FPR と TPR は，後述の ROC 曲線で使われます．

⌐Let's try!   1-2

精度と再現率

　新型コロナウィルスの検査キットが二つ開発されました．

検査キット A：検査結果が陽性の検体が 500 あり，そのすべての患者は確かに感染していた．しかし，実際には本キットでは陰性と判断してしまった 700 人の感染者がいた．

検査キット B：検査結果が陽性の検体が 2000 あったが，そのうち 800 人の患者は実際には感染していなかった．しかし，本キットですべての感染者を検出することができ，取り逃がした患者はいなかった．

(1)　各検査キットの精度と再現率を求めてください．
(2)　病気の検査キットの目的を考えると，どちらの検査キットのほうが望ましいかを検討してください．

●F 値

　精度 (precision) と再現率 (recall) はトレードオフの関係にあり，これらの指標を同時に高くすることはできません．その理由は以下のとおりです．精度を高くしたければ，FP（負例を誤って正例と判定する件数）を減らせばよいので，いわゆる "厳し目に正例を判定すればよい" ことになります．一方，再現率を高くするには，FN（正例を誤って負例と判定する件数）を減らせばよいので，いわゆる "緩めに正例を判定すればよい" ことになります．

　しかし，この二つの指標が共に高いということは，表 1.4，1.5 を見てもわかるように，FP, FN 共に低いことを意味していて，高性能な識別器ということがいえます．そこで，この二つの指標の調和平均をとったものを **F 値** (F-measure) として定義します．単純平均ではなく調和平均である理由は，precision と recall の計算式を見るとわかるように，分母が異なるため単純に和をとることに意味がないからです．

$$\text{F-measure} = 2 \cdot \frac{(\text{precision}) \cdot (\text{recall})}{(\text{precision}) + (\text{recall})}$$

Let's try! ━━━━━━━━━━━━━━━━━━━━━━━━━━━ 1-3

F 値

　「Let's try! 1-2」で求めた二つの検査キットの精度と再現率から F 値を求めてみましょう．その結果，F 値という評価尺度ではどちらの検査キットのほうが優れているといえるかを述べてください．

● ROC 曲線

　識別器の性能評価指標として ROC 曲線もよく用いられます．ROC は receiver operating characteristic の略で，第 2 次世界大戦のときに米国のレーダーの研究から生まれた概念です．レーダーは探査対象を逃さず検知したいという目的があります．そのためにレーダー受信機の感度を上げれば，探査対象を捉え損なうことは少なくなりますが，探査対象ではないノイズ (FP) にも多く反応してしまい，個々の反応からノイズを選り分けなければなりません．一方，受信感度を下げれば，検知器からの反応は少なくなりますが，本当の検知対象を逃して (FN) しまう可能性が高くなります．この受信感度の適正値を定めるために，ROC 曲線が用いられます．

　ROC には TPR (true positive rate (= recall)) と FPR (false positive rate) を用います．例えば，表 1.7 のようなデータがあったとしましょう．この表は正例と負例がどのようなデータ値 x をとるのかを件数で示したものです．

表 1.7　2 クラスのデータ分布

データ x	1	2	3	4	5	6	7	8	9	10	11	12
正例	0	2	5	10	9	5	3	1	1	1	0	0
負例	0	0	0	0	1	2	4	8	10	9	5	0

　この表を見てわかるように，ある一つの閾値 t により x の値を正例と負例とに完全に区別するのは難しそうです．ここで，識別ルールとして「**データ x が閾値 t より小さいなら正例と判断する**」を定め，その識別ルールに基づいて閾値 t を変化させると，識別器の反応が変化し，表 1.8 のような TP と FP が得られます．正例数は 37，負例数は 39 なので，TPR と FPR も表のように計算できます．

　この関係を横軸に FPR，縦軸に TPR をとってプロットしたものが，図 1.13 に緑で示す ROC 曲線です．

表 1.8 例題の TPR と FPR

閾値 t	1.5	2.5	3.5	4.5	5.5	6.5	7.5	8.5	9.5	10.5	11.5
TP	0	2	7	17	26	31	34	35	36	37	37
FP	0	0	0	0	1	3	7	15	25	34	39
FPR	0.00	0.00	0.00	0.00	0.03	0.08	0.18	0.38	0.64	0.87	1.00
TPR	0.00	0.05	0.19	0.46	0.70	0.84	0.92	0.95	0.97	1.00	1.00

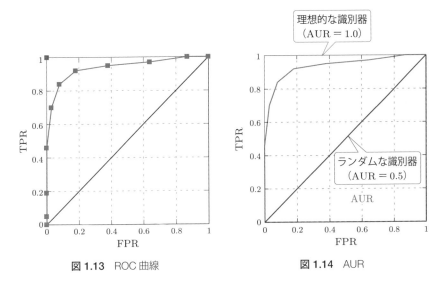

図 1.13 ROC 曲線   図 1.14 AUR

　ROC 曲線の性質を知るために，正例と負例をランダムに出力する識別器を考えてみましょう．ここで，正例と負例の出力比率を変えて ROC 曲線を描くと，図 1.13 のように原点 $(0,0)$ と $(1,1)$ を結ぶ直線になります．

　すなわち，ROC 曲線はこの直線よりも上に必ずあります．理想的な識別器は，FPR が 0 のままで，TPR を 1 にできる識別器なので，ROC 曲線は図 1.13 に赤で示すように，原点 $(0,0)$ から $(0,1)$ へ向かい，最終的に $(1,1)$ に向かうような曲線になります．

　実際の識別器の ROC 曲線はこれら二つの ROC 曲線の間に必ず存在します．理想的な識別器にどれだけ近いかを表す指標として，図 1.14 に示す ROC 曲線の下の面積 (area under ROC curve: AUR) があります．理想の識別器の AUR は 1.0 でランダムな識別器の AUR は 0.5 ですので，より 1 に近いほどよい識別器であるといえます．

1-6 プロトタイプと最近傍決定則

　学習パターンが与えられているとき，どのように認識を行うかを考えてみましょう．
一般に学習パターンは

n 番目の学習パターン

　＝(特徴ベクトル: $\mathbf{x}_n$) と (正解のシンボル名 (“犬”, “猫” など): s_n) の組＝$(\mathbf{x}_n, s_n)$

　　　$s_n \in \{\omega_1, \omega_2, \ldots, \omega_C\}$

と表記します. ただし, s_n は, C 個あるクラス $\omega_1, \omega_2, \ldots, \omega_C$ の中のいずれかです (図 1.15).

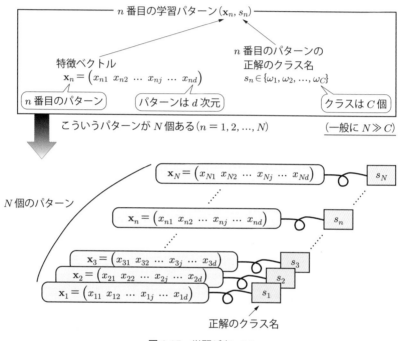

図 1.15 学習パターン

1-6-1　最近傍決定則

　これらの学習パターンを用いて未知パターン $\mathbf{x}$ を認識する方法として, 最近傍決定則 (nearest neighbor rule) があります. これを説明するために, 最も簡単なパターン識別器を考えることにします.

　最も簡単なパターン認識器は**「丸暗記」**型です. これは, すべての学習パターンをそのまま「知識 (パターン辞書)」として記憶する方法です. 記憶したパターン辞書の数は学習パターンの数と等しいわけですから, パターン辞書の規模はかなり大きくなります.

　今, $(\mathbf{x}_n, s_n)$, $(n = 1, 2, \ldots, N)$ からなる学習データにより, N 個の学習パターン $\mathbf{x}_n$

がその所属するクラス s_n, $(s_n \in \{\omega_1, \omega_2, \ldots, \omega_C\})$ と共に与えられているとします.

　この学習パターンをそのままパターン辞書として識別を行う「丸暗記」型の認識法は, 以下のようになります.

最近傍決定則

1. n 番目のパターン辞書 $(\mathbf{x}_n)$ と未知パターン $\mathbf{x}$ を比較し, その距離 $D(\mathbf{x}, \mathbf{x}_n)$ を求める.
2. 距離 $D(\mathbf{x}, \mathbf{x}_n)$ が今までの比較結果の中で最も小さければ, その辞書番号 n を最近傍パターン番号 k として記憶する.
3. すべてのパターン辞書 $(n = 1, 2, \ldots, N)$ に対して Step 1, 2 を繰り返す.
4. この結果, 最も未知入力 $\mathbf{x}$ との距離が近かった辞書パターン $\mathbf{x}_k$ が求められ, それに紐付けられているクラス s_k を未知入力 $\mathbf{x}$ が属するクラスとして出力する.

　特徴空間内で最も近い学習パターン $\mathbf{x}_k$ が, 未知パターン $\mathbf{x}$ と最も類似しているという考え方が**最近傍決定則**です. 式で表すと

$$D(\mathbf{x}, \mathbf{x}_k) = \min_{n=1,2,\ldots,N} D(\mathbf{x}, \mathbf{x}_n) \implies \mathbf{x} \in s_k$$

もしくは

$$k = \operatorname*{argmin}_{n=1,2,\ldots,N} D(\mathbf{x}, \mathbf{x}_n) \implies \mathbf{x} \in s_k$$

となります. この識別法の様子を図 1.16 に示します.

　しかし, この「丸暗記」型の認識器は膨大な辞書パターンすべてと照合する必要があるので, N が大きいと計算量は膨大で, 非現実的な手法です（私たちは仕組みや意味がわからないとき, よくこの方法を使ってしまいます）.

基礎事項：距離 (distance)

　距離 D：さまざまな距離尺度が存在しますが, 有名なのは以下のユークリッド距離です.

$$D(\mathbf{x}, \mathbf{x}_p) = \|\mathbf{x} - \mathbf{x}_p\| = \sqrt{\sum_{i=1}^{d}(x_i - x_{pi})^2}$$

基礎事項：argmin, argmax

　N 人の身長 $\{l_1, l_2, \ldots, l_N\}$ のうち最も小さい値が k 番目の l_k だったとすると，その k は

$$k = \underset{n=1,2,\ldots,N}{\mathrm{argmin}}\ l_n$$

と書きます．同様に，最も大きな値が何番目のデータだったかは，

$$k = \underset{n=1,2,\ldots,N}{\mathrm{argmax}}\ l_n$$

と書きます．

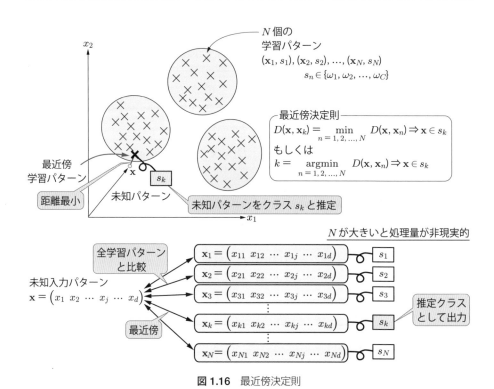

図 1.16　最近傍決定則

1-6-2　代表的なパターンだけを記憶する方法（1 クラス 1 プロトタイプ）

　この方法は，学習パターンの中から何らかの方法で各クラスを代表するパターンを選択することで，未知入力との比較回数を減らす方法です．

　各クラスを代表するパターンのことを**プロトタイプ**（prototype）といいます．最も

簡単なのは，一つのクラスに対して一つのプロトタイプを用いる方法です．こうすることにより，パターン数 N 回だった未知入力との比較回数はクラス数 C 回ですみます．

今，クラス ω_p のプロトタイプを $\mathbf{x}_p, (p = 1, 2, \ldots, C)$ としたとき，最近傍決定則で認識を行う処理は以下のように書けます．

$$D(\mathbf{x}, \mathbf{x}_k) = \min_{p=1,2,\ldots,C} D(\mathbf{x}, \mathbf{x}_p) \Longrightarrow \mathbf{x} \in \omega_k$$

もしくは

$$k = \operatorname*{argmin}_{p=1,2,\ldots,C} D(\mathbf{x}, \mathbf{x}_p) \Longrightarrow \mathbf{x} \in \omega_k$$

この識別法の様子を図 1.17 に示します．1 クラス 1 プロトタイプなのでクラス ω_k が直接紐付けられていることに注意しましょう．

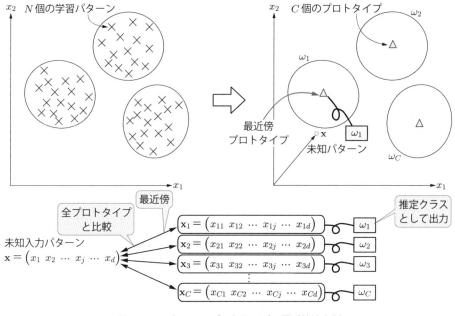

図 1.17　1 クラス 1 プロトタイプの最近傍決定則

1-6-3　k-NN 法（1 クラス多プロトタイプ）

プロトタイプは，1 クラスに対し複数個定めることもできます．例えば，10 個のプロトタイプを一つのクラスに対して求めた場合，これら 10 個のプロトタイプをどのように利用して認識を行ったらよいでしょうか．

単純な方法としては，1 クラス 1 プロトタイプの場合と同様に，すべてのプロトタイプと未知入力との距離を比較し，最も距離が近いプロトタイプを選択する方法（最

近傍決定則）が考えられます．この方法はマルチテンプレートマッチングとも呼ばれ，
単純な方法ですが多くの利用例があります．

　これとは異なる有名な考え方に，**k nearest neighbor 法**（k-NN 法）があります．こ
の方法は nearest neighber（最近傍）の拡張と捉えられ，未知入力 **x** から最も近い k
個のプロトタイプから結果を判断する方法です．

　最近傍の k 個のプロトタイプからそれらが属するクラスも k 個求められますが，そ
れらの**多数決**で未知入力 **x** のクラスを推定します．多数決でクラスを決定するので，
一般に k は奇数です．

　このように多数決でクラスを推定することで，特異なプロトタイプが存在した場合
でも安定して識別を行えるようになります（図 1.18）．

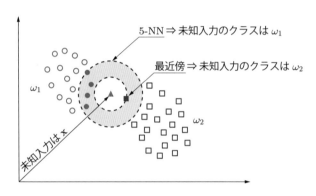

図 1.18　k-NN 法の例（$k = 5$ の場合）

1-6-4　最近傍決定則と決定境界

　最近傍決定則でパターン認識を行う場合には，今まで説明してきたように，プロト
タイプとの距離が最も近いクラスを選択することになります．では，最も近いクラス
のプロトタイプとの距離と，2 番目に近いクラスのプロトタイプとの距離とが等しく
なるとどうなるでしょうか．この場合は識別ができなくなってしまいます．実際には
距離が等しくなることはほぼあり得ないのですが，このように二つのクラスのプロト
タイプとの距離が等しい点の集合を**決定境界**（decision boundary）といいます．

　例えば，図 1.19 に示すように，1 クラス 1 プロトタイプの場合の決定境界は，クラ
ス i，クラス j 間では

$$D(\mathbf{x}, \mathbf{x}_i) = D(\mathbf{x}, \mathbf{x}_j)$$

なる点の集合として表され，$\mathbf{x}_i$ と $\mathbf{x}_j$ の垂直二等分線が決定境界になります（緑線）．
このように，決定境界により作成される各クラスの領域図のことを**ボロノイ図**といい

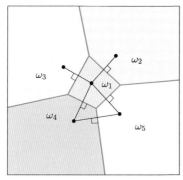

図 1.19 最近傍決定則と決定境界

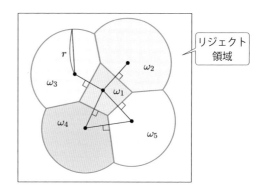

図 1.20 リジェクト領域を設定した決定境界

ます.

以上より，最近傍決定則に基づいて識別することと，決定境界を定めて識別することとは同じことを意味します.

1-6-5 リジェクト領域

図 1.19 のように，最近傍決定則のみで決定境界を決めると，プロトタイプから遠く離れていてもあるクラスに属していると判定されてしまいます．最近傍決定則のみだと，未知入力は必ずどこかのクラスに識別されるのです．現在実用化されている多くの認識器はこのような設計になっています.

一方，未知入力が「どのクラスにも属さない」という判断をするためには，**リジェクト領域**を設定するのが一般的です．リジェクト領域を設定する最も簡単な方法は，図 1.20 に示すように，プロトタイプから一定の距離 r までをそのプロトタイプに属する範囲とすることです．どのプロトタイプからも遠い領域がリジェクト領域になります．ただし，この r をどのように決めるかが問題となります．一般的には，学習パターンの分布に関する統計情報をもとに決定する方法が用いられます.

1-6-6 プロトタイプの選択法

ここまでクラスを代表するプロトタイプを用いた認識方法について説明してきましたが，実際にプロトタイプはどのようにして決定したらよいのでしょうか.

実は，プロトタイプを選択する決定的な方法は存在しません．みなさんが思いつく最も妥当そうな方法は，**学習パターンの重心**を用いることではないでしょうか.

重心ベクトルをそのままプロトタイプとする場合もありますが，特徴空間の次元数が大きくなると，重心ベクトルを用いる方法よりは，重心ベクトルに最も近い学習パ

ターンをプロトタイプとしたほうがよい結果を生む場合があります.

　1クラスに対して1プロトタイプであれば,このような手法が考えつきますが,複数のプロトタイプを決定するにはどうしたらよいのでしょうか.設計者が与える方法が昔は一般的でしたが,現在は確率統計的手法で推定するのが主流です.

Let's try! ━━━━━━━━━━━━━━ 1-4

最近傍決定則に基づく識別

　今,図1.21に示したような2クラス ω_1, ω_2 のいずれかに属するデータが計8個あります.このデータに対して最近傍決定則を用いて識別をしようと思います.未知データ $\mathbf{x} = (-3, 1)$ が与えられたときに,以下の方法で識別を行ってください.

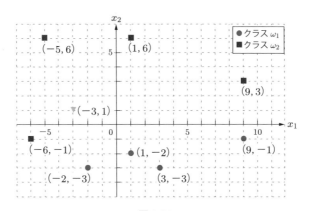

図 1.21

(1)　図に示した八つのデータをすべてプロトタイプとして扱い,ボロノイ図を描いてからそれを用いて決定境界を図示してください.この決定境界を用いて,未知データ $\mathbf{x}$ を識別すると,どちらのクラスに識別されるでしょうか.

(2)　図に示した各クラス四つのデータの重心をプロトタイプとし,1クラス1プロトタイプの識別をします.このとき,未知データ $\mathbf{x}$ はどちらのクラスに識別されるでしょうか.

(3)　図に示した八つのデータをすべてプロトタイプとして扱い,k-NN法で識別を行います.3-NN法では未知データ $\mathbf{x}$ はどちらのクラスに識別されるでしょうか.

(4)　図に示した八つのデータをすべてプロトタイプとして扱い,k-NN法で識別を行います.5-NN法では未知データ $\mathbf{x}$ はどちらのクラスに識別されるでしょうか.

Chapter 1

この章の **まとめ** 　　理解できているかを再確認しましょう！

1. 未知のパターンを認識するには**知識**が必要. ⇨ **p.6, 図1.5**

2. この知識を生成するために大量の学習パターンを用いて**教師付き学習**を行う.
⇨ **p.11, 図1.11**

3. 認識に必要な特徴は何か，それをどう抽出するかが問題. ⇨ **p.9, 1-5-1項**

4. パターン認識システムの設計は，識別器の設計，学習，評価などを**何度も行って修正しながら設計していく**のが当たり前. ⇨ **p.9, 図1.7**

5. 識別器の評価尺度はさまざま. ⇨ **p.11, 1-5-3項**
(accuracy, precision, recall, F-measure, など)

6. 識別の最も簡単な決定則は**最近傍決定則**. ⇨ **p.20, 図1.16**

7. 最も簡単な識別器は丸暗記型. ⇨ **p.20, 図1.16**

8. 覚える量が多くなりすぎたら，プロトタイプを選ぶ. ⇨ **p.21, 図1.17**
（1クラス1プロトタイプ）

9. 最近傍決定則だけではあてにならないときには多数決.（k-NN法）⇨ **p.22, 図1.18**

10. **最近傍決定則**で識別することは，**決定境界**を定めて識別することと同じ.
⇨ **p.22, 1-6-4項**

線形識別モデルと学習

この章で学ぶこと

前章では識別モデルとして，最近傍決定則やそれに基づく多数決則などを学びましたが，この章では，新たな識別モデルとして，**識別関数法**を説明します．

識別関数法で用いる**識別関数**にはさまざまな種類がありますが，その中でも最も多く利用されている**線形識別関数**を用いて，パターン認識がどのように実現されるのかをまず説明します．

識別関数法で認識を行うためには，クラスごとに識別関数を設計する必要がありますが，これを**学習（機械学習）**によって行います．

この識別関数を学習する方法もさまざま提案されていますが，その一つに**誤り訂正学習法**があります．最後に，この学習法の代表例である**パーセプトロンの学習規則**を説明します．

前章では，識別器の設計については，プロトタイプを選択するという方法を示してきました．そこで説明した 1 クラス 1 プロトタイプの最近傍決定則や k-NN 法は，学習データからプロトタイプを選択できれば，そのプロトタイプを用いて識別を行うことができました．

しかし，実際の場面のように一つのクラスに属する学習パターンが多数与えられる状況では，どのようにしてプロトタイプ（典型）を決定すればよいのでしょうか．

前章では，その一つの方法として「各クラスに属している学習パターンの重心を用いる」という方法を説明しましたが，これは図 2.1 に示すように，うまく決定境界を決められない場合があります．

このような場合があるので，クラスの代表としてプロトタイプを選出するのではなく，すべてのデータを用いて識別器を設計する必要があります．

多量の学習パターンから適切な決定境界を決めるためには，**学習** (learning) による方法が用いられます．学習は**訓練** (training) といわれることもあります．

当然，学習の目標は，すべての学習パターンを正しく認識できるように識別器を構築することです．

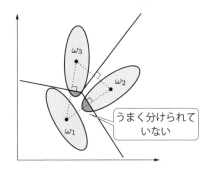

図 2.1 各クラスの学習パターンの重心をプロトタイプにした場合

　識別器を多量のデータから学習する方法にはさまざまな方法が提案されてきていますが，大別すると，次のような3種類があります．

- 教師付き学習：
  訓練パターンに各クラスのラベルが割り振られています．
- 教師無し学習：
  各クラスのラベル付け（クラスへの分類：クラスタリング）も学習システムが行います．
- 強化学習：
  識別器の識別結果が正しいか否かだけが教えられます．

この章では，**教師付き学習**の中でも最も基礎的な学習方法について説明していきます．

2-1 識別関数法

　多くの学習データから識別器を学習する際には，**識別器のモデル**が必要になります．その一つが**識別関数** (discriminant function) を用いるものです．

　図 2.2 に示すように，識別関数法は，クラス ω_c ごとに定義された識別関数 $g_c(\mathbf{x})$ を用いて認識を行う手法です．未知入力 $\mathbf{x}$ が与えられると，予め用意されたクラス数 C 個の識別関数 $g_c(\mathbf{x}), (c = 1, 2, \ldots, C)$ に未知入力 $\mathbf{x}$ を代入し，その関数値を求めます．それらの関数値の最大値を探索し，最大値を出力した識別関数のクラスを認識結果とします．これを式で書くと，

$$k = \underset{c=1,2,\ldots,C}{\mathrm{argmax}}\, g_c(\mathbf{x}) \Longrightarrow \mathbf{x} \in \omega_k \tag{2.1}$$

のようになります．

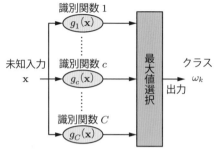

図 2.2   識別関数法

2-1-1   識別関数法における学習

識別関数にはさまざまな種類が考えられますが，最も簡単なのは**線形識別関数** (linear discriminant function) です．線形識別関数を用いる識別関数法を**線形識別関数法**といいます．

線形識別関数 $g(\mathbf{x})$ は特徴空間が d 次元，特徴ベクトルを $\mathbf{x} = \begin{pmatrix} x_1 & x_2 & \cdots & x_d \end{pmatrix}^t$ とすると，**係数** w_j を用いて

$$g(\mathbf{x}) = w_0 + \sum_{j=1}^{d} w_j \cdot x_j \tag{2.2}$$

と書けます．この w_j を線形識別関数の**重み**と呼びます．例えば 1 次元特徴空間であれば，$g(\mathbf{x}) = w_1 x + w_0$ となり，みなさんご存知の $ax + b$ の形になります．

このように，識別器をモデル化することで，「識別器を設計する」ことを「線形識別関数の係数群を決定する」ことに具体化できます．

よって，学習で求めるべきは，この $d + 1$ 個の係数群 w_j, $(j = 0, 1, 2, \ldots, d)$ ということになります．

2-2   最近傍決定則と線形識別関数法

前章で説明した最近傍決定則と線形識別関数法との関係について説明します．

今，クラス数 C に対する 1 クラス 1 プロトタイプの最近傍決定則を考えると，クラス ω_p に対するプロトタイプベクトル $\mathbf{x}_p$ を用いて，以下のように書けます．

$$k = \operatorname*{argmin}_{p=1,2,\ldots,C} D(\mathbf{x}, \mathbf{x}_p) \implies \mathbf{x} \in \omega_k \tag{2.3}$$

ここで，距離 D を D^2 にしても結果は変わらないので，最近傍決定則は，

$$k = \operatorname*{argmin}_{p=1,2,\ldots,C} D(\mathbf{x}, \mathbf{x}_p)^2 \implies \mathbf{x} \in \omega_k \tag{2.4}$$

とも書けます．ここで，距離 D^2 について以下のように変形をします．

$$D(\mathbf{x}, \mathbf{x}_p)^2 = \|\mathbf{x} - \mathbf{x}_p\|^2 = \underline{\|\mathbf{x}\|^2} - 2\mathbf{x}_p^t\mathbf{x} + \|\mathbf{x}_p\|^2 \tag{2.5}$$

基礎事項：ベクトルの転置

t は以下のように，ベクトルの転置を表します（ベキ乗ではないのでご注意を）．

$$\mathbf{x}^t = \begin{pmatrix} x_1 \\ x_2 \\ \vdots \\ x_d \end{pmatrix}^t = \begin{pmatrix} x_1 & x_2 & \cdots & x_d \end{pmatrix}$$

　最近傍決定則の式 (2.4) にこの式を適用するわけですが，式 (2.5) の下線部はプロトタイプ p が変わっても変化しないので，省いて考えることができ，その場合の最近傍決定則は

$$k = \underset{p=1,2,\ldots,C}{\operatorname{argmin}} \left[-2\mathbf{x}_p^t\mathbf{x} + \|\mathbf{x}_p\|^2 \right] \Longrightarrow \mathbf{x} \in \omega_k \tag{2.6}$$

と書けます．さらに，括弧内の式に $-1/2$ を掛けると，最小探索が最大探索に変わり，最近傍決定則は以下のように書き直せます．

$$k = \underset{p=1,2,\ldots,C}{\operatorname{argmax}} \left[\mathbf{x}_p^t\mathbf{x} - \frac{1}{2}\|\mathbf{x}_p\|^2 \right] \Longrightarrow \mathbf{x} \in \omega_k \tag{2.7}$$

この式の括弧の中は $\mathbf{x}$ に関する 1 次（線形）式になっていて，線形識別関数法の式 (2.2) と同じ形式になっています．

　以上より，最近傍決定則は線形識別関数法の特殊な例であり，線形識別関数法に含まれる概念であることがわかります．

2-3　線形識別関数と決定境界

　線形識別関数 $g_c(\mathbf{x})$ は各クラス $c, (c = 1, 2, \ldots, C)$ ごとに定められていますが，今，全クラスの中から任意に二つのクラス ω_i, ω_j を選びます．この二つのクラスの間には決定境界があるはずですが，それは

$$g_i(\mathbf{x}) = g_j(\mathbf{x}) \tag{2.8}$$

で表現できます．すなわち，今

$$g(\mathbf{x}) = g_i(\mathbf{x}) - g_j(\mathbf{x}) \tag{2.9}$$

のように線形識別関数 $g(\mathbf{x})$ を決めると,

$$g(\mathbf{x}) = g_i(\mathbf{x}) - g_j(\mathbf{x}) = 0 \tag{2.10}$$

が決定境界を表します. $g_i(\mathbf{x})$, $g_j(\mathbf{x})$ は共に線形式なので,$g(\mathbf{x})$ も線形式になり,$g(\mathbf{x}) = 0$ は特徴ベクトルの次元数により直線,平面,超平面になります(図 2.3 参照).

この決定境界面を**識別面(識別境界面,カテゴリ境界面)**ということもあります.

識別関数に非線形式を用いれば,当然,識別境界面も非線形な面になり,例えば 2 次式を用いれば,(超)放物面や(超)双曲面になります.

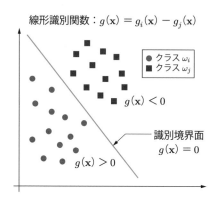

図 2.3 線形識別関数と決定境界(2 次元の場合)

2-4 拡張特徴ベクトル,拡張重みベクトル

2-1-1 項で説明したように,線形識別関数 $g(\mathbf{x})$ は d 次元のパターン空間内で次式のように定義されました.

$$g(\mathbf{x}) = w_0 + \sum_{j=1}^{d} w_j \cdot x_j, \quad \mathbf{x} = \begin{pmatrix} x_1 & x_2 & \cdots & x_d \end{pmatrix}^t \tag{2.11}$$

ここで,この識別関数を規定するパラメタは w_0 と d 個の w_j ですが,これらをまとめて取り扱いたいので,空間を 1 次元拡張して

$$
\begin{aligned}
g(\mathbf{x}) &= w_0 + \sum_{j=1}^{d} w_j \cdot x_j, \quad \mathbf{x} = \begin{pmatrix} x_1 & x_2 & \cdots & x_d \end{pmatrix}^t \\
&= \sum_{j=0}^{d} w_j \cdot x_j, \quad \mathbf{x} = \begin{pmatrix} \underline{1} & x_1 & x_2 & \cdots & x_d \end{pmatrix}^t \\
&= \mathbf{w}^t \mathbf{x}, \quad \mathbf{w} = \begin{pmatrix} w_0 & w_1 & \cdots & w_d \end{pmatrix}^t \tag{2.12}
\end{aligned}
$$

なる $d+1$ 次元空間を張ることにします．ただし，特徴ベクトルの拡張次元での値は常に "1" です．この特徴ベクトル $\mathbf{x}$ に対し，$\mathbf{w}$ を重みベクトル (weight vector) といいます．このように 1 次元拡張すると，式 (2.12) のように線形識別関数は二つのベクトル $\mathbf{w}$, $\mathbf{x}$ の内積の形となり，表記上，定数項 w_0 が消えて計算上もシンプルになります．

ここで，特徴ベクトルは本来の d 次元から $d+1$ 次元に拡張されているので，この 1 次元拡張された特徴ベクトルを**拡張特徴ベクトル** (augmented feature vector) ということもあります．しかし，これ以降，特に指定がない限り，特徴ベクトルといえばこの拡張特徴ベクトルを指します．同様に，重みベクトルも**拡張重みベクトル** (augmented weight vector) という場合もあります．

そもそも，パターンベクトルは d 次元であるのに対し，重みベクトルは $d+1$ 個のパラメタ w_j により定義されるわけで，ここまで説明してきた 1 次元拡張して張られた $d+1$ 次元空間は重み w_j の空間ということもできます．よって，この $d+1$ 次元の拡張空間を**重み空間** (weight space) とも呼びます．

2-5 拡張特徴空間における決定境界

2-3 節で説明したように，任意の 2 クラス ω_i, ω_j を選択すると，その二つのクラスの間には識別境界面が引けます．では，2-4 節のように 1 次元拡張された特徴空間（拡張特徴空間）では，決定境界はどのようになるのでしょうか．

拡張特徴空間における線形識別関数もクラス ω_c ごとに定義され，

$$g_c(\mathbf{x}) = \sum_{k=0}^{d} w_{ck} \cdot x_k = \mathbf{w}_c^t \mathbf{x} \tag{2.13}$$

のようにクラス c を付与した形で表記されます．

ここで，2-3 節での説明と同様に，任意の 2 クラス ω_i, ω_j を選択すると，その 2 クラス間の決定境界は

$$g(\mathbf{x}) = g_i(\mathbf{x}) - g_j(\mathbf{x})$$
$$= \sum_{k=0}^{d} (w_{ik} \cdot x_k - w_{jk} \cdot x_k) = (\mathbf{w}_i - \mathbf{w}_j)^t \mathbf{x} = \mathbf{w}^t \mathbf{x} = 0 \tag{2.14}$$

と書けます．

拡張特徴空間での識別境界面は，式 (2.14) のように定数項をもちません．すなわち，識別境界面は必ず原点を通ります．

また，1 次元拡張した特徴ベクトルは，拡張した次元での値が常に "1" なので，$x_0 = 1$

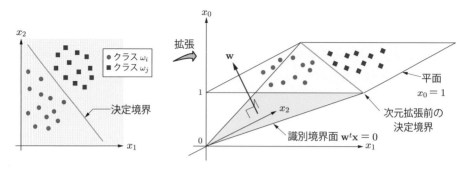

図 2.4　２次元特徴空間から３次元拡張特徴空間へ

なる平面上に分布します．この様子を，図 2.4 に示します．見やすくするために縦軸を x_0 にしているので注意してください．

　よって，拡張前の空間での識別境界面は，拡張空間での識別境界面と $x_0 = 1$ との交わりと等しくなります．

2-6　決定境界と識別関数

　前節でも示したように，$g(\mathbf{x}) = 0$ なる識別境界面は，原点を通る超平面となります．ここでは例として，図 2.5 に示すような１次元特徴量を考えます．特徴量が１次元なので，識別境界は点になり，ω_1 と ω_2 とを分けるための識別境界の存在範囲が図中に色をつけてある範囲になるのは簡単にわかると思います．これを拡張特徴空間で示すと，図 2.6 に示すようになります．図 2.6 に示すように，内積の定義より，$\mathbf{w}$ は識別境界面の法線方向を向きます．この図も見やすくするために縦軸を x_0, w_0 にしていますので注意してください．

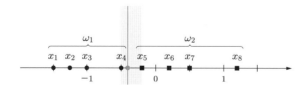

図 2.5　１次元特徴量での２クラス認識

　内積の定義より，

$$g(\mathbf{x}) = \mathbf{w}^t \mathbf{x} = \|\mathbf{w}\|\|\mathbf{x}\| \cos\theta \tag{2.15}$$

ですので，$\mathbf{w}$ と $\mathbf{x}$ のなす角度によって，特徴ベクトル $\mathbf{x}$ が識別境界面で区切られる二つの部分空間（この場合は半平面）のどちらに存在するのかがわかることになります．

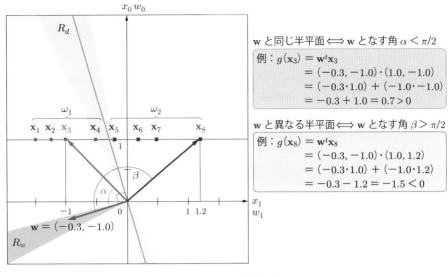

図 2.6 $\mathbf{w}$ の幾何学的意味

例えば，図 2.6 中の α, β は $\alpha < \pi/2 < \beta$ ですので，以下のような識別則が規定できます．

$$\begin{cases} g(\mathbf{x}) = \mathbf{w}^t\mathbf{x} > 0 \implies \mathbf{x} \in \omega_1 \\ g(\mathbf{x}) = \mathbf{w}^t\mathbf{x} < 0 \implies \mathbf{x} \in \omega_2 \end{cases} \tag{2.16}$$

言い換えれば，内積が正であるべきと定めたクラス（この例の場合は ω_1）に属する各学習パターン $\mathbf{x}_i$ は，識別境界面に対し，$\mathbf{w}$ と同じ部分空間に属していればよい，ということになります．

このような識別則がすべての学習パターンに対して成立する $\mathbf{w}$ を求めることが学習の目的になりますが，図 2.6 を見てもわかるように，この条件を満たす $\mathbf{w}$ は無限に存在します．

図には識別境界面の存在範囲を R_d，それに対応する $\mathbf{w}$ の存在範囲を R_w と示してあります．この領域 R_w を**解領域**といいます．すなわち，学習の目的は，解領域に含まれる $\mathbf{w}$ を求めることです．

この図は，拡張特徴ベクトルの空間（x_0–x_1 空間）と見ることもできますし，重み空間（w_0–w_1 空間）と見ることもできます．なお，この本では図を見やすくするために，縦軸を x_0 や w_0 などの拡張した軸として描いていくので，注意してください．

2-7 　パーセプトロンの学習規則

　識別境界面を学習する方法はさまざま提案されていますが，その一つにパーセプトロンの学習規則があります．ここでは，まず，2 クラスの場合を例にとって説明します．

　今，二つのクラス ω_1, ω_2 の線形識別関数がそれぞれ $g_1(\mathbf{x})$, $g_2(\mathbf{x})$ であるとします．この二つの識別関数の重みベクトル $\mathbf{w}_1$, $\mathbf{w}_2$ を適切に定め，

$$\begin{cases} \omega_1 \text{ に属する学習パターン } \mathbf{x} \text{ に対しては } g_1(\mathbf{x}) > g_2(\mathbf{x}) \\ \omega_2 \text{ に属する学習パターン } \mathbf{x} \text{ に対しては } g_2(\mathbf{x}) > g_1(\mathbf{x}) \end{cases} \quad (2.17)$$

となればよいわけです．

　ところで，今まで説明してきたように，識別境界は二つのクラスの間に存在します．よって，識別境界面を表現する識別関数 $g(\mathbf{x})$ を

$$g(\mathbf{x}) = g_1(\mathbf{x}) - g_2(\mathbf{x}) = \mathbf{w}^t\mathbf{x} \quad (2.18)$$

のように二つの識別関数の差として書くと，その場合の学習の目標は，式 (2.17) より

$$\begin{cases} \omega_1 \text{ に属する学習パターン } \mathbf{x} \text{ に対しては } g(\mathbf{x}) > 0 \\ \omega_2 \text{ に属する学習パターン } \mathbf{x} \text{ に対しては } g(\mathbf{x}) < 0 \end{cases} \quad (2.19)$$

となるように $\mathbf{w}$ を定めることとなります†．

　このような $\mathbf{w}$ を逐次的に求める方法を，パーセプトロンの学習規則といいます．そのアルゴリズムを以下に示します．

パーセプトロンの学習規則

1. $\mathbf{w}$ の初期値を適当に決める．

2. 学習パターンから一つ $\mathbf{x}$ を選ぶ．

3. <u>誤識別が起きたときのみ</u>，$\mathbf{w}$ を次のように修正する（誤り訂正学習）．ρ は小さな正の定数．

   $\mathbf{w}' = \mathbf{w} + \rho \cdot \mathbf{x}$　（クラス ω_1 の学習パターンを誤識別したとき）

   $\mathbf{w}' = \mathbf{w} - \rho \cdot \mathbf{x}$　（クラス ω_2 の学習パターンを誤識別したとき）

4. Step 2, 3 をすべての学習パターンについて繰り返す．

---

† 一方，この逆で

$$g(\mathbf{x}) = g_2(\mathbf{x}) - g_1(\mathbf{x})$$

とおけば，式 (2.19) の不等号も逆になります．

5. すべて識別できたら終了する．そうでなければ Step 2 に戻る．

ここで，誤識別が起きたときと判断する方法は，上記，式 (2.19) で定義した，学習の目標を満たしていない場合です．

2-7-1 誤り訂正学習

このアルゴリズムの Step 3 において，$\mathbf{w}$ の修正を行いますが，その様子を図で説明したものを図 2.7 に示します．図（a）が ω_1 に属する学習パターン $\mathbf{x}$ を誤識別した場合で，図（b）が ω_2 に属する学習パターン $\mathbf{x}$ を誤識別した場合です．

言い換えれば，$\mathbf{w}$ と同じ部分空間に属する（$\mathbf{w}$ との内積が正）と仮定したクラス（ここでは式 (2.18) で $g_1(\mathbf{x}) - g_2(\mathbf{x})$ としたので $g_1(\mathbf{x}) > g_2(\mathbf{x})$ となるのは ω_1）に属する学習パターンを誤った場合には図（a）

$$\mathbf{w}' = \mathbf{w} + \rho \cdot \mathbf{x} \tag{2.20}$$

のように，$\mathbf{w}$ に誤ったパターン $\mathbf{x}$（の ρ 倍）を加算することで，そうでない場合には図（b）

$$\mathbf{w}' = \mathbf{w} - \rho \cdot \mathbf{x} \tag{2.21}$$

のように減算することで，修正後の重みベクトル $\mathbf{w}'$ を決めればよいことになります．この図の例では $\mathbf{w}$ の修正により，正しく識別できるようになりました．決定境界がどれだけ移動するかは $\mathbf{x}$ の位置や ρ の大きさによって決まります．

ρ は正の定数で，図からもわかるように小さな値を設定します．ただし，その値は実験的に定めるしかありません．

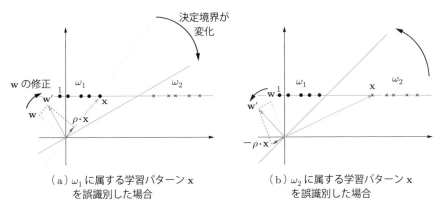

（a）ω_1 に属する学習パターン $\mathbf{x}$ を誤識別した場合

（b）ω_2 に属する学習パターン $\mathbf{x}$ を誤識別した場合

図 2.7　誤り訂正学習

2-7-2　多クラスの場合のパーセプトロンの学習規則

　ここまでは2クラスの場合の学習規則を説明してきましたが，多クラスの場合はどのように学習したらよいのでしょうか．

　多クラスの場合には，図2.8に示すように，識別関数がクラスの個数 C だけ存在します．

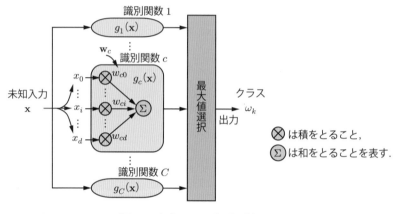

図 2.8　多クラスのパーセプトロン

　識別関数法では，あるクラスの識別関数が未知パターンに対して最大値をとるならば，未知パターンはそのクラスに属すると推定するので，学習の目標は

$$\omega_c \text{ に属する学習パターン } \mathbf{x} \text{ に対して } g_c(\mathbf{x}) > g_i(\mathbf{x}), \quad (\text{任意の } i \neq c \text{ について}) \tag{2.22}$$

と書けます．

　これを順次チェックしていってもよいのですが，この条件を満たさなかった場合に $\mathbf{w}_c$ と $\mathbf{w}_i$ のどちらを修正すべきなのかが決まりません．

　そこで，次のように考えることにします．

　各クラスの識別関数 $g_c(\mathbf{x})$ を0とおいて定まる超平面 $g_c(\mathbf{x}) = 0$ は，クラス ω_c とそれ以外のクラスを識別するための識別境界面であると考えるのです．

　こう考えると，

$$\omega_c \text{ に属する学習パターン } \mathbf{x} \text{ に対して} \begin{cases} g_c(\mathbf{x}) > 0 & \quad (2.23) \\ g_i(\mathbf{x}) < 0 \quad (\text{任意の } i \neq c \text{ について}) & \quad (2.24) \end{cases}$$

を満たせばよいことになり，修正すべき $\mathbf{w}$ を決めることができます．

　このようにした場合のパーセプトロンの学習規則は，以下のようになります．

パーセプトロンの学習規則（多クラスの場合）

1. すべての $\mathbf{w}_c, (c = 1, 2, \ldots, C)$ の初期値を適当に決める.

2. 学習パターンから一つ $\mathbf{x}$ を選ぶ.

3. 学習パターン $\mathbf{x}$ がクラス ω_c に属するなら，$g_c(\mathbf{x}) > 0$ であるかをチェックする.

4. $g_c(\mathbf{x}) < 0$ の場合のみ，$\mathbf{w}_c$ を次のように修正する（誤り訂正学習）.

$$\mathbf{w}'_c = \mathbf{w}_c + \rho \cdot \mathbf{x} \tag{2.25}$$

5. 学習パターン $\mathbf{x}$ のクラス ω_c 以外のすべてのクラスの識別関数 $g_i(\mathbf{x})$, $(i \neq c)$ に対し，$g_i(\mathbf{x}) < 0$ であるかをチェックする.

6. $g_i(\mathbf{x}) > 0$ の場合のみ，次のように $\mathbf{w}_i$ を修正する（誤り訂正学習）.

$$\mathbf{w}'_i = \mathbf{w}_i - \rho \cdot \mathbf{x} \tag{2.26}$$

7. Step 2〜6 をすべての学習パターンについて繰り返す.

8. すべて識別できたら終了する. そうでなければ Step 2 に戻る.

2-7-3 パーセプトロンの収束定理

このような逐次的学習方法で必ず収束するのかが疑問ですが，この学習は例えば2クラス問題の場合，以下のような条件で収束することが証明されています.

学習系列 $\{\mathbf{x}_i\}_{i=1}^{\infty}$, $\mathbf{x}_i \in \omega_1 \cup \omega_2$ に対し，

- どの $\mathbf{x}_i \in \omega_1 \cup \omega_2$ も系列の中に無限回現れる
- ω_1 と ω_2 は線形分離可能（直線や平面などの線形式で ω_1, ω_2 の学習データを分けることができる）

$$\Downarrow \text{であれば}$$

パーセプトロンの学習規則は，どの初期値から出発しても有限回の繰り返しで終了する.

2-7-4 パーセプトロンの限界

パーセプトロンの学習規則は優れたアルゴリズムですが，以下のような問題があります.

- いったん線形分離できてしまうと，その重み **w** で学習が停止してしまうので，収束した **w** が未知データに対して最適かどうかの保証がない．
- 学習データに関しての重み **w** が収束しない場合がある．一般に，与えられた学習データが線形分離可能かどうかの判断は困難である．

この点に注意しつつ使用する必要があります．

2-8 パーセプトロンの解釈と歴史

2-8-1 $\mathbf{w}^t\mathbf{x}$ の解釈（TLU との関係）

ここまで扱ってきた **x** は多次元特徴空間内のベクトルですが，これを図 2.9 のような多入力 Unit への入力と考え，$\mathbf{w}^t\mathbf{x}$ の内積を，各入力要素に重み w_i を掛けて総和をとると考えることもできます．ただし，図中の閾値 θ は，今までの議論では存在しませんでした．この Unit では，今まで説明してきた線形識別関数の計算を行った後，閾値関数にその計算結果を通して，$\{0,1\}$ のいずれか（論理値）を出力するようになっています．この閾値関数は入力が正であれば "1"，それ以外では "0" を出力するステップ関数ですが，閾値 θ を加えることで図のようにバイアスを掛けるようにしてあります．

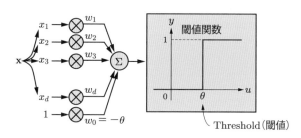

図 2.9　TLU (Threshold Logic Unit)

この Unit を閾値論理ユニット (Threshold Logic Unit: TLU) といい，1943 年に McCulloch（マッカロック）と Pitts（ピッツ）によって提案されました．

彼らは人間の神経細胞（ニューロン）が入力刺激により発火する仕組みとして，この TLU をモデル化した最初の研究者です．この TLU は人工神経または人工ニューロン (artifical neuron) と呼ばれます．

さらに，この Unit を組み合わせることで多クラスの識別が可能なことも示されました．例えば図 2.10 では，2 段の Unit からクラスを識別しているので，二つの平面で区切られた部分空間が解領域となります．

McCulloch と Pitts は TLU によって，単純なニューロンでできたネットワークの

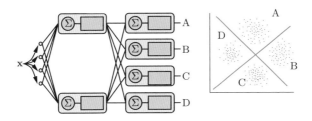

図 2.10 TLU を用いた多クラスの識別

挙動について，数理論理的な原則に基づいた扱いを初めて提案したものの，そのネットワークの学習規則については提案できませんでした．

2-8-2 パーセプトロンとニューラルネットワーク

　この後，1962 年に Rosenblatt（ローゼンブラット）が，上記の形のネットワークの学習規則（パーセプトロン）を初めて提案し，その収束性も証明しました．

　前節まで学んできたパーセプトロンは，この時代に提案されたものです．線形識別関数法との違いは，TLU の説明にもありますが，閾値関数が存在することです．

　パーセプトロンは，多段に組み合わせたものを**多層パーセプトロン**，単層からなるものを**単純パーセプトロン** (single layer perceptron) といいます．

　多層パーセプトロンは，人間のニューロンを模したユニットをたくさん並べた層を作りそれを多層にしたもので，まさに人間の神経ネットワークを模しているという意味でニューラルネットワークと呼ばれます．

　しかし，この段階では単純パーセプトロンの学習規則は提案されたものの，多層パーセプトロンを学習する方法は提案できませんでした．

　その後，TLU の閾値関数である 2 値論理関数は**シグモイド関数（多値関数）**に変更されました（図 2.11）．これは，（多層）ニューラルネットワークの学習方法を定式化するために，閾値関数の微分が必要だったためであり，微分可能なステップ状の関数としてシグモイド関数が用いられました（ニューラルネットワークの詳細は，第 8 章を参照）．

　さまざまな提案ののち，1986 年に Rumelhart（ラメルハート），Hinton（ヒントン），Williams（ウィリアムス）は，**誤差逆伝播法** (back propagation) による多層ニューラルネットワークの学習方法を定式化しました．

　この誤差逆伝播法により，ようやく多層ニューラルネットワークの学習が可能になり，さまざまな分野で，この手法による認識が用いられるようになりました．

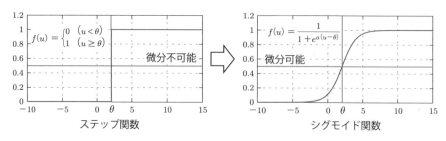

図 2.11　閾値関数（ステップ関数からシグモイド関数へ）

2-9 区分線形識別関数

2-9-1　区分線形識別とは

　今まで学習してきた線形識別関数による識別方法は，図 2.12 に示すような場合には線形分離不可能なので，用いることができません．一般に，線形分離可能な場合は少ないため，このような場合でも対応できるように線形識別関数を拡張します．

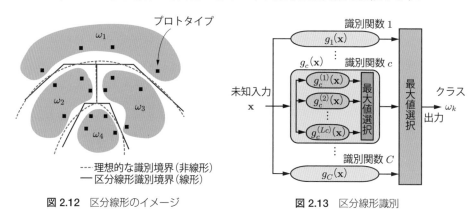

図 2.12　区分線形のイメージ　　　　　　　図 2.13　区分線形識別

　具体的には，線形識別関数を何個か用いることで，図に示すように空間を区分的に分けて識別を行う方法です．

　この手法は，図を見るとわかりますが，1 クラスあたり複数のプロトタイプを設定することと等価です．

　あるクラスに対して複数のプロトタイプがあるので，クラス ω_c の識別関数 $g_c(\mathbf{x})$ は L_c 個の副次（線形）識別関数 $g_c^{(l)}(\mathbf{x})$, $(l = 1, 2, \ldots, L_c)$ で表されることになります．また，そのクラスの識別関数の出力値 $g_c(\mathbf{x})$ としては，これら副次識別関数の最大値を用います．区分線形識別法を図 2.13 に示します．

2-9-2 区分識別関数の特徴とニューラルネットワークとの比較

区分線形識別関数は以下のような性質をもっています.

1. **能力**：どのような複雑な識別境界も任意の精度で近似できる.
2. **学習**：副次識別関数の個数 L_c と，それらの重みを同時に学習しなければならない.

   パーセプトロンの学習規則が適応できず，一般的に学習は困難.

また，ニューラルネットワークと区分線形識別関数の関係は，以下のようになることが明らかになっています.

- 多層ニューラルネットワークは，区分線形識別関数と極限において等価である.
- よって，識別問題に関する限り，両者の能力は等しくなる.

極限においては，区分線形識別関数法はニューラルネットワークと等価なわけですが，学習法が存在するか否かという点で大きく異なります．ニューラルネットワークは誤差逆伝播法という強力な学習能力をもっていますが，区分線形識別法を学習する方法は確立されていません.

Let's try! ──────────── 2-1

パーセプトロンによる識別器の学習と識別（1 次元特徴空間の学習）

図 2.14 のようなパターンに対して，実際に識別器を学習させることを通じ，パーセプトロンの学習規則を理解しましょう.

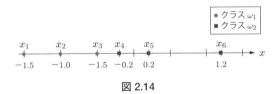

図 2.14

(1) 重み空間における識別境界面と，パターン空間における識別境界面を作図することで，パターン空間と重み空間の関係（2-6 節）を理解しましょう.

- まず，拡張特徴ベクトルを図示してください（縦軸を x_0 として描くことに注意しましょう）.
- 識別境界面の存在範囲 R_d を図示してください.
- 解領域 R_w を図示してください.

(2) 実際に，2-7 節で学んだパーセプトロンの学習規則に基づいて，重みベクトルを学

習させてみましょう.

- 各クラス ω_1, ω_2 の識別関数を $g_1(\mathbf{x})$, $g_2(\mathbf{x})$ とし, $g(\mathbf{x}) = g_1(\mathbf{x}) - g_2(\mathbf{x}) = \mathbf{w}^t\mathbf{x}$ と識別関数 $g(\mathbf{x})$ を定めます. この重み $\mathbf{w}$ の初期値を $\mathbf{w}_0 = \begin{pmatrix} 1/2 & 1/2 \end{pmatrix}^t$ とします.

- $\rho = 0.5$ として, パーセプトロンの学習規則を手動で実行し, 重みベクトルを更新してください.

【ヒント】学習の結果求められる重みベクトルは $\mathbf{w} = \begin{pmatrix} -0.5 & -1.1 \end{pmatrix}^t$ で, $\mathbf{w}$ は計10回更新されます.

(3) Program ω に属するデータや ρ の値を変えて, どのように学習規則が動作するかをサンプルプログラムを用いて確かめることで, パーセプトロンの振る舞い (2-7-4 項) を理解しましょう.

Let's try! 2-2

パーセプトロンによる識別器の学習と識別 (2 次元特徴空間の学習) Program

図 2.15 に示すような

クラス ω_1：　$(3.0, -0.7), (2.5, 1.3), (1.5, -3.3), (1.0, -1.0), (-0.5, -4.0)$
クラス ω_2：　$(0.5, 3.0), (-1.0, 1.5), (-2.5, -1.8), (-3.0, 1.0), (-3.5, -2.5)$

なる 2 クラスのパターンをパーセプトロンで学習し, 線形識別関数を求めてください.
　サンプルプログラムの学習パラメタをさまざまに変化させると何が起きるかを確認し, その理由を考察することで, この学習法の特徴を理解しましょう.

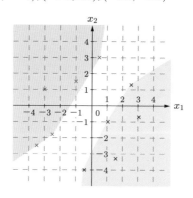

図 2.15

Chapter 2 この章の まとめ　理解できているかを再確認しましょう!

1. 未知パターン $\mathbf{x}$ を, クラス ω_c ごとに定義した**識別関数** $g_c(\mathbf{x})$ へ与え, 関数値が最

大となったクラスと認識するのが**識別関数法**.

$$k = \operatorname*{argmax}_c g_c(\mathbf{x}) \Longrightarrow \mathbf{x} \in \omega_k$$

⇨ **p**.28, 図 2.2

2. 識別関数が線形式なのが**線形識別関数法**.　　　　　　　　⇨ **p**.28, 式 (2.2)

3. **最近傍決定則と線形識別関数法は同じ**.　　　　　　　　　⇨ **p**.28, 2-2 節

4. 任意の 2 クラス ω_i, ω_j 間の**識別境界面** $g(\mathbf{x}) = 0$ は，それぞれのクラス用の識別関数 $g_i(\mathbf{x})$, $g_j(\mathbf{x})$ の識別関数値が等しい点の集合.

$$g(\mathbf{x}) = g_i(\mathbf{x}) - g_j(\mathbf{x}) = 0$$

⇨ **p**.30, 図 2.3

5. 特徴ベクトルを 1 次元拡張し**拡張特徴ベクトル**を考えると，識別関数の定数項が消去でき，重みベクトルと特徴ベクトルの**内積**として簡潔に書ける.

$$g_c(\mathbf{x}) = \mathbf{w}_c^t \mathbf{x}$$

⇨ **p**.30, 2-4 節

6. 任意の 2 クラス ω_i, ω_j 間の**識別境界面** $g(\mathbf{x}) = 0$ は，

$$g(\mathbf{x}) = g_i(\mathbf{x}) - g_j(\mathbf{x}) = (\mathbf{w}_i - \mathbf{w}_j)^t \mathbf{x} = \mathbf{w}^t \mathbf{x} = 0$$

であり，識別境界面と重みベクトル $\mathbf{w}$ との内積は 0，すなわちそれらは直交している.

⇨ **p**.31, 式 (2.14)

7. 識別境界面 $g(\mathbf{x}) = 0$ で特徴空間は二つの部分空間に分割される．そして，重みベクトル $\mathbf{w}$ が属している部分空間にパターン $\mathbf{x}$ が属していれば，内積は正，すなわち $g(\mathbf{x}) > 0$，異なる部分空間にパターン $\mathbf{x}$ が属していれば，$g(\mathbf{x}) < 0$ となり，**符号のみで簡単に識別**できる.

⇨ **p**.33, 図 2.6

8. **パーセプトロンの学習規則**は，識別を誤ったときのみ学習する**誤り訂正学習**.

⇨ **p**.34 のアルゴリズム

9. **パーセプトロンの学習規則**の意味は，内積の意味と以下のことを考えつつ図示するとわかる.

⇨ **p**.35, 図 2.7

$g(\mathbf{x}) = g_1(\mathbf{x}) - g_2(\mathbf{x})$ としたので，

$$\begin{cases} \mathbf{x} \in \omega_1 \text{ なら } g(\mathbf{x}) > 0 \\ \mathbf{x} \in \omega_2 \text{ なら } g(\mathbf{x}) < 0 \end{cases} \text{ となるべき.}$$

$$\begin{cases} \mathbf{x} \in \omega_1 \text{ のパターンを誤識別} \Leftrightarrow g(\mathbf{x}) < 0 \longrightarrow g(\mathbf{x}) > 0 \\ \mathbf{x} \in \omega_2 \text{ のパターンを誤識別} \Leftrightarrow g(\mathbf{x}) > 0 \longrightarrow g(\mathbf{x}) < 0 \end{cases}$$

となるよう $\mathbf{w}$ を修正したい.

誤差評価に基づく学習

この章で学ぶこと

　前章ではパーセプトロンの学習規則を説明しました．この学習規則は，誤り訂正学習であり，学習パターンが間違わないように識別関数を学習するものでした．

　間違わないというのは，学習パターンが属するクラスの識別関数が最大の値を出力することでした．このように識別関数法では，クラスごとに用意した識別関数が，そのクラスに属するパターンに対しては大きな値を出力するように識別関数を設計しました．しかし，実際には，すべての学習パターンに対して間違わないような識別器を設計するのは困難です．

　この章で学ぶ評価関数最小化法では，クラスごとに識別関数を用意するのは変わりませんが，識別関数が漠然と大きな値を出力するようにするのではなく，目標となる値（**教師信号**）を設定するところが異なります．

　識別器の学習目標は，クラスに属するパターンを識別関数に通したときに，この教師信号と同じ値を出力するようにすることです．しかし，実際にはすべての学習パターンに対して教師信号と同じ値を出力するような識別関数は設計できないので，教師信号により近い値を出力するように，言い換えれば，教師信号との誤差を最小にするように，識別関数を学習することが目標になります．これを**評価関数最小化法**といいます．

　評価関数を最小化するには**最小二乗法 (LSM)** を用いますが，これを逐次的に解く方法として，**最急降下法**と **Widrow-Hoff の学習規則**を説明します．

3-1 パーセプトロンの限界

前章で学んだパーセプトロンの学習には，以下のような問題点が存在します．

- 線形分離可能が前提条件．
- 線形分離が可能でなければ学習は停止しない．
- 一般に線形分離可能性を事前に確認するのは不可能（演算量過多）．

そこで，より一般的な学習アルゴリズムが必要となりました．

パーセプトロンの抱える問題のうち、まず解決すべきと考えられたのは「線形分離不可能な問題」にも対応することです。線形分離不可能だと、すべてのパターンが正解するまで学習を続けるパーセプトロンの学習規則では学習が終わらなくなってしまうからです。その一つの解決手法として評価関数最小化法が提案されました。

3-2 評価関数最小化法

線形識別関数を用いている以上、問題が複雑になれば、線形分離はまず不可能といってもよいでしょう。クラス数が C 個ある場合には、線形識別関数 $g_c(\mathbf{x})$ も C 個あるので、識別器を設計するためには、その重みベクトル $\mathbf{w}_c, (c = 1, 2, \ldots, C)$ をすべて学習する必要があります。そこで、この重みベクトル群 $\mathbf{w}_c$ がどの程度適切なのかを示す評価関数 $J(\mathbf{w}_1, \mathbf{w}_2, \ldots, \mathbf{w}_c, \ldots, \mathbf{w}_C)$ を定義します。そして、この評価関数が最小になるように、重みベクトル群 $\mathbf{w}_c$ を学習パターンから学習していきます。

上記のとおり、線形分離が不可能な問題の場合は、完全な識別は困難なので、そのような場合でも準最適な識別でも構わないので学習が行えるようにしようというのが、評価関数を最小にするという基準に基づく学習です。これを**評価関数最小化法**といいます。

この節で説明していく評価関数を最小化する学習の流れを図 3.1 に示します。読み進める際に参考にしてください。

3-2-1 教師信号

この学習法も教師付き学習の一つですが、パーセプトロンの場合とは教師が与えるものが異なります。パーセプトロンの学習では、教師は学習パターンがどの**クラス**に属しているのかを教えました。一方、評価関数最小化法では、学習パターンに対する**教師信号（教師ベクトル）**を教えます。具体的には、図 3.1 に示すように、ある学習パターン $\mathbf{x}_p$ に対し、一つの教師ベクトル $\mathbf{s}_p$ が与えられます。このベクトルは

$$\mathbf{s}_p = \begin{pmatrix} b_{1p} & b_{2p} & \cdots & b_{cp} & \cdots & b_{Cp} \end{pmatrix}^t \tag{3.1}$$

のように、次元数はクラス数 C であり、ベクトルの要素 b_{cp} は、入力 $\mathbf{x}_p$ に対し、各クラス c の識別関数 $g_c(\mathbf{x}_p)$ が出力すべき理想値です。

3-2-2 識別関数と教師信号

さて、教師信号にはどのようなものを与えればよいのでしょうか。今、学習セット $\mathbf{X}$ には、学習パターン $\mathbf{x}_p$ が N 個与えられたとします。

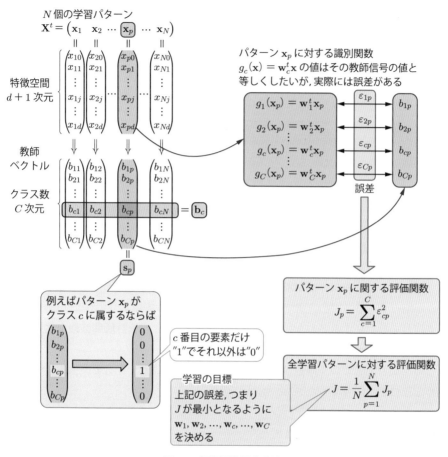

図 3.1 評価関数最小化法

$$\mathbf{X} = \begin{pmatrix} \mathbf{x}_1 & \mathbf{x}_2 & \cdots & \mathbf{x}_p & \cdots & \mathbf{x}_N \end{pmatrix}^t \tag{3.2}$$

識別自体は線形識別関数を用いるので，ある一つの学習パターン $\mathbf{x}_p$ に対して，

$$\begin{pmatrix} g_1(\mathbf{x}_p) & g_2(\mathbf{x}_p) & \cdots & g_c(\mathbf{x}_p) & \cdots & g_C(\mathbf{x}_p) \end{pmatrix}^t, \quad (p = 1, 2, \ldots, N) \tag{3.3}$$

のように C 個の識別関数の出力が得られます．

　これら C 個の識別関数値がとってほしい値（各識別関数が出力すべき理想値）を教師信号（教師ベクトル）として与えるのですが教師信号の値はどのように指定すればよいでしょうか．線形識別関数とは重みベクトル $\mathbf{w}$ と特徴ベクトル $\mathbf{x}$ との内積

$$g_c(\mathbf{x}_p) = \mathbf{w}_c^t \mathbf{x}_p \tag{3.4}$$

でしたので，学習パターン $\mathbf{x}_p$ がクラス ω_k に属しているのであれば，教師信号 b_{kp} は正の値をもつべきであるということはわかります．その値は学習される $\mathbf{w}_k$ ベクトル

の大きさで制御できますので，適当に定めることができます．

　一方，その学習パターンが属さないクラスに対しても，教師信号を定める必要があります．この場合の教師信号 $b_{cp}, (c \neq k)$ は，2 クラスの識別器であれば負の値を定めればよいのですが，多クラスの識別器に対しては，負値の大きさをクラスごとに同じにすることはできません．それは，あるクラス ω_k–ω_i 間の隔たりの程度と，クラス ω_k–ω_j 間の隔たりの程度とが等しいとは考えにくいからです．そのため，一般的には教師信号を 0 として，影響が無視されるよう設定します．

　以上より，例えば，$\mathbf{x}_p \in \omega_k$ の場合には，

$$\begin{cases} b_{kp} = 1 & \text{正解のクラス} \\ b_{cp} = 0 & \text{それ以外}\,(c \neq k) \end{cases} \tag{3.5}$$

のように教師信号を設定します．

3-2-3　誤差に基づく評価関数

　ここまでで，ある学習パターン $\mathbf{x}_p$ に対して，式 (3.3) で示した C 個の識別関数値と式 (3.1) で示した C 個の教師信号が以下のように定義されました．

$$\begin{aligned} & \left(g_1(\mathbf{x}_p) \;\; g_2(\mathbf{x}_p) \;\; \cdots \;\; g_c(\mathbf{x}_p) \;\; \cdots \;\; g_C(\mathbf{x}_p) \right)^t \\ \mathbf{s}_p = {} & \left(\begin{matrix} b_{1p} & b_{2p} & \cdots & b_{cp} & \cdots & b_{Cp} \end{matrix} \right)^t \end{aligned} \tag{3.6}$$

学習時には $g_c(\mathbf{x}_p)$ が b_{cp} と等しくなるように重みベクトル $\mathbf{w}_c$ を決定していくのですが，実際には等しくすることは難しいため誤差 ε_{cp} が生じます．よって，その誤差を次のように定め，

$$\varepsilon_{cp} = g_c(\mathbf{x}_p) - b_{cp}, \quad (c = 1, 2, \ldots, C) \tag{3.7}$$

これを最小にするように重みベクトルを求めていくことにします．

　実際には，ある学習パターン $\mathbf{x}_p$ をすべての識別関数に代入して求めた関数値列と，目標値である教師信号列との誤差の二乗和を評価関数 J_p とします．

$$J_p(\mathbf{w}_1, \mathbf{w}_2, \ldots, \mathbf{w}_C) = \sum_{c=1}^{C} \varepsilon_{cp}^2 = \sum_{c=1}^{C} \left(g_c(\mathbf{x}_p) - b_{cp} \right)^2, \quad (p = 1, 2, \ldots, N) \tag{3.8}$$

この評価関数は，ある学習パターン $\mathbf{x}_p$ に対する評価関数なので，**全パターンに関する評価関数 J** は，それらの平均を用いることとして以下のようになります．

$$J(\mathbf{w}_1, \mathbf{w}_2, \ldots, \mathbf{w}_C) = \frac{1}{N} \sum_{p=1}^{N} J_p(\mathbf{w}_1, \mathbf{w}_2, \ldots, \mathbf{w}_C)$$

$$= \frac{1}{N} \sum_{p=1}^{N} \sum_{c=1}^{C} \left(g_c(\mathbf{x}_p) - b_{cp} \right)^2 = \frac{1}{N} \sum_{p=1}^{N} \sum_{c=1}^{C} \left(\mathbf{w}_c^t \mathbf{x}_p - b_{cp} \right)^2$$

$$(3.9)$$

以上より，**評価関数** $J(\mathbf{w}_1, \mathbf{w}_2, \ldots, \mathbf{w}_C)$ を最小とする**重みベクトル群** $\mathbf{w}_c,\ (c = 1, 2, \ldots, C)$ を求めればよいことがわかります．

3-3/ 最小二乗法による評価関数最小解

評価関数 J は $\mathbf{w}_1, \mathbf{w}_2, \ldots, \mathbf{w}_C$ を変数とする関数であり，誤差を 2 乗したものなので，3-5 節の図 3.4 に示すように，J は下に凸な放物面を構成します．

そこで，この放物面の最小値を最小二乗法 (least squares method：LSM) を用いて解くことを考えます．

今，J を一つの変数 $\mathbf{w}_c$ に関して微分し，評価関数 J の重みベクトル $\mathbf{w}_c$ に対する勾配ベクトル $\nabla_c J$ を求めることにすると，

$$\nabla_c J = \frac{\partial J}{\partial \mathbf{w}_c} = \left(\frac{\partial J}{\partial w_{c0}} \quad \frac{\partial J}{\partial w_{c1}} \quad \cdots \quad \frac{\partial J}{\partial w_{cd}} \right)^t \tag{3.10}$$

と定義されます．

$\mathbf{w}_c$ は 0 から d までの $d+1$ 個の次元をもち，これを使って，$J(\mathbf{w}_1, \mathbf{w}_2, \ldots, \mathbf{w}_C)$ の最小値（極値解）を求めていきます．

直接的な方法は

$$\nabla_c J = \frac{\partial J}{\partial \mathbf{w}_c} = \mathbf{0}, \quad (c = 1, 2, \ldots, C) \tag{3.11}$$

の解を求めることで，極値解を求める方法です．

実際に $\nabla_c J$ を求めると，以下のようになります．

$$\nabla_c J = \frac{\partial J}{\partial \mathbf{w}_c} = \frac{1}{N} \sum_{p=1}^{N} \frac{\partial J_p}{\partial \mathbf{w}_c} = \frac{1}{N} \sum_{p=1}^{N} \frac{\partial}{\partial \mathbf{w}_c} \left\{ \sum_{c=1}^{C} (\mathbf{w}_c^t \mathbf{x}_p - b_{cp})^2 \right\}$$

$$= \frac{2}{N} \sum_{p=1}^{N} (\mathbf{w}_c^t \mathbf{x}_p - b_{cp}) \mathbf{x}_p = \mathbf{0} \tag{3.12}$$

この $\nabla_c J = \mathbf{0}$ の方程式は，式 (3.11) に示すように全部で C 本ありますので，この連立方程式を解けば重みベクトル $\mathbf{w}_c, (c = 1, 2, \ldots, C)$ がすべて求められます．

この C 本の方程式を行列の形に直してみます．

ここで，N 個の学習用特徴ベクトルをまとめた学習セット $\mathbf{X}$ は式 (3.2) のように行列の形をしているので，これをパターン行列と呼ぶことにします．また，クラス ω_c の

線形識別関数 $g_c(\mathbf{x})$ にまつわる教師信号をまとめて，以下のようなパターン教師ベクトル $\mathbf{b}_c$ を定義します．

$$\mathbf{b}_c = \begin{pmatrix} b_{c1} & b_{c2} & \cdots & b_{cp} & \cdots & b_{cN} \end{pmatrix}^t \tag{3.13}$$

このパターン教師ベクトル $\mathbf{b}_c$ は，図 3.1 にも示していますが，教師ベクトル $\mathbf{s}_p$ とは異なりますので注意してください．

このようにパターン行列，パターン教師ベクトルを定義すると，評価関数の定義式 (3.9) は，図 3.2 に示すように

$$J(\mathbf{w}_1, \mathbf{w}_2, \ldots, \mathbf{w}_c, \ldots, \mathbf{w}_C) = \frac{1}{N} \sum_{c=1}^{C} \|\mathbf{X}\mathbf{w}_c - \mathbf{b}_c\|^2 \tag{3.14}$$

と書けることがわかります．

この式 (3.14) を用いると，

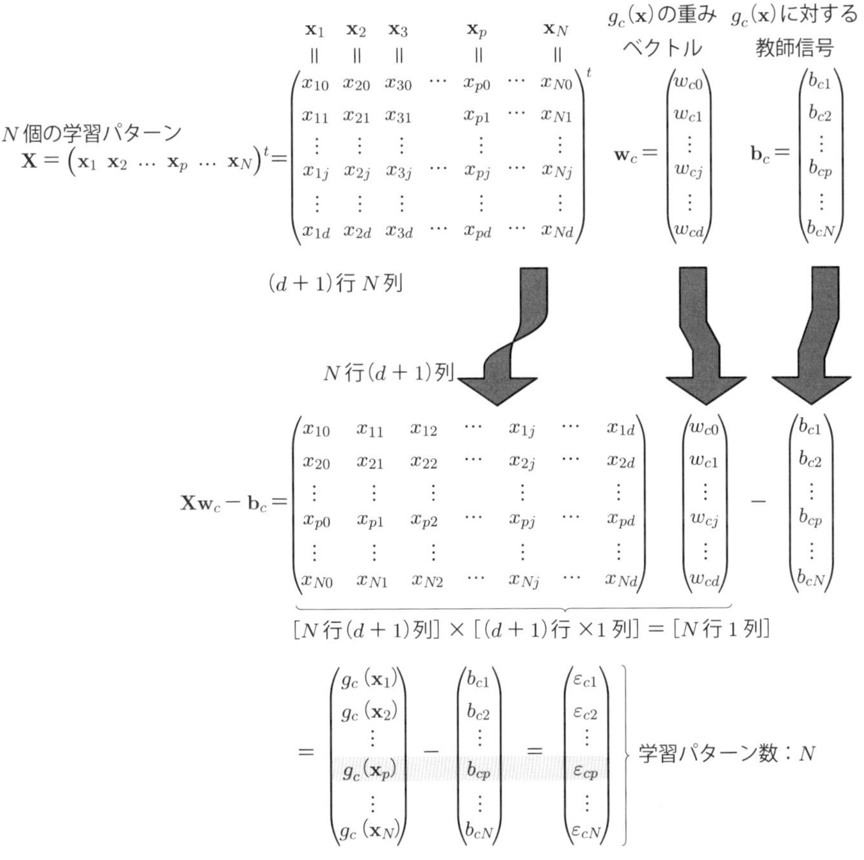

図 3.2 評価関数 J の行列表現

$$\frac{\partial J}{\partial \mathbf{w}_c} = \frac{2}{N} \mathbf{X}^t (\mathbf{X}\mathbf{w}_c - \mathbf{b}_c) \tag{3.15}$$

と書けるので，

$$\mathbf{X}^t (\mathbf{X}\mathbf{w}_c - \mathbf{b}_c) = \mathbf{0} \tag{3.16}$$

を解けば，式 (3.12) の解が求められます．

$\mathbf{X}^t \mathbf{X}$ が正則（逆行列をもつ）と仮定すると，式 (3.16) は

$$\mathbf{X}^t \mathbf{X}\mathbf{w}_c = \mathbf{X}^t \mathbf{b}_c$$

$$\mathbf{w}_c = (\mathbf{X}^t \mathbf{X})^{-1} \mathbf{X}^t \mathbf{b}_c, \quad (c = 1, 2, \dots, C) \tag{3.17}$$

のように解け，$\mathbf{w}_c$ が求められます．

しかし，この方法では解が求められない可能性があります．それは，次のような場合です．

- $\mathbf{X}^t \mathbf{X}$ が正則とは限らない．
- $\mathbf{X}^t \mathbf{X}$ は，（$d+1$ 行 N 列）と（N 行 $d+1$ 列）の行列の積なので，（$d+1$ 行 $d+1$ 列）行列になり，特徴量 $\mathbf{x}_p$ の次元数 d が大きいと逆行列を求めるための計算量が膨大になる．

3-4／／ 逐次解法による重みの推定

最小二乗法による方法では，上記のとおり解が求められない場合があります．

これに対応するために，逐次解法による近似解の導出を考えます．有名なのは**最急降下法**と呼ばれる方法で，巨大な連立方程式を解く必要がある建築設計や自動車工学，気象科学などさまざまな分野で利用されています．

さらに，この最急降下法の改良ともいえる **Widrow-Hoff の学習規則**についても説明していきます．

3-4-1　最急降下法

最急降下法 (steepest descent method : SDM) では，解析的に $\mathbf{w}_c$ を解くのではなく，まず適当に $\mathbf{w}_c$ を定め，逐次解法によって徐々に $\mathbf{w}_c$ の真値を求めていきます．では，適当な重みベクトル $\mathbf{w}_c$ からスタートして，どのように重みベクトルを修正していけばよいのでしょうか．

この方法も，今まで説明してきた評価関数の最小化の考え方を使います．評価関数 J は $\mathbf{w}_c$ を変数とし，下に凸な放物面の形になります．よって，評価関数が最小になる点においては J の傾きは 0 になる，というのは説明してきたとおりです．

そこで，$\mathbf{w}_c$ を傾きの方向に徐々に修正すれば，この放物面の底にたどり着けるはずであるというのが基本的な考え方です．

すなわち，

$$\mathbf{w}'_c = \mathbf{w}_c - \rho \frac{\partial J}{\partial \mathbf{w}_c} = \mathbf{w}_c - \rho \nabla_c J, \quad (c = 1, 2, \ldots, C) \tag{3.18}$$

のように逐次的に $\mathbf{w}_c$ を更新していけばよいことになります．この式で ρ という定数がありますが，これはパーセプトロンの学習規則の場合と同様，実験的に定める定数です．

重みベクトル $\mathbf{w}_c$ は式 (3.18) により逐次更新され，最終的には J の最小解（極値解）に到達します．

この式を見ると，$\mathbf{w}_c$ の修正には $\nabla_c J$ が必要です．実際に計算を行うためには，式 (3.12) を用いればよいわけですが，この式を見ると，$\nabla_c J$ を求めるには，すべての学習パターン $\mathbf{x}_p, (p = 1, 2, \ldots, N)$ が必要であることがわかります．すなわち，ある $\mathbf{w}_c$ に対する修正量 $\rho \nabla_c J$ を求めるには，一度，すべてのパターンベクトル $\mathbf{x}_p$ を提示し，その識別関数値を求める必要があるわけです．以上より，最急降下法のアルゴリズムは次のように書けます．

最急降下法のアルゴリズム

1. $\mathbf{w}_c$ の初期値をすべてのクラス $(c = 1, 2, \ldots, C)$ に対して定める．
2. あるクラス ω_c に対して $\nabla_c J = (2/N) \sum_{p=1}^{N} (\mathbf{w}_c^t \mathbf{x}_p - b_{cp}) \mathbf{x}_p$ を計算する．
3. $\mathbf{w}'_c = \mathbf{w}_c - \rho \nabla_c J$ によりクラス ω_c の重みベクトル $\mathbf{w}_c$ を更新する．
4. Step 2, 3 をすべてのクラス $(c = 1, 2, \ldots, C)$ に対して繰り返す．
5. 評価関数 J を求め，値が収束していないなら Step 2 に戻る．

3-4-2 Widrow-Hoff の学習規則

最急降下法のアルゴリズムは，重みベクトル $\mathbf{w}_c$ を 1 回更新するために，全学習パターン $\mathbf{x}_p$ に対する識別関数値を求める必要があり，計算量が膨大となります．

この問題を改善するために Widrow（ウィドロウ）と Hoff（ホフ）によって考え出されたのが **Widrow-Hoff の学習規則**です．

この考えの基本は，式 (3.9) の代わりに，式 (3.8) を用いることにあります．式 (3.9) を見ると，式 (3.8) の総和であるので，J を最小にするためには各 J_p を最小にすればよいと考えたわけです．

そのように考えると，重みベクトル $\mathbf{w}_c$ の修正は，

$$\mathbf{w}_c' = \mathbf{w}_c - \rho \frac{\partial J_p}{\partial \mathbf{w}_c}, \quad (c = 1, 2, \ldots, C) \tag{3.19}$$

のように行えばよいことがわかります．

この式中の $\partial J_p / \partial \mathbf{w}_c$ は，以下のように書けます．

$$\frac{\partial J_p}{\partial \mathbf{w}_c} = \frac{\partial J_p}{\partial g_c(\mathbf{x}_p)} \cdot \frac{\partial g_c(\mathbf{x}_p)}{\partial \mathbf{w}_c} = 2\big(g_c(\mathbf{x}_p) - b_{cp}\big)\mathbf{x}_p$$
$$= 2\varepsilon_{cp}\mathbf{x}_p \tag{3.20}$$

これは，式 (3.8) で定義した J_p と，$g_c(\mathbf{x}_p) = \mathbf{w}_c^t \mathbf{x}_p$ をそれぞれ偏微分したものから求めています．

以上より，式 (3.19) の $\mathbf{w}_c'$ は次のように書けることがわかります（ただし $\rho' = 2\rho$ とおいています）．

$$\mathbf{w}_c' = \mathbf{w}_c - 2\rho\varepsilon_{cp}\mathbf{x}_p = \mathbf{w}_c - \rho'\varepsilon_{cp}\mathbf{x}_p$$
$$= \mathbf{w}_c - \rho'\big(g_c(\mathbf{x}_p) - b_{cp}\big)\mathbf{x}_p = \mathbf{w}_c - \rho'(\mathbf{w}_c^t \mathbf{x}_p - b_{cp})\mathbf{x}_p \tag{3.21}$$

このアルゴリズムでは，学習パターンが一つ提示されるたびに $\mathbf{w}_c$ の修正を行うことができるので，計算量を大幅に削減できます．

この方法は平均二乗誤差を最小にするアルゴリズムなので，**LMS アルゴリズム** (least mean square algorithm) と呼ばれます．最急降下法は逆行列の計算を省くことに成功しましたが，LMS アルゴリズムは，さらに最急降下法における勾配を瞬時値で置換した，効率的な方法と解釈できます．

最後に，この Widrow-Hoff の学習規則のアルゴリズムを示します．

Widrow-Hoff の学習規則アルゴリズム

1. $\mathbf{w}_c$ の初期値をすべてのクラス $(c = 1, 2, \ldots, C)$ に対して定める．
2. ある学習パターン $\mathbf{x}_p$ に対し，$\mathbf{w}_c' = \mathbf{w}_c - \rho'(\mathbf{w}_c^t \mathbf{x}_p - b_{cp})\mathbf{x}_p$ によって重みベクトル $\mathbf{w}_c$ を更新する．
3. Step 2 をすべてのクラス $c = 1, 2, \ldots, C$ に対して実行し，すべてのクラスの重みベクトル $\mathbf{w}_c$ を更新する．
4. Step 2, 3 をすべての学習パターン $\mathbf{x}_p, (p = 1, 2, \ldots, N)$ に対して実行する．
5. 評価関数 J を求め，値が収束していないなら Step 2 に戻る．

3-5 【補足】評価関数の勾配ベクトル

評価関数の勾配ベクトルの意味を理解するために，例として以下の例題を考えてみ ることにしましょう．

- クラス数：C
- 特徴ベクトル次元数：$d = 1$（拡張特徴ベクトル：2 次元）

このとき，式 (3.9) より，評価関数は次のように書けます．

$$
\begin{aligned}
J(\mathbf{w}_1, \mathbf{w}_2, \ldots, \mathbf{w}_C) &= \frac{1}{N} \sum_{p=1}^{N} \sum_{c=1}^{C} \big(g_c(\mathbf{x}_p) - b_{cp}\big)^2 = \frac{1}{N} \sum_{p=1}^{N} \sum_{c=1}^{C} \big(\mathbf{w}_c^t \mathbf{x}_p - b_{cp}\big)^2 \\
&= \frac{1}{N} \sum_{p=1}^{N} \sum_{c=1}^{C} \left(\begin{pmatrix} w_{c0} & w_{c1} \end{pmatrix} \begin{pmatrix} x_{p0} \\ x_{p1} \end{pmatrix} - b_{cp} \right)^2 \\
&= \frac{1}{N} \sum_{p=1}^{N} \sum_{c=1}^{C} (w_{c0} x_{p0} + w_{c1} x_{p1} - b_{cp})^2 \tag{3.22}
\end{aligned}
$$

この式において，重み w を変数と見ると，あるクラス ω_c に関する重みベクトル $\mathbf{w}_c$ の 要素は (w_{c0}, w_{c1}) の二つです．

では，式 (3.10) を用いて，クラス ω_c の $\mathbf{w}_c$ に対する勾配ベクトル $\nabla_c J$ を求めてみ ます．

$$
\nabla_c J = \frac{\partial J}{\partial \mathbf{w}_c} = \begin{pmatrix} \dfrac{\partial J}{\partial w_{c0}} & \dfrac{\partial J}{\partial w_{c1}} \end{pmatrix}^t \tag{3.23}
$$

ですので，(w_{c0}, w_{c1}) 以外の変数は定数とみなします．すなわち，

$$
\begin{aligned}
\frac{\partial J}{\partial \mathbf{w}_c} &= \frac{\partial}{\partial \mathbf{w}_c} \left\{ \frac{1}{N} \sum_{p=1}^{N} \sum_{k=1}^{C} (x_{p0} \underline{w_{k0}} + x_{p1} \underline{w_{k1}} - b_{kp})^2 \right\} \\
&= \frac{\partial}{\partial \mathbf{w}_c} \left\{ \frac{1}{N} \sum_{p=1}^{N} (x_{p0} \underline{w_{c0}} + x_{p1} \underline{w_{c1}} - b_{cp})^2 + Const. \right\} \tag{3.24}
\end{aligned}
$$

と書け，J は w_{c0}, w_{c1} を変数とする放物面になります．

さらに，式 (3.23) に示すように，この放物面を w_{c0}, w_{c1} で各々偏微分すると J の 断面について考えることになります．$\partial J / \partial w_{c0}$ であれば軸 w_{c1} を無視することですの で，式 (3.24) より

$$
\frac{\partial J}{\partial w_{c0}} = \frac{\partial}{\partial w_{c0}} \left\{ \frac{1}{N} \sum_{p=1}^{N} (x_{p0} \underline{w_{c0}} + x_{p1} \underline{w_{c1}} - b_{cp})^2 + Const. \right\}
$$

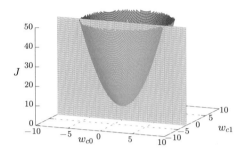

図 3.3 J の断面

$$= \frac{\partial}{\partial w_{c0}} \left\{ \frac{1}{N} \sum_{p=1}^{N} (x_{p0}\underline{w_{c0}} + Const.)^2 + Const. \right\} \tag{3.25}$$

のように，その断面は放物線になります（図 3.3 参照）．実際に偏微分してみると，

$$
\begin{aligned}
\frac{\partial J}{\partial w_{c0}} &= \frac{1}{N} \sum_{p=1}^{N} \frac{\partial}{\partial w_{c0}} (x_{p0}\underline{w_{c0}} + x_{p1}w_{c1} - b_{cp})^2 + Const. \\
&= \frac{1}{N} \sum_{p=1}^{N} 2x_{p0}(x_{p0}\underline{w_{c0}} + x_{p1}w_{c1} - b_{cp}) + Const. \\
&= \frac{2}{N} \left(\sum_{p=1}^{N} x_{p0}^2 \right) \underline{w_{c0}} + \frac{2}{N} \sum_{p=1}^{N} x_{p0}(x_{p1}w_{c1} - b_{cp}) + Const. \\
&= \frac{2}{N} \left(\sum_{p=1}^{N} x_{p0}^2 \right) \underline{w_{c0}} + Const. \tag{3.26}
\end{aligned}
$$

のように 1 次の接線の式になります．実際に w_{c0} に値を代入すれば，その点での放物線の接線の傾きが求められます．

同様に，$\partial J / \partial w_{c1}$ も，軸 w_{c0} を無視したときの断面での傾きになります．

このように求められた二つの傾きは，評価関数 J が構成する放物面上の 1 点 (w_{c0}, w_{c1}, J) での接平面の法線ベクトルの要素を表しています．

接平面の法線ベクトルは $\left(\partial J/\partial w_{c0} \quad \partial J/\partial w_{c1} \quad -1 \right)^t$ と書け（以下の「基礎事項」を参照），この法線ベクトルを w_{c0}–w_{c1} 平面に射影したものが $\nabla_c J = \partial J/\partial \mathbf{w}_c = \left(\partial J/\partial w_{c0} \quad \partial J/\partial w_{c1} \right)^t$ であり，これを勾配ベクトルといいます．

図 3.4 にその様子を示します．これを見ると，$\nabla_c J$ は，評価関数 J の最小値の点から外側に向かっています．すなわち，J の底からの正の勾配を表しています．よって，J の底に向かうためには $\nabla_c J$ のベクトルの反対方向に向かう必要があります．最急降下法の式 (3.18) も Widrow-Hoff の学習規則の式 (3.19) も $\nabla_c J$ に負の符号がついている意味が理解できたでしょうか．

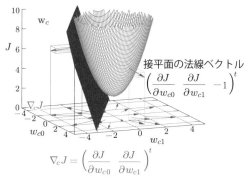

$$\nabla_c J = \begin{pmatrix} \dfrac{\partial J}{\partial w_{c0}} & \dfrac{\partial J}{\partial w_{c1}} \end{pmatrix}^t$$

図 3.4 評価関数 J

基礎事項：傾きと法線ベクトル

今，次のような関数 $f(x)$ があったとします．

$$f(x) = ax + b$$

この関数は直線を表しており，その傾きは a です．これをグラフに表すために，

$$y = f(x)$$

とおいて，x–y の 2 次元平面に作図することにします．$y = f(x) = ax + b$ なので，

$$ax - y + b = 0$$

と書けます．これは，

$$\begin{pmatrix} a & -1 \end{pmatrix} \begin{pmatrix} x - 0 \\ y - b \end{pmatrix} = 0$$

と書けますので，$\begin{pmatrix} a & -1 \end{pmatrix} = \mathbf{m}^t$，$\begin{pmatrix} x \\ y \end{pmatrix} = \mathbf{x}$，$\begin{pmatrix} 0 \\ b \end{pmatrix} = \mathbf{x}_0$ とおけば，

$$\mathbf{m}^t(\mathbf{x} - \mathbf{x}_0) = 0$$

のようになり，$\mathbf{m}$ が法線ベクトル，$\mathbf{x}_0$ が直線上の 1 点である，直線の式になります．

このように，傾き a は法線ベクトル $\mathbf{m}^t = \begin{pmatrix} a & -1 \end{pmatrix}$ と対応付けられました．

これは，関数の変数が $f(x, y)$ のように二つ以上になっても同様で，

$$f(x, y) = ax + by + c$$

であれば，平面の法線ベクトル $\mathbf{m}$ は $\mathbf{m}^t = \begin{pmatrix} a & b & -1 \end{pmatrix}$ のようになります．

3-6　【例題】LSM, SDM, Widrow-Hoff

　ここまで，最小二乗法 (LSM) を用いて解析的に重みベクトルを求める方法と，最急降下法 (SDM) や Widrow-Hoff の学習規則を用いて逐次的に重みベクトルを求める方法を学習してきました．

　ここでは，図 3.5 に示すような線形分離不可能な 1 次元学習パターンを用いて，実際にこれらの手法により重みベクトルを求めてみます．

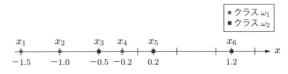

図 3.5　線形分離不可能な学習パターン

　まず，図 3.5 のデータを 1 次元拡張し，拡張特徴ベクトルを構成すると，次のようになります．

$$\mathbf{x}_1 = \begin{pmatrix} 1 \\ -1.5 \end{pmatrix}, \quad \mathbf{x}_2 = \begin{pmatrix} 1 \\ -1.0 \end{pmatrix}, \quad \mathbf{x}_3 = \begin{pmatrix} 1 \\ -0.5 \end{pmatrix},$$

$$\mathbf{x}_4 = \begin{pmatrix} 1 \\ -0.2 \end{pmatrix}, \quad \mathbf{x}_5 = \begin{pmatrix} 1 \\ 0.2 \end{pmatrix}, \quad \mathbf{x}_6 = \begin{pmatrix} 1 \\ 1.2 \end{pmatrix}$$

さらに，これらをまとめて式 (3.2) のようにパターン行列で書くと，

$$\mathbf{X} = (\mathbf{x}_1, \mathbf{x}_2, \mathbf{x}_3, \mathbf{x}_4, \mathbf{x}_5, \mathbf{x}_6)^t = \begin{pmatrix} 1 & -1.5 \\ 1 & -1.0 \\ 1 & -0.5 \\ 1 & -0.2 \\ 1 & 0.2 \\ 1 & 1.2 \end{pmatrix} \tag{3.27}$$

となります．

　また，クラス ω_1 の教師信号を $\mathbf{b}_1$，クラス ω_2 の教師信号を $\mathbf{b}_2$ とすると，あるパターンがそのクラスに属していれば 1，そうでなければ 0 なので，

$$\mathbf{b}_1 = \begin{pmatrix} 1 \\ 1 \\ 0 \\ 1 \\ 0 \\ 0 \end{pmatrix}, \quad \mathbf{b}_2 = \begin{pmatrix} 0 \\ 0 \\ 1 \\ 0 \\ 1 \\ 1 \end{pmatrix}$$

のように書けます.

　今, 2 クラス問題なので, クラス ω_1 用の識別関数を $g_1(\mathbf{x})$, クラス ω_2 用の識別関数を $g_2(\mathbf{x})$ とし, $g(\mathbf{x}) = g_1(\mathbf{x}) - g_2(\mathbf{x})$ をこの 2 クラス識別用の識別関数とすると, この $g(\mathbf{x})$ 用の教師信号ベクトル $\mathbf{b}$ は

$$\mathbf{b} = \mathbf{b}_1 - \mathbf{b}_2 = \begin{pmatrix} 1 \\ 1 \\ -1 \\ 1 \\ -1 \\ -1 \end{pmatrix} \tag{3.28}$$

と書けます.

　では, この学習パターン行列 $\mathbf{X}$ と教師信号 $\mathbf{b}$ を用いて, 評価関数 J を求めてみましょう. ここでは 2 クラス問題なので識別関数は一つで済むことを考慮すると, 式 (3.14) の評価関数 J は $\sum$ がとれて, $J(\mathbf{w}) = (1/N)\|\mathbf{Xw} - \mathbf{b}\|^2$ と書けます. この式に式 (3.27) と式 (3.28) を代入します.

$$J(\mathbf{w}) = \frac{1}{N}\|\mathbf{Xw} - \mathbf{b}\|^2$$

$$= \frac{1}{6}\left\| \begin{pmatrix} 1 & -1.5 \\ 1 & -1.0 \\ 1 & -0.5 \\ 1 & -0.2 \\ 1 & 0.2 \\ 1 & 1.2 \end{pmatrix} \begin{pmatrix} w_0 \\ w_1 \end{pmatrix} - \begin{pmatrix} 1 \\ 1 \\ -1 \\ 1 \\ -1 \\ -1 \end{pmatrix} \right\|^2 = \frac{1}{6}\left\| \begin{matrix} w_0 - 1.5w_1 - 1 \\ w_0 - 1.0w_1 - 1 \\ w_0 - 0.5w_1 + 1 \\ w_0 - 0.2w_1 - 1 \\ w_0 + 0.2w_1 + 1 \\ w_0 + 1.2w_1 + 1 \end{matrix} \right\|^2$$

$$= \frac{1}{6}\big\{ (w_0 - 1.5w_1 - 1)^2 + (w_0 - 1.0w_1 - 1)^2 + (w_0 - 0.5w_1 + 1)^2$$
$$\quad + (w_0 - 0.2w_1 - 1)^2 + (w_0 + 0.2w_1 + 1)^2 + (w_0 + 1.2w_1 + 1)^2 \big\}$$

$$= \frac{1}{6}\big\{ 6w_0^2 + (2.25 + 1 + 0.25 + 0.04 + 0.04 + 1.44)w_1^2 + 6$$
$$\quad + 2(-1.5 - 1.0 - 0.5 - 0.2 + 0.2 + 1.2)w_0w_1$$
$$\quad + 2(-1 - 1 + 1 - 1 + 1 + 1)w_0$$
$$\quad + 2(1.5 + 1.0 - 0.5 + 0.2 + 0.2 + 1.2)w_1 \big\}$$

$$= \frac{1}{6}(6w_0^2 + 5.02w_1^2 - 3.06w_0w_1 + 7.2w_1 + 6) \tag{3.29}$$

求められた評価関数 $J(\mathbf{w})$ を図示すると, 図 3.6 のように, 下に凸な放物面になります. この J が最小値をとる重み $\mathbf{w}$ が求めたいものなので, 解析的に求めてみましょう. 式 (3.17) を用いて計算すると以下のようになります.

$$\mathbf{w} = (\mathbf{X}^t\mathbf{X})^{-1}\mathbf{X}^t\mathbf{b}$$

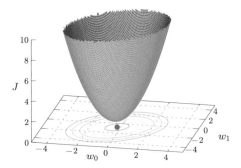

図 3.6　評価関数 $J = \dfrac{1}{6}(6w_0^2 + 5.02w_1^2 - 3.06w_0w_1 + 7.2w_1 + 6)$

$$= \left(\begin{pmatrix} 1 & 1 & 1 & 1 & 1 & 1 \\ -1.5 & -1.0 & -0.5 & -0.2 & 0.2 & 1.2 \end{pmatrix} \begin{pmatrix} 1 & -1.5 \\ 1 & -1.0 \\ 1 & -0.5 \\ 1 & -0.2 \\ 1 & 0.2 \\ 1 & 1.2 \end{pmatrix} \right)^{-1} \mathbf{X}^t \mathbf{b}$$

$$= \begin{pmatrix} 6 & -1.8 \\ -1.8 & 5.02 \end{pmatrix}^{-1} \begin{pmatrix} 1 & 1 & 1 & 1 & 1 & 1 \\ -1.5 & -1.0 & -0.5 & -0.2 & 0.2 & 1.2 \end{pmatrix} \begin{pmatrix} 1 \\ 1 \\ -1 \\ 1 \\ -1 \\ -1 \end{pmatrix}$$

$$= \frac{1}{30.12 - 3.24} \begin{pmatrix} 5.02 & 1.8 \\ 1.8 & 6 \end{pmatrix} \begin{pmatrix} 1 & 1 & 1 & 1 & 1 & 1 \\ -1.5 & -1.0 & -0.5 & -0.2 & 0.2 & 1.2 \end{pmatrix} \begin{pmatrix} 1 \\ 1 \\ -1 \\ 1 \\ -1 \\ -1 \end{pmatrix}$$

$$= \frac{1}{26.88} \begin{pmatrix} 2.32 & 3.22 & 4.12 & 4.66 & 5.38 & 7.18 \\ -7.2 & -4.2 & -1.2 & 0.6 & 3 & 9 \end{pmatrix} \begin{pmatrix} 1 \\ 1 \\ -1 \\ 1 \\ -1 \\ -1 \end{pmatrix}$$

$$= \frac{1}{26.88} \begin{pmatrix} -6.48 \\ -21.6 \end{pmatrix} \simeq \begin{pmatrix} -0.24 \\ -0.80 \end{pmatrix} \tag{3.30}$$

このように，この例題の場合は逆行列が存在したので解析解が存在し，最適な重みベ

クトル $\mathbf{w}$ は $\mathbf{w}^t \simeq \begin{pmatrix} -0.24 & -0.80 \end{pmatrix}$ であることがわかりました.

　では,次に逐次解法で重みベクトルを求めてみます.3-4 節で説明した最急降下法のアルゴリズムと Widrow-Hoff の学習規則のアルゴリズムに従って,逐次的に重みベクトルを更新していきます.重みベクトルの初期値をここでは $\mathbf{w}^t = \begin{pmatrix} 1 & 9 \end{pmatrix}$ とし,50 回繰り返して学習データを与えたときの重みベクトルの更新の様子を図 3.7 に示します.図を見ると,重みベクトルが徐々に最適値(図中の×)に向かって更新されていく様子がわかると思います.

　最急降下法 (SDM) では,評価関数 J の勾配が最も大きな方向に重みベクトルが更新されているのがわかるかと思います.このグラフからわかるのは,学習データを 10 回繰り返し提示してもまだ最適値までは遠く,50 回提示するとようやく最適値に近い解が求められることです.

　一方,Widrow-Hoff のアルゴリズムは,1 件の学習データに対して重みベクトルの更新を行うので,必ずしも勾配の最も大きい方向に更新されているとはいえませんが,学習速度は早く,10 回程度の繰り返しで最適値に近い解が求められています.

　各逐次解法の特徴が理解できたでしょうか.

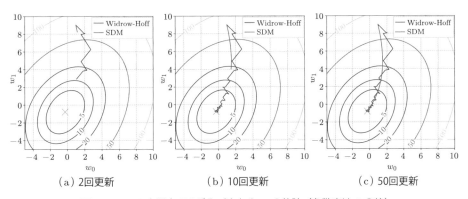

(a) 2回更新　　　　　(b) 10回更新　　　　　(c) 50回更新

図 3.7　$J(\mathbf{w})$ 空間内での重みベクトル $\mathbf{w}$ の軌跡(色数字は J の値)

3-7　Widrow-Hoff の学習規則とパーセプトロンの学習規則との関係

　ここまで,評価関数に基づく識別器の学習方法を説明してきました.ここでは,線形識別関数を少し変形させることで,Widrow-Hoff の学習規則がパーセプトロンの学習規則になることを示します.

　例題として,ここでは 2 クラスの識別器について考えます.

Widrow-Hoff の学習器では，評価関数 $J(\mathbf{w})$ として線形識別関数 $g(\mathbf{x})$ と教師信号との二乗誤差を用いてきましたが，評価関数としては，これ以外の形式であっても，評価関数を最小にすることが学習のゴールであれば構わないわけです．

そこで，評価関数を以下のように定めることにします．

$$J(\mathbf{w}) = \frac{|\mathbf{w}^t \mathbf{x}|}{\|\mathbf{x}\|} = \frac{|\mathbf{x}^t \mathbf{w}|}{\|\mathbf{x}\|} \tag{3.31}$$

この評価関数は $\mathbf{w}$ を変数としているので，$\mathbf{x}$ が定数になります．よって，$\mathbf{w}^t \mathbf{x}$ と書くよりも，$\mathbf{x}^t \mathbf{w}$ と書いたほうがわかりやすいので，そのように書き直してあります．さて，この評価関数はどのような意味をもつのでしょうか．

実はこの式は，図 3.8 に示すように，重みベクトル $\mathbf{w}$ と，平面 $\mathbf{x}^t \mathbf{w} = 0$ との距離 r を表しています（以下の「基礎事項」参照）．

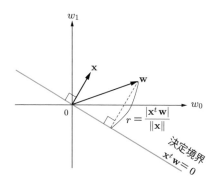

図 3.8 重み空間における超平面と重みベクトルの距離

平面 $\mathbf{x}^t \mathbf{w} = 0$ は，法線ベクトル $\mathbf{x}$ に対して垂直（内積 = 0）な面として，重み空間内に存在します．

ここに，ある重みベクトル $\mathbf{w}$ が存在するわけですが，評価関数 J を最小化するとは，この距離 r を最小化するように $\mathbf{w}$ を決めることを意味します．

この評価関数において，分母の $\|\mathbf{x}\|$ は定数なので，取り除いても評価関数の最小化には問題はありません．よって，評価関数を

$$J_o(\mathbf{w}) = |\mathbf{x}^t \mathbf{w}| \tag{3.32}$$

とおくことにします．

さて，Widrow-Hoff の学習規則で学んだように，この評価関数 J を最小化するために $\mathbf{w}$ を更新していきます．そのために，式 (3.19) を用いて更新式を書くと以下のようになります．

$$\mathbf{w}' = \mathbf{w} - \rho \frac{\partial J_0}{\partial \mathbf{w}} \tag{3.33}$$

ここで，J_0 を $\mathbf{w}$ で偏微分する必要があるので，式 (3.32) を次のように場合分けして $|\cdot|$ を外します．このとき，$|\cdot|$ は $\mathbf{x}^t\mathbf{w}$ の正負によって外せますが，その意味を考える必要があります．$\mathbf{x}^t\mathbf{w}$ の正負によってクラスを識別するわけですので，ここでは，前章での説明と同様に，

$\quad \mathbf{x}^t\mathbf{w} > 0$ になるべきは クラス ω_1 （$\Longleftrightarrow \mathbf{x}$ と $\mathbf{w}$ とは同じ部分空間）

$\quad \mathbf{x}^t\mathbf{w} < 0$ になるべきは クラス ω_2 （$\Longleftrightarrow \mathbf{x}$ と $\mathbf{w}$ とは異なる部分空間）

と考えることにします．すると，

$\quad \mathbf{x} \in \omega_1$ なのに $\mathbf{x}^t\mathbf{w} < 0$ となってしまった場合には $\mathbf{w}$ を修正する必要があり，

$\quad \mathbf{x} \in \omega_2$ なのに $\mathbf{x}^t\mathbf{w} > 0$ となってしまった場合にも $\mathbf{w}$ を修正する必要がある

となります．よって，識別関数 $J_0(\mathbf{w})$ は次のように書けます．

$$J_0(\mathbf{w}) = \begin{cases} -\mathbf{x}^t\mathbf{w} & (\mathbf{x}^t\mathbf{w} < 0 \text{ かつ } \mathbf{x} \in \omega_1) \\ \mathbf{x}^t\mathbf{w} & (\mathbf{x}^t\mathbf{w} > 0 \text{ かつ } \mathbf{x} \in \omega_2) \\ 0 & (\text{それ以外}) \end{cases} \tag{3.34}$$

すると，偏微分が可能になり，式 (3.33) は

$$\begin{cases} \mathbf{w}' = \mathbf{w} + \rho \cdot \mathbf{x} & (\omega_1 \text{ のパターンを } \omega_2 \text{ と誤ったとき}) \\ \mathbf{w}' = \mathbf{w} - \rho \cdot \mathbf{x} & (\omega_2 \text{ のパターンを } \omega_1 \text{ と誤ったとき}) \\ \mathbf{w}' = \mathbf{w} & (\text{それ以外}) \end{cases}$$

のようになります．

　この更新式は，第 2 章で学習したパーセプトロンの学習規則と同じです．以上より，パーセプトロンの学習規則は，評価関数 J_0 を最急降下法によって最小化する手続きと等価であることがわかりました．ただし，式 (3.34) の部分で線形分離を仮定していますので，線形分離不可能な条件ではこの議論は成り立ちません．そういう意味でもパーセプトロンの学習規則と一致しています．

基礎事項：直線との距離

　直線 $l: ax + by + c = 0$ と点 $\mathbf{x}(x_0, y_0)$ との距離 r は，次のように書けましたね．

$$r = \frac{|ax_0 + by_0 + c|}{\sqrt{a^2 + b^2}}$$

この節で扱っている決定境界は原点を通りますので，この式は

$$r = \frac{|ax_0 + by_0|}{\sqrt{a^2 + b^2}} = \frac{\left| \begin{pmatrix} a & b \end{pmatrix} \begin{pmatrix} x_0 \\ y_0 \end{pmatrix} \right|}{\sqrt{a^2 + b^2}} = \frac{|\mathbf{x}^t \mathbf{w}|}{\|\mathbf{x}\|}$$

となります.変数は重みベクトル $\mathbf{w}$ ですので,それに対応するのがこの式では $\begin{pmatrix} x_0 \\ y_0 \end{pmatrix}$

であり,係数がパターンベクトル $\mathbf{x}$ ですから,それに対応するのが $\begin{pmatrix} a & b \end{pmatrix}$ です.

Let's try!   3-1

最小二乗法,最急降下法,Widrow-Hoff の学習規則による識別器の学習

まず,図3.9に示すような2クラスのパターンを,以下のようにして定義してください.

1. 特徴ベクトルは2次元とし,図(a)に示す識別境界面を仮に引きます.
2. クラス ω_1 に属する学習パターンを,今決めた仮の識別境界の左に10個定めます.
   (注意)$\mathbf{X}^t\mathbf{X}$ の逆行列が求められるようにパターンを定めてください.

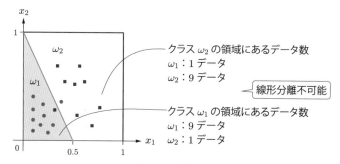

（a）2次元特徴空間

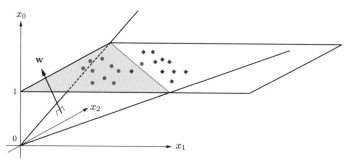

（b）3次元拡張特徴空間

図 3.9 線形分離不可能な学習パターン

3. クラス ω_2 に属する学習パターンも同様に，今決めた仮の識別境界の右に 10 個定めます．

4. 識別境界に最も近いパターンを各クラスから求め，その属するクラスを交換します．

5. 各クラスの教師信号を決めます．

　これで線形分離不可能な学習パターンが生成できました．この学習パターンを用いて，以下の課題にサンプルプログラムを用いて取り組んでください．

(1) パーセプトロンの学習の限界 Program

- 「Let's try! 2-2」で用いたパーセプトロンの学習が動作するのかを確認しましょう．まず，プログラム中のパターンデータの値を今定めたものに修正してください．
- 学習データを交換する前と後で線形分離可能か否かが変化するので，パーセプトロンの学習が収束するか否かが変化するはずです．これを確認してください．

(2) 最小二乗法での学習と認識 Program

- サンプルプログラム中のパターンデータ値を修正して，最小二乗法で解析的に重みベクトルを算出してください．
- 求めた重みベクトルを用いて学習パターンを認識して，正しく識別できるか実験してください．プログラムを追記してもよいですし，筆算でも簡単にできます．

(3) 最急降下法での学習と認識 Program

- サンプルプログラム中のパターンデータ値を修正して，最急降下法で重みベクトルを学習してみましょう．
- 逐次的に重みベクトルが学習されていきますが，解析解にどのような速さで近づいていくのかを検討してください．
- 学習された重みベクトルを用いて学習パターンを認識して，正しく識別できるか実験してください．プログラムを追記してもよいですし，筆算でも簡単にできます．

(4) Widrow-Hoff の学習規則での学習と認識 Program

- サンプルプログラム中のパターンデータ値を修正して，Widrow-Hoff の学習規則で重みベクトルを学習してみましょう．
- 逐次的に重みベクトルが学習されていきますが，解析解にどのような速さで近づいていくのかを検討してください．

(5) (1)～(4) の学習結果および認識結果を比較し，各方法の長所・短所について検討してください．

この章の **まとめ**　　　| 理解できているかを再確認しましょう！|

---

1. パーセプトロンの学習規則のような**誤り訂正学習**では，**線形分離不可能**な学習デー
   タでは**学習が永遠に停止しない**.　　　　　　　　　　　⇨ **p**.44, 3-1 節

2. 「**誤らないように**」とは，別の評価尺度に基づいて学習すれば**線形分離不可能な状
   態にも対応**できること. 各学習パターン $\mathbf{x}_p$ ごとに，識別関数値 $g(\mathbf{x}_p)$ がどのよう
   な値をとるべきかという**教師信号** b_{cp} を与え，$g(\mathbf{x}_p)$ と b_{cp} の平均二乗誤差の総和
   を評価関数 J とし，これを最小化するように線形識別関数の重み $\mathbf{w}$ を学習する.
   （**評価関数最小化法**）　　　　　　　　　　　　　　　　⇨ **p**.46, 図 3.1

3. 教師信号 b_{cp} は，あるパターン $\mathbf{x}_p$ が，クラス c ごとに定められた識別関数に入力
   されたときの値 $g_c(\mathbf{x}_p)$ がどのような値をとってほしいかを示したもので，1 or 0
   で定める.　　　　　　　　　　　　　　　⇨ **p**.47, 式 (3.5)　**p**.47, 式 (3.6)

4. パターンごとの評価関数 J_p は，一つのパターン $\mathbf{x}_p$ をすべての識別関数に代入し
   たときの値 $g_c(\mathbf{x}_p), (c = 1, 2, \ldots, C)$ と教師信号 b_{cp} との二乗誤差 ε_{cp}^2 の総和.
   　　　　　　　　　　　　　　　　　　　　　　　　　⇨ **p**.47, 式 (3.8)

5. 全パターンに対する評価関数 J は J_p の平均で，これが最小になるよう，全識別関
   数の重みベクトル群 $\mathbf{w}_c$ を求める.　　　　　　　　　⇨ **p**.48, 式 (3.9)

6. 重みベクトル群の求め方 1：最小二乗法 (LSM)
   解析的に求められる最適解だが，求められない場合がある.

   $$\mathbf{w}_c = (\mathbf{X}^t \mathbf{X})^{-1} \mathbf{X}^t \mathbf{b}_c, \quad (c = 1, 2, \ldots, C) \qquad ⇨ \ \mathbf{p}.50,\ 式\ (3.17)$$

7. 重みベクトル群の求め方 2：最急降下法 (SDM)
   よく用いられる逐次解法だが，全学習パターンに関する評価関数値 J を計算しな
   いと重みベクトルの更新ができないので遅い.
   　　　　　　　　　　　　　　　　⇨ **p**.51, 式 (3.18)　**p**.51 のアルゴリズム

   $$\mathbf{w}_c' = \mathbf{w}_c - \rho \frac{\partial J}{\partial \mathbf{w}_c} = \mathbf{w}_c - \rho \cdot \frac{2}{N} \sum_{p=1}^{N} (\mathbf{w}_c^t \mathbf{x}_p - b_{cp}) \mathbf{x}_p, \quad (c = 1, 2, \ldots, C)$$

8. 重みベクトル群の求め方 3：Widrow-Hoff の学習規則
   パターンごとの評価関数値 J_p を用いるので，パターンが提示されるたびに重みベ
   クトルが更新され速い. しかし，学習初期は不安定になる可能性がある.
   　　　　　　　　　　　　　　　　⇨ **p**.52, 式 (3.19)　**p**.52 のアルゴリズム

$$\mathbf{w}_c' = \mathbf{w}_c - \rho \frac{\partial J_p}{\partial \mathbf{w}_c} = \mathbf{w}_c - 2\rho(\mathbf{w}_c^t \mathbf{x}_p - b_{cp})\mathbf{x}_p, \quad (c = 1, 2, \ldots, C)$$

事後確率最大化(MAP)基準による識別

この章で学ぶこと

ここまでの識別法は，パターンから得られた情報（特徴量）を用いて識別を行うものでした．しかし，実際に私たちが認識を行う際には，それ以外の情報も用いています．例えば，「まさか，こんなところにコレがあるはずがない」などという常識です．それを**事前知識**と呼びます．これを加味して認識を行う手法を，この章では説明していきます．

そのためにベイズの定理を利用しますが，これは確率で定義されているため，事前知識や，特徴量を用いてクラスを推定した結果を確率で表現する必要があります．そこで，事前知識は事前確率で表現し，特徴量からクラスを推定した結果はパターンがそのクラスに属する確率として表現します．その上で，事前知識と特徴量から得た情報を合わせて識別を行う基準として，**事後確率最大化基準** (maximum aposteriori criterion : MAP criterion) を説明していきます．

ここまでは，学習パターンから識別関数を求める方法について述べてきましたが，果たして学習パターンだけから識別関数を決定してしまってもよいのでしょうか．

図4.1 に示すように，学習パターンは，無限に存在するあるクラスのパターンから抽出されたごく一部のサンプルにすぎません．そのサンプルに対して最適に学習を行って識別器を設計してしまうと，学習パターン以外のパターンを識別する際にうまく動作する保証はありません．

例えば，図4.1 (a) のような場合，学習パターンに対しては誤識別が生じないように識別器が設計できても，(A) に示すような学習パターン以外のパターンに対しては誤認識が生じてしまいます．これに対し，図 (b) に示すような学習パターンを用いて識別器を学習した場合には，うまく動作しそうです．このように，学習パターンの選定は識別器の性能に大きな影響を及ぼします．

しかし，クラス全体を把握することは一般には不可能なので，どのような学習パターンを選定すればよいのかは難しい問題です．図4.2 のように各クラスのパターンが分布している場合を考えてみましょう．クラス ω_1 が生成するクラスタと，クラス ω_2 が生成するクラスタを比較すると，次のような特徴があることがわかります．

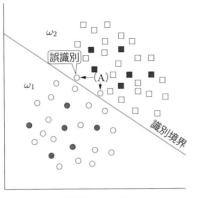 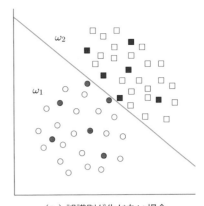

（a）誤識別が生じる場合 　　　　　　　（b）誤識別が生じない場合

| ○クラス ω_1 | ●学習パターン |
| □クラス ω_2 | ■ |

図 4.1　パターンと学習パターン

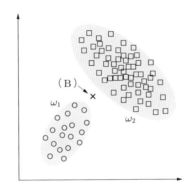

図 4.2　異なる性質のクラスタ

特徴 (1)：特徴空間内での占有する大きさ（ばらつき具合）が異なる.

特徴 (2)：分布の広がっている方向（特徴量間の相関）が異なる.

特徴 (3)：各クラスに属するパターンの数（あるクラスの生じやすさ）が異なる.

　もしも，図中の (B) のようなパターンが与えられたときに，このパターンはどちらのクラスに属すると推定したほうが妥当でしょうか. このパターンは二つのクラスから同じ程度離れた場所にありますので，一概にどちらのクラスに属しているとはいえません. 特徴 (1) を考えると，クラス ω_2 のほうが特徴空間内で広い領域を占めていますから，パターン (B) はクラス ω_2 に属していると推定したほうがよいかもしれません.

特徴 (2) を考えると，クラス ω_2 の分布の広がりの方向は，パターン (B) がある方向には狭く，それに対しクラス ω_1 の分布の広がりの方向はパターン (B) がある方向に広がっています．以上を考慮すると，パターン (B) はクラス ω_1 に属していると推定したほうがよいかもしれません．

特徴 (3) を考えると，そもそもクラス ω_2 に属するパターンのほうが多そうです．であれば，この未知入力もクラス ω_2 に属すると推定したほうがよいかもしれません．

前章までは，実際に入手できた現物の学習パターンがうまく認識できるような識別器を構築する方法を考えてきましたが，このように，パターン全体がどのような特徴をもつのかがわかれば，任意の未知パターンに対しても正しく認識できるような識別器を構築できそうです．

この章では，各クラスのパターン全体が特徴空間内でどのような形になっているのかを確率的に表現します．これによって，上記特徴 (1)，(2) を表現することを試みます．また，上記特徴 (3) は，あるクラスがどのくらい生じやすいのかを表していますが，これも確率的に表現することにします．

このように，認識対象にまつわるすべての表現を確率論に基づいて議論するのが，本章の目的です．

4-1 / ベイズの定理

ある二つの事象 a, b が生じる確率をそれぞれ $P(a)$，$P(b)$ と書くことにすると，それらの条件付き確率 $P(a|b)$，$P(b|a)$ と，その二つの事象が同時に生じる同時確率 $P(a,b)$ との間には，次のような関係があるのはみなさんご存知でしょう．それを**ベイズの定理** (Bayes' theorem) といいます．

$$P(a,b) = P(a|b)P(b) = P(b|a)P(a) \tag{4.1}$$

では，パターン認識の分野でこの関係をどのように扱うのかを説明していきます．パターン認識においては，この二つの事象が生じる確率を

- あるクラス ω_c のパターンが生じる確率　$P(\omega_c)$
- ある特徴量 x が生じる確率
  （パターンから得られた特徴量が x である確率）　$P(x)$

と考えます．

性別識別を例に挙げて説明すると，クラスとしては "男": ω_1，"女": ω_2 があります．世界中の男女の数がわかっていたとすると，あるパターンを一つ（1 人）抽出したときそれが "男" である確率が $P(\omega_1)$，"女" である確率が $P(\omega_2)$ です．

そのパターンから特徴量抽出を行った結果得られるのが特徴量 x です．例えば，身長を特徴量 x とすれば，$P(x)$ とは，身長が x [cm] であるという事象が生じる確率を表します．

では，この二つの事象で式 (4.1) の関係を書いてみると，

$$P(\omega_c, x) = P(\omega_c|x)P(x) = P(x|\omega_c)P(\omega_c) \tag{4.2}$$

と書けます．この式を変形すると次のような式が導かれます．

$$P(\omega_c|x) = \frac{P(x|\omega_c)P(\omega_c)}{P(x)} \tag{4.3}$$

$$\left(事後確率 = \frac{クラス依存確率（尤度）\cdot 事前確率}{証拠} \right)$$

ここで，$P(\omega_c|x)$ を**事後確率**，$P(x|\omega_c)$ を**クラス依存確率（尤度）**，$P(\omega_c)$ を**事前確率**，$P(x)$ を**証拠**といいます．

ベイズの定理は，条件付き確率に関し Thomas Bayes（トーマス・ベイズ）によって示された定理で，ベイズ統計学の根本をなす式です．ベイズの定理は，いくつかの未観測要素を含む推論でよく用いられます．

ではまず，この定理で登場したいくつかの確率を定義しておきましょう．

4-1-1　確率と確率密度

パターン認識で扱う事象として ω_c と x があることを先に説明しましたが，ω_c は離散的であるのに対し，x は離散的な場合も連続的な場合も存在します．例えば，サイコロの目を特徴量とする場合は $x \in \{1, 2, 3, 4, 5, 6\}$ のように離散的であり，その生じる確率 $P(x)$ が定義できます．しかし，先の例で用いた身長を特徴量とする場合，x は連続的であり，$P(x)$ は定義できません．このように事象が連続的な場合は，**確率密度** $p(x)$ を用います．

確率 P と確率密度 p の関係は

$$P(x) = \int p(x)\,dx \tag{4.4}$$

のように書け，例えば身長 x が $170\,\mathrm{cm}$ 以上 $171\,\mathrm{cm}$ 以下である確率 $P(x)$ は，

$$P(x) = \int_{170}^{171} p(x)\,dx$$

のように求めることができます．さらに当然，あらゆる身長に対する $p(x)$ を積分すれば，

$$P(x) = \int_{-\infty}^{\infty} p(x)\,dx = 1 \tag{4.5}$$

となります．また，式 (4.4) を微分すれば

$$p(x) = \frac{d}{dx} P(x) \tag{4.6}$$

となるので，確率密度 $p(x)$ とは，特徴量 x のとり得る確率曲線 $P(x)$ の傾きと見ることもできます．

4-1-2 事前確率［先験確率］

事前確率 (prior probability) $P(\omega_c)$ とは，クラス ω_c の生起確率です．先験確率ともいいます．

クラスが全部で C 個あるならば当然ですが，

$$\sum_{c=1}^{C} P(\omega_c) = 1 \tag{4.7}$$

なる関係があります．

この事前確率とは，そもそもそのクラス ω_c の生じやすさを表しています．

例えば，理系大学の教室にいる学生さんをパターンにして性別識別を行おうと思った場合，パターンに関する情報を一切与えられていない状況で答えようとすれば，まず "男" と答えておけば認識が成功する確率が高いわけです．

また，別の例では，試験問題で 4 択問題が出てさっぱり答えがわからないときは，"3" 番と答えると当たる確率が高いという経験則をもっていたりしますね．

このように，事前確率は，パターンに関する情報を一切得られない状況において認識（推定）を行うときに，よい手がかりになります．

4-1-3 クラス依存確率（確率密度）［尤度］

$P(x|\omega_c)$ とは，クラス ω_c に属するパターンが x という特徴量をもつ確率です．この確率（確率密度）はあるクラス ω_c ごとに定義されるので，**クラス依存確率** (class-conditional probability)（**確率密度**）と呼ばれます．

x が連続量ならば，$p(x|\omega_c)$ のように確率密度で表現されます．

今まで学習してきた認識方法は，ある意味，このクラス依存確率を用いてきたと思ってもよいでしょう．クラスごとに定義された識別関数 $g_c(x)$ は，別の書き方をすれば $g(x|\omega_c)$ とも書けるからです．そして，ある未知パターン x に対して，この $g(x|\omega_c)$ が最大値をとるクラス ω_c を探してきました．

このように，クラス依存確率 $P(x|\omega_c)$ の x（パターン）を固定し，ω_c（クラス）を変数として見る場合には，$P(x|\omega_c)$ を x に関する ω_c の**尤度** (likelihood) と呼びます．

$P(x|\omega_c)$ は，「あるパターン x がクラス ω_c に属していると考えてもよいか」という 尤 ^{もっと}
もらしさを示しているので，尤度と呼ばれるのです．

4-1-4　証拠［クラスによらないパターン x の生起確率（確率密度）］

証拠 (evidence) $P(x)$ とは，x というパターンがどの程度の確率で生じるかを表す
ものです．クラス依存確率はクラスを規定したときのパターンの生じやすさでしたの
で，事前確率も用いて，

$$P(x) = \sum_{c=1}^{C} P(x|\omega_c)P(\omega_c) \tag{4.8}$$

という関係が成り立ちます．

この証拠も，x が連続量ならば確率密度で表現され，$p(x)$ のようになります．

例えば，$(a \leq x \leq b)$ の範囲の特徴量 x が出現する確率 $P(x)$ は，

$$P(x) = \int_a^b p(x)\,dx$$

のように書くことができます．

証拠とは，特徴量がある値をもつ可能性を表しています．例えば，身長 $x_1 = 200$ [cm]
と $x_2 = 170$ [cm] では $P(x_1) < P(x_2)$ であろうことは，簡単に予測できます．

4-1-5　事後確率

事後確率 (posterior probability) $P(\omega_c|x)$ とは，パターンの特徴量を観測した（知っ
た）ときにその値が x である場合に，そのパターンのクラスが ω_c である確率です．

例えば，ある 1 人の人のパターンから特徴量を抽出した結果，身長 $x = 180$ であっ
た場合に，そのパターンがクラス "男" に属する確率を $P($"男"$|180)$ と書くわけです．

この事後確率を用いて，これ以降認識方法を説明していくことになります．

この事後確率は式 (4.3) から求めることができますが，この式は，事前確率 $P(\omega_c)$
と，クラス依存確率 $P(x|\omega_c)$ を結び付ける式でもあります．

すなわち，今まで扱ってきたように「パターンそのものを見て認識をする」というク
ラス依存確率のような考え方と，「パターンは見ずに先験的な情報を用いて認識する」
という事前確率のような考え方を，両方考慮したものが事後確率といえます．

言い換えれば，今まで学習してきたパターン認識法に，事前確率の考え方を追加し
たのが，事後確率というわけです．

事後確率については全クラス数が C 個であれば，

$$\sum_{c=1}^{C} P(\omega_c|x) = 1 \tag{4.9}$$

なる関係が当然成り立ちます.

4-1-6 結合確率

結合確率 (joint probability) $P(\omega_c, x)$ は，クラス ω_c と特徴量 x が共に生じる確率で，同時確率ともいいます．式 (4.2) から

$$P(\omega_c, x) = P(\omega_c|x)P(x) = P(x|\omega_c)P(\omega_c)$$

と書けるので，「パターン x が観測されたときにそれがクラス ω_c に属する確率」とも，「あるクラス ω_c においてパターン x が観測される確率」とも読むことができます.

結合確率も，特徴量 x が連続量の場合は確率密度となり，$p(\omega_c, x)$ と表されます.

4-2 事後確率最大化 (MAP) 基準

ここまでで，パターン認識ではベイズの定理をどのように捉えるのかを説明してきました.もう 1 度まとめると，特徴量 x が離散か連続かによって，ベイズの定理は以下のようになります.

- x が離散的な場合

$$P(\omega_c|x) = \frac{P(x|\omega_c)P(\omega_c)}{P(x)} \tag{4.10}$$

$$事後確率 = \frac{クラス依存確率 \cdot 事前確率}{証拠の確率}$$

- x が連続的な場合

$$P(\omega_c|x) = \frac{p(x|\omega_c)P(\omega_c)}{p(x)} \tag{4.11}$$

$$事後確率 = \frac{クラス依存確率密度 \cdot 事前確率}{証拠の確率密度}$$

この式は，「パターンの特徴量 x を観測することにより，事前確率 $P(\omega_c)$ を事後確率 $P(\omega_c|x)$（x が観測された場合にクラスが ω_c である確率）へ変換できる」と読むことができます.

パターン x を用いて推定する場合，この式の左辺の事後確率が最大になるクラスに，そのパターンが属すると判断するのが妥当です.

　この判断基準を，**事後確率最大化基準** (maximum aposteriori criterion: MAP criterion) といい，この判断基準に基づいてパターンの属するクラスを推定することを **MAP 推定** (MAP estimation) といいます.

　このように，事後確率が最大となるクラスを識別結果として採用することにより，識別を誤ってしまう確率を最小に抑えることができます. すなわち，この決定則は**最小誤り率識別**を実現しているということができます.

　式 (4.11) の事後確率を求めるためには右辺の各値が既知である必要がありますが，クラス依存確率と事前確率は与えられているので，残りは証拠です. これは，式 (4.8) を参考にして考えると，

$$p(x) = \sum_{c=1}^{C} p(x|\omega_c)P(\omega_c) \tag{4.12}$$

として求められます.

　MAP 推定では，「事後確率 $P(\omega_c|x)$ を最大とするクラスが ω_k ならば，x は ω_k に属すると識別される」という基準に基づき認識を行います. この基準を式で書くと，

$$\max_{c=1,...,C}\big[P(\omega_c|x)\big] = P(\omega_k|x) \Longrightarrow x \in \omega_k \tag{4.13}$$

または

$$k = \operatorname*{argmax}_{c=1,2,...,C}\big[P(\omega_c|x)\big] \Longrightarrow x \in \omega_k \tag{4.14}$$

となります.

　さてここで，事後確率を求める式 (4.11) を見ると，クラス ω_c に依存しない項として $p(x)$ があります. この項を無視しても MAP 基準としては問題ありませんので，識別関数 $g_c(x)$ として，

$$g_c(x) = p(x|\omega_c)P(\omega_c) \tag{4.15}$$

を用いて MAP 推定を行ってもよいことになります. すなわち，

$$k = \operatorname*{argmax}_{c=1,2,...,C} g_c(x) \Longrightarrow x \in \omega_k \tag{4.16}$$

のように書くことができます.

　ただし，識別関数 $g_c(x)$ は二つの確率の積ですので，計算機上で計算するとアンダーフローを起こしてしまう場合がよくあります. このようなことを防ぐために，識別関数の対数をとり

$$g_c(x) = \ln p(x|\omega_c) + \ln P(\omega_c) \tag{4.17}$$

を識別関数とするのが一般的です. $\ln$ は単調増加関数なので，式 (4.15) のかわりに式 (4.17) を用いても，式 (4.16) の結果は同じになります.

4-3 【例題】MAP 推定

4-3-1 【例題 1】（パターン x：離散）

長年ある授業を担当してきた先生が次のようなことに気が付きました.

1. 学生は勤勉さによって, (1) 常にあまり勉強しない人, (2) 試験前の一夜漬け
   だけは勉強する人, (3) よく勉強する人, の 3 種類に分類できること.
2. その 3 種類の学生の割合が毎年一定であること.
3. 学生たちに授業内容に関する質問（Q と呼ぶ）をすると, 3 種類の学生はある
   確率で正答すること.

ここで, あまり勉強しない人のクラスを ω_1, 一夜漬けだけは勉強する人のクラスを ω_2, よく勉強する人のクラスを ω_3 とすると, 先生の長年の経験から, クラス ω_c に属する学生の割合 λ_c と, クラス ω_c に属する学生が質問 Q に正答する確率 $P(\text{“正”}|\omega_c)$ がわかっています.

ある学生に対し質問 Q をしたときに得られた解答より, その学生はどのクラスに属すると推定するのが妥当でしょうか.

質問に対する正誤パターン x を観測したあとに, 学生がどの種類に属するかを推定するわけですので, 学生の種類 ω_c ごとに事後確率 $P(\omega_c|x)$ を求めて, それが最大となるクラス ω_c と推定すればよさそうですね. これが MAP 推定です.

さて, この問題で観測されるパターン x は “正答”, “誤答” の 2 種類ですので離散的です.

確率変数が離散の場合のベイズの定理は, 式 (4.10) より

$$P(\omega_c|x) = \frac{P(x|\omega_c)P(\omega_c)}{P(x)} \tag{4.18}$$

でした. 事前確率 $P(\omega_c)$ は, 学生の解答を知る前に学生がどの種類かを推定するわけですから, 長年の経験から知っている学生の種類の割合 λ_c と推定するのが妥当で, $P(\omega_c) = \lambda_c$ です.

今, クラス依存確率 $P(x|\omega_c)$ は $P(\text{“正”}|\omega_c)$ と $P(\text{“誤”}|\omega_c)$ の 2 種類で, それは長年の経験から学生の種類ごとに既にわかっています.

また, 式 (4.18) の分母の証拠は, 式 (4.8) より

$$P(x) = \sum_{c=1}^{3} P(x|\omega_c)P(\omega_c)$$

で計算できます．これで，ベイズの定理の右辺がすべて計算でき，事後確率を求められます．

では，実際に例を計算してみましょう．

学生の種類の割合 $P(\omega_c)$ を $P(\omega_1) = 0.5$, $P(\omega_2) = 0.4$, $P(\omega_3) = 0.1$ とします．また，各種類の学生が質問に解答したとき "正答" する確率 $P(\text{``正''}|\omega_c)$ を，$P(\text{``正''}|\omega_1)$ = 0.3, $P(\text{``正''}|\omega_2) = 0.6$, $P(\text{``正''}|\omega_3) = 0.8$ とします．一夜漬けの学生さんでも6割の人が正答できる質問なのですね．

まず，証拠 $P(\text{``正''})$ を求めてみると

$$P(\text{``正''}) = \sum_{c=1}^{3} P(\text{``正''}|\omega_c)P(\omega_c) = 0.3 \cdot 0.5 + 0.6 \cdot 0.4 + 0.8 \cdot 0.1 = 0.47$$

と求められます．すなわち，ある学生が質問に解答すると 0.47 の確率で "正答" するということです．

これを用いて各クラスに対する事後確率 $P(\omega_c|\text{``正''})$ を，式 (4.18) から求めると，

$$P(\omega_1|\text{``正''}) = \frac{0.3 \cdot 0.5}{0.47} = 0.319$$

$$P(\omega_2|\text{``正''}) = \frac{0.6 \cdot 0.4}{0.47} = \mathbf{0.511} \quad \leftarrow 最大$$

$$P(\omega_3|\text{``正''}) = \frac{0.8 \cdot 0.1}{0.47} = 0.170$$

となります．この結果より，ある学生が質問に解答した結果，"正答" した場合は，その学生の種類は「一夜漬けで勉強してきた」 ω_2 と推定するのが妥当であるということがわかりました．

何も観測していない状態では，最も割合の多い「あまり勉強しない」 ω_1 と推定するのが妥当ですし，事象（パターン x）だけを考えれば，最も正答しそうな ω_3 と推定するのが妥当でしょう．その両方を考えることにより，判断は変化するわけです．

この例で，事前確率と事後確率の違いが理解できたでしょうか．

また，今は事後確率 $P(\omega_c|\text{``正''})$ を求めて事後確率最大なクラスを選択しましたが，証拠 $P(\text{``正''})$ は ω_c に依存しないので，無視して大小関係を比較してもよいのでしたね．実際に確認しておきましょう．識別関数 $g_c(x)$ を $g_c(x) = P(x|\omega_c) \cdot P(\omega_c)$ とすれば，

$$g_1(\text{``正''}) = 0.3 \cdot 0.5 = 0.15$$

$$g_2(\text{``正''}) = 0.6 \cdot 0.4 = \mathbf{0.24} \quad \leftarrow 最大$$

$$g_3(\text{``正''}) = 0.8 \cdot 0.1 = 0.08$$

となります．g_2("正") が最大なので学生の種類は ω_2 と推定でき，各々の確率はわからないものの，少ない計算量で同じ推定結果を得ることができます．

Let's try! _____ 4-1

MAP 推定

　上記の例で，ある学生に質問 Q をしたらその解答が "誤答" であったときには，どの種類の学生と推定すればよいでしょうか？　推定してみてください．

4-3-2 【例題 2】(パターン x：連続)

　次のような例を考えてみます．

　「毎回，ゲスト 1 名を招くトーク番組があり，明日のゲストの性別を推定することを考えます．」

　ここで，クラス ω_c は男女の 2 クラスと考えられるので，例えば，ω_1：男，ω_2：女とします．

　今，事前確率 $P(\omega_c)$ が

$$\begin{cases} P(\omega_1) = 0.8 \\ P(\omega_2) = 0.2 \end{cases} \tag{4.19}$$

とわかっていたとすると，明日のゲストの性別は "男性" と推定するのが妥当だということは理解できますね．このように，パターン（身長などの何らかの情報）を観測することができない場合には，事前確率の最も大きいクラスを選択することが日常から行われています．この判断はパターンを観測せずに行うため，毎回同じ判断結果になるのでちょっと奇妙に思えるかもしれません．しかし，先にも述べたように，「4 択問題の答えは 3 番目が多い」などの先験知識をもっていると「わからない問題に対してはすべて "3" と答える」ように，日常的によく用いられる推定法です．

　では，明日のゲストに関するパターンが得られる場合はどうでしょうか．例えば，パターンとしてゲストの「身長」が与えられる場合を考えてみます．

　ここで，「男女ごとの身長に関する確率密度」（クラス依存確率密度）$p(x|\omega_c)$ が図 4.3 のように与えられたとすると，明日のゲストの性別の推定に関する判断にどのような影響が生じるでしょうか．

　例えば，身長 162 cm なるパターン x が観測されたとしましょう．

　さて，このパターンが男女どちらのクラスに属するかを識別しようと試みるとき，用いることのできる情報は，クラス依存確率密度（尤度）$p(x|\omega_c)$ と事前確率 $P(\omega_c)$ の

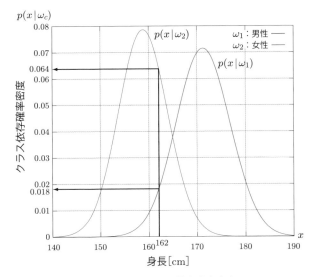

図 4.3 男女の身長のクラス依存確率密度 $p(x|\omega_c)$

二つです.

　尤度 $p(x|\omega_c)$ だけを見ると，グラフから $p(162|\omega_1) = 0.018$, $p(162|\omega_2) = 0.064$ なので，女性であると判断するでしょうし，先ほどのように事前確率 $P(\omega_c)$ だけを見ると，$P(\omega_1) = 0.8$, $P(\omega_2) = 0.2$ なので，男性と判断するかもしれません.

　MAP 基準を用いると，この二つの情報から総合的にクラスを識別することができます.

　式 (4.15) を用いると，

$$\begin{cases} g_1(162) = p(162|\omega_1) \cdot P(\omega_1) = 0.018 \cdot 0.8 = 0.0144 \\ g_2(162) = p(162|\omega_2) \cdot P(\omega_2) = 0.064 \cdot 0.2 = 0.0128 \end{cases} \quad (4.20)$$

となり，$g_1(x) > g_2(x)$ なので，事後確率 $P(\omega_c|162)$ を最大にするクラスは ω_1：“男”と判断するのが妥当ということがわかります.

　しかし，事前確率が

$$\begin{cases} P(\omega_1) = 0.7 \\ P(\omega_2) = 0.3 \end{cases} \quad (4.21)$$

の場合には，

$$\begin{cases} g_1(162) = p(162|\omega_1) \cdot P(\omega_1) = 0.018 \cdot 0.7 = 0.0126 \\ g_2(162) = p(162|\omega_2) \cdot P(\omega_2) = 0.064 \cdot 0.3 = 0.0192 \end{cases} \quad (4.22)$$

となり，“女”と判断するのが妥当ということになります. このように，事前確率によっ

て，判断結果は変わるわけです．

4-3-3 【例題 2′】

　例題 2 では，識別関数を用いて MAP 推定を行いましたが，ここでは実際に事後確率を求めてみましょう．

　事後確率を求めるには，証拠 $p(x)$ を求める必要があります．この例題は 2 クラスですので，式 (4.12) より

$$p(x) = p(x|\omega_1)P(\omega_1) + p(x|\omega_2)P(\omega_2) \tag{4.23}$$

と書けます．事前確率が式 (4.21) の場合で計算すると，証拠 $p(x)$ は図 4.4 のようになります．これをベイズの定理に代入して事後確率を求めると，図 4.5 のようになります．事後確率の大きいクラスに属すると判断するのが MAP 基準ですので，グラフを見ると約 163 cm が決定境界になり，それより x が大きければ "男性"，小さければ "女性" と判断すればよいことがわかります．ちなみに，ある x における事後確率の総和は 1 なので，この例のように 2 クラスの場合は事後確率のグラフは上下対称になります．

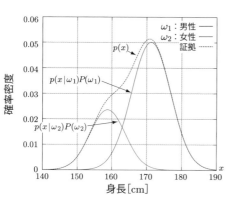

図 4.4　男女の身長の証拠 $p(x)$

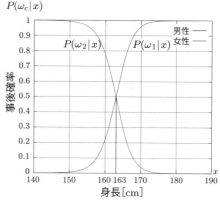

図 4.5　男女の身長の事後確率 $P(\omega_c|x)$

4-3-4 【例題 3】(パターン x：連続)

　今，二つのクラス ω_1, ω_2 に対するクラス依存確率密度が図 4.6 のように与えられたとします．ちょっと，複雑な形をしていますね．

　さて，この二つのクラスの事前確率が，以下のように 2 通り与えられたとき，それぞれどのような認識になるのかを考えてみましょう．

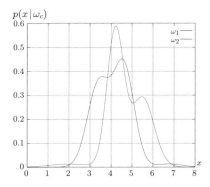

図 4.6 クラス依存確率密度 $p(x|\omega_c)$

$$\begin{cases} P(\omega_1) = 0.5 \\ P(\omega_2) = 0.5 \end{cases} \quad (4.24a)$$

$$\begin{cases} P(\omega_1) = 0.4 \\ P(\omega_2) = 0.6 \end{cases} \quad (4.24b)$$

証拠 $p(x)$ は，事前確率とクラス依存確率密度より

$$p(x) = \sum_{c=1}^{C} p(x|\omega_c)P(\omega_c)$$

のように求めることができ，図 4.7 のようになります．

事後確率 $P(\omega_c|x)$ はベイズの定理より求めることができ，図 4.8 のようになります．

MAP 基準に基づけば，この事後確率が大きいほうのクラスに識別すべきなので，その決定境界が決定できます．すなわち，認識ルールを簡単な条件判断のみで書けてしまうわけです．未知パターン x の値により，どのクラスに識別すべきかを図 4.8 中に色分けして示します（青がクラス ω_1 に識別すべき領域，赤がクラス ω_2 に識別すべき領域）．事前確率が異なると，各クラスが占める特徴空間が大きく異なることがわかると思います．

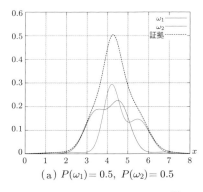
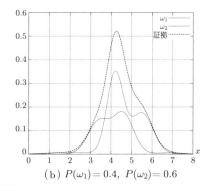

(a) $P(\omega_1) = 0.5$, $P(\omega_2) = 0.5$　　(b) $P(\omega_1) = 0.4$, $P(\omega_2) = 0.6$

図 4.7 証拠 $p(x)$

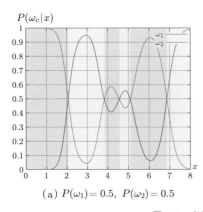

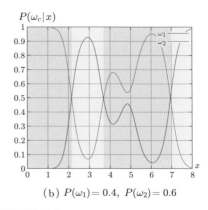

(a) $P(\omega_1) = 0.5,\ P(\omega_2) = 0.5$　　　　(b) $P(\omega_1) = 0.4,\ P(\omega_2) = 0.6$

図 4.8　事後確率 $P(\omega_c|x)$

4-4 単純な識別器の構築

4-4-1　ヒストグラムの利用

　ベイズの定理を用いて，MAP 基準で識別器を構築できることがわかったと思います．識別器を構築するには，事前確率 $P(\omega_c)$ とクラス依存確率密度 $p(x|\omega_c)$ が必要です．これを学習パターンから構築する必要があります．

　第 5 章では，クラス依存確率密度をモデル化する方法を説明しますが，その前に，ここではヒストグラムを用いてクラス依存確率を離散的に求める方法を説明します．実際に MAP 推定を行うことで，MAP 推定の理解を深めましょう．

　まず最初に断っておきますが，この方法が使えるのは，クラス数が少なく，特徴ベクトルの次元が極めて小さく，さらに学習パターンが大量に用意されている場合だけです．

　例えば，性別識別において，今までと同様，男性をクラス ω_1，女性をクラス ω_2 とし，身長を特徴量とした場合について考えてみましょう．ある一つの集団を学習パターンとすることにします．この集団は全体が $N = 320$ 名で，男性が $N_1 = 224$ 名，女性が $N_2 = 96$ 名でした．

　この集団は男性のほうが多いようですね．この人数比から事前確率を推定すると，次のようになります．

$$\begin{cases} P(\omega_1) = \dfrac{N_1}{N} = \dfrac{224}{320} = 0.7 \\[2mm] P(\omega_2) = \dfrac{N_2}{N} = \dfrac{96}{320} = 0.3 \end{cases} \tag{4.25}$$

　次に，学習パターンの特徴量を適当な区間幅で離散化して，ヒストグラムを作りま

す．この集団に対して身長を測定し，区間幅を 5 cm としてクラスごとに，各区間に何人いたかを表すヒストグラム $h_c(x)$ を作成した例を，図 4.9 に示します．

このヒストグラムを以下のようにして確率に直すと，図 4.10 のようになります．

$$P(x|\omega_c) = \frac{h_c(x)}{N_c} \tag{4.26}$$

特徴量はヒストグラムを作成する際に離散化されていますので，クラス依存確率は今までのように確率密度 $p(x|\omega_c)$ ではなく，確率 $P(x|\omega_c)$ で表現されることに注意してください．

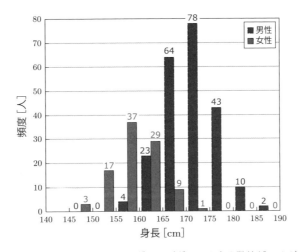

図 4.9 クラスごとのヒストグラム（グラフの上の数値が $h_c(x)$）

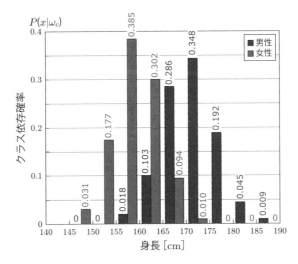

図 4.10 クラス依存確率 $P(x|\omega_c)$

さて，このクラス依存確率と式 (4.25) で得た事前確率とを用いて，証拠を求めます．
証拠は

$$P(x) = \sum_{c=1}^{2} P(x|\omega_c)P(\omega_c) \tag{4.27}$$

のようにして求めることができ，それを図 4.11 に示しますが，この証拠も確率密度
$p(x)$ ではなく確率 $P(x)$ になります．

最後に，ベイズの定理を用いて事後確率を求めると，

$$P(\omega_c|x) = \frac{P(x|\omega_c)P(\omega_c)}{P(x)} \tag{4.28}$$

のようになり，この結果を図 4.12 に示します．

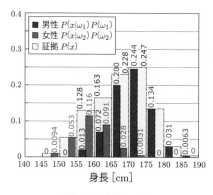

図 4.11 証拠 $P(x)$

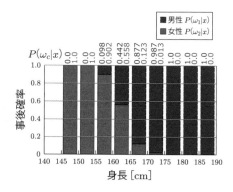

図 4.12 事後確率 $P(\omega_c|x)$

この図を見ると，$x < 165$ [cm] であれば，女性と判断するのが妥当であるとわか
ります．ちなみに，図 4.11 を求める際に，$P(x|\omega_c)P(\omega_c)$ を求めていますが，これは
式 (4.15) で示した識別関数ですので，この大小関係で識別を行ってもよいわけです．
図 4.11 を見ると，確かに $x < 165$ までは $P(x|\omega_2)P(\omega_2)$ のほうが大きな値ですので，
同じ認識結果になります．

ここで，もうちょっと，式を眺めてみましょう．ここまでの関係式を使うと，事後
確率は

$$
P(\omega_c|x) = \frac{P(x|\omega_c)P(\omega_c)}{P(x)} = \frac{P(x|\omega_c)P(\omega_c)}{P(x|\omega_1)P(\omega_1) + P(x|\omega_2)P(\omega_2)}
$$

$$
= \frac{\dfrac{h_c(x)}{N_c} \cdot \dfrac{N_c}{N}}{\dfrac{h_1(x)}{N_1} \cdot \dfrac{N_1}{N} + \dfrac{h_2(x)}{N_2} \cdot \dfrac{N_2}{N}} = \frac{\dfrac{h_c(x)}{N}}{\dfrac{h_1(x)}{N} + \dfrac{h_2(x)}{N}} = \frac{\dfrac{h_c(x)}{N}}{\dfrac{h_1(x) + h_2(x)}{N}}
$$

$$= \frac{h_c(x)}{h_1(x) + h_2(x)} \tag{4.29}$$

のように書けることがわかります．すなわち，学習パターンから得られたヒストグラムから，直接事後確率を計算できるということです．さらにいってしまえば，事後確率ヒストグラムの値の大小関係からクラスを推定することが，MAP 基準に従ってクラスを推定することになるわけです．

　普段，ヒストグラム値の大小からクラスを推定することは当たり前のようにやっていますが，それは，クラス依存確率を求めていることに相当し，事前確率を考慮していないことになります．それを，式 (4.29) を用いて事後確率に直せば，MAP 基準に従って認識を行えることになります．

4-4-2　ヒストグラムを用いる方法の問題点

　上記のように，ヒストグラムさえ作ってしまえば，認識器を作れそうに思えますね．ところが，このヒストグラムが作れないのです．この例は，1 次元の特徴量であり，x を 5 cm ごとに刻んで 10 階級に分けました．1 次元の特徴量に対し，各クラス 224 個，96 個で計 320 個のデータを割り当てましたので，平均すると一つの階級あたり 32 個が入ることになります．これからわかるのは，確率を求めたときの有効桁数は 2 桁程度しかないということです．例えば，いくつかの階級では $h_c(x) = 0$ となっていますが，これは本当に存在しないわけではなく，学習データを増やせば，ヒストグラムは値をもつ可能性が高いわけです．すなわち，事後確率の大小関係を信頼していいのも，この有効桁数の範囲ということになり，事後確率を用いた認識結果の信憑性を高めようと思えば，学習データの個数を多くする必要があります．

　また，階級の幅も 5 cm では粗すぎるかもしれません．これを狭めると，各階級に入るデータ数も減りますので，確率の精度を保持しようと思えば，その分学習データの個数を増やす必要がありますね．

　さらに 2 次元の特徴ベクトルの場合はどうなるでしょうか．各次元 10 階級に分けたとすると，ヒストグラムは 2 次元になり，$10 \times 10 = 100$ 個のヒストグラムになります．さらに 20 次元の特徴量ですと，10^{20} 個のヒストグラムになってしまいます．この各階級に十分な個数のデータを与えるためには，天文学的な個数の学習データが必要になります．

　このように，一般的に特徴ベクトルのヒストグラムを作成すること自体が困難なため，ここで説明したような方法は実用的ではありません．

　しかし，各クラスの特徴量の傾向をつかむために，学習データからヒストグラムを

作成してみることは，よく行われます．多次元の場合は，特定の 1 次元か 2 次元に射影してヒストグラムを作るのが一般的です．

4-5　ベイズ更新

　まず，4-3-1 項の MAP 推定の例題 1 を再度取り上げます．その例題では，学生に一つの質問をしてその解答の正誤から学生の勤勉さの種類を推定しましたが，ここでは質問を $N\ (\geq 2)$ 問出して，その結果から学生の種類を推定してみましょう．

　質問を N 問出して得た解答結果 $\mathbf{x}$ を

$$\mathbf{x} = \{x_1, x_2, \ldots, x_t, \ldots, x_N\}$$

とすると，t 問目の解答に対する正誤 x_t は $x_t \in \{\text{“正”}, \text{“誤”}\}$ となります．N 問質問して r 問 “正答” したとしましょう．

　学生の種類は $\omega_c,\ (c = 1, 2, 3)$ のいずれかで，さまざまな種類の質問に解答して正誤パターン $\mathbf{x}$ が得られる確率 $P(\mathbf{x}|\omega_c)$ は，各試行が独立と考えてよいので，

$$P(\mathbf{x}|\omega_c) = P(x_1|\omega_c) \cdot P(x_2|\omega_c) \cdots P(x_t|\omega_c) \cdots P(x_N|\omega_c), \quad (c = 1, 2, 3)$$

と単純に積として書けます．ある質問に対して “正答” する確率は $P(\text{“正”}|\omega_c)$ で予め与えられていましたね．当然，“誤答” する確率は $P(\text{“誤”}|\omega_c) = 1 - P(\text{“正”}|\omega_c)$ で，今，r 問 “正答” としたので “誤答” は $N - r$ 問です．よって，上記の “パターン $\mathbf{x}$ が得られる確率” $P(\mathbf{x}|\omega_c)$ は，

$$P(\mathbf{x}|\omega_c) = P(\text{“正”}|\omega_c)^r \cdot P(\text{“誤”}|\omega_c)^{N-r}, \quad (c = 1, 2, 3)$$

と書くことができます．

　推論したいのは，解答した学生の種類 ω_c ですから，パターン $\mathbf{x}$ を観測したあとの事後確率 $P(\omega_c|\mathbf{x})$ を求めます．ベイズの定理を適用するために，証拠 $P(\mathbf{x})$ を求めておきましょう．

$$P(\mathbf{x}) = \sum_{c=1}^{3} P(\mathbf{x}|\omega_c) \cdot P(\omega_c)$$

でしたから，

$$P(\mathbf{x}) = \sum_{c=1}^{3} P(\text{“正”}|\omega_c)^r \cdot P(\text{“誤”}|\omega_c)^{N-r} \cdot P(\omega_c)$$

と書けます．

　では，具体的な例として，6 問の質問をした結果，パターン $\mathbf{x}$ として

$$\mathbf{x} = \{\text{“正”}, \text{“誤”}, \text{“誤”}, \text{“正”}, \text{“正”}, \text{“正”}\} \tag{4.30}$$

が得られたとします．すなわちこの学生さんは 6 問中 4 問 “正答” したわけです．

表 4.1 学生の割合と "正答" する確率

学生の種類	ω_1	ω_2	ω_3
学生の割合：$P(\omega_c)$	0.5	0.4	0.1
"正答" する確率：$P(\text{"正"}|\omega_c)$	0.3	0.6	0.8

事前確率（3 種類の学生の割合）$P(\omega_c)$ と，ある質問に対し "正答" する確率 $P(\text{"正"}|\omega_c)$ は例題 1 と同じで表 4.1 のとおりです．すると，証拠 $P(\mathbf{x})$ は

$$P(\mathbf{x}) = \sum_{c=1}^{3} P(\text{"正"}|\omega_c)^r \cdot P(\text{"誤"}|\omega_c)^{N-r} \cdot P(\omega_c)$$

$$= 0.3^4 \cdot 0.7^2 \cdot 0.5 + 0.6^4 \cdot 0.4^2 \cdot 0.4 + 0.8^4 \cdot 0.2^2 \cdot 0.1$$

$$= 1.9845 \cdot 10^{-3} + 8.2944 \cdot 10^{-3} + 1.6384 \cdot 10^{-3}$$

$$= 1.19173 \cdot 10^{-2}$$

と求められ，約 0.01 の確率で生じるパターンであることがわかります．これを用いて，各クラスに対する事後確率 $P(\omega_c|\mathbf{x})$ をベイズの定理から求めます．6 問中 4 問正答 2 問誤答で各問独立試行とみなせるので，

$$P(\omega_1|\mathbf{x}) = \frac{0.3^4 \cdot 0.7^2 \cdot 0.5}{1.19173 \cdot 10^{-2}} = 0.167$$

$$P(\omega_2|\mathbf{x}) = \frac{0.6^4 \cdot 0.4^2 \cdot 0.4}{1.19173 \cdot 10^{-2}} = \mathbf{0.696} \quad \leftarrow 最大$$

$$P(\omega_3|\mathbf{x}) = \frac{0.8^4 \cdot 0.2^2 \cdot 0.1}{1.19173 \cdot 10^{-2}} = 0.137$$

となり，学生の種類は ω_2 であると推定するのが妥当であることがわかります．

この例は，多くの事例を観測し終わるのを待ってからクラスを推定しています．多くの情報を得るまでは推定をせず，最後に一度だけ推論を行うわけですが，これに対し，事例を一つ観測してはクラスを推定し，徐々に知見を増しながら推定を繰り返す方法もあります．いずれの場合も，実際私たちが生活している場面で経験したことがあると思います．

では，後者の場合にはどのようにして推定していくのかを考えてみましょう．

最初のパターン x_1 を観測したあと，学生の種類が ω_c であると判断する事後確率 $P(\omega_c|x_1)$ は，4-3-1 項の例題 1 そのもので，

$$P(\omega_c|x_1) = \frac{P(x_1|\omega_c)P(\omega_c)}{\sum_{i=1}^{3} P(x_1|\omega_i)P(\omega_i)} \tag{4.31}$$

と書けました．

次に，パターン x_2 を観測したあと，学生の種類が ω_c であると判断する事後確率

$(\omega_c|x_1, x_2)$ を求めてみましょう.

$$P(\omega_c|x_1, x_2) = \frac{P(x_1, x_2|\omega_c)P(\omega_c)}{\sum_{c=1}^{3} P(x_1, x_2|\omega_c)P(\omega_c)}$$

x_1 と x_2 は独立なので

$$= \frac{P(x_1|\omega_c)P(x_2|\omega_c)P(\omega_c)}{\sum_{c=1}^{3} P(x_1|\omega_c)P(x_2|\omega_c)P(\omega_c)}$$

分子，分母を $P(x_1)$ で割ると

$$= \frac{P(x_2|\omega_c) \cdot \dfrac{P(x_1|\omega_c)P(\omega_c)}{P(x_1)}}{\sum_{c=1}^{3} \left(P(x_2|\omega_c) \cdot \dfrac{P(x_1|\omega_c)P(\omega_c)}{P(x_1)} \right)}$$

式 (4.31) より

$$= \frac{P(x_2|\omega_c)P(\omega_c|x_1)}{\sum_{c=1}^{3} P(x_2|\omega_c)P(\omega_c|x_1)}$$

この式を見ると，$P(\omega_c|x_1)$ を事前確率としたベイズの定理になっていることがわかります.

では，さらにパターン x_3 を観測したあとの事後確率を求めてみます.

$$P(\omega_c|x_1, x_2, x_3) = \frac{P(x_1, x_2, x_3|\omega_c)P(\omega_c)}{\sum_{c=1}^{3} P(x_1, x_2, x_3|\omega_c)P(\omega_c)}$$

$$= \frac{P(x_1, x_2|\omega_c)P(x_3|\omega_c)P(\omega_c)}{\sum_{c=1}^{3} P(x_1, x_2|\omega_c)P(x_3|\omega_c)P(\omega_c)}$$

$$= \frac{P(x_3|\omega_c) \cdot \dfrac{P(x_1, x_2|\omega_c)P(\omega_c)}{P(x_1, x_2)}}{\sum_{c=1}^{3} \left(P(x_3|\omega_c) \cdot \dfrac{P(x_1, x_2|\omega_c)P(\omega_c)}{P(x_1, x_2)} \right)}$$

$$= \frac{P(x_3|\omega_c)P(\omega_c|x_1, x_2)}{\sum_{c=1}^{3} P(x_3|\omega_c)P(\omega_c|x_1, x_2)}$$

この式を見ると，$P(\omega_c|x_1, x_2)$ を事前確率としたベイズの定理になっていることがわかります.

このように，あるパターンを観測したあとの事後確率は，次の観測を行う際の事前確率になるわけです. 一般的に，パターンが $n-1$ 個観測されたときの事後確率を $P(\omega_c|x_1, x_2, \ldots, x_{n-1})$ とすると，これは，n 個目のパターン x_n を観測する直前の事前確率となり，n 個目のパターンを観測した際の事後確率は，

$$P(\omega_c|x_1, x_2, \ldots, x_n) = \frac{P(x_n|\omega_c)P(\omega_c|x_1, x_2, \ldots, x_{n-1})}{\sum_{c=1}^{3} P(x_n|\omega_c)P(\omega_c|x_1, x_2, \ldots, x_{n-1})} \qquad (4.32)$$

と書けます.

このように，それまでの観測結果から得られた事後確率を，新たな事前確率とみなし，ベイズの定理に基づいて逐次的に事後確率を更新していく方法を **ベイズ更新** (Bayesian updating) とか**ベイズ学習** (Bayesian learning) と呼びます.

Let's try! ── 4-2

ベイズ更新

では，ベイズ更新を実際に行ってみましょう．この節の最初で扱った式 (4.30) のような事象が観測されたとき，学生が 1 問解答するたびにベイズ更新で事後確率を求めて，MAP 基準により学生の種類を推定してみてください．順次，最後のパターン観測後まで学生の種類を推定したとき，最後の推論結果とこの節最初の例題の結果とを比較してみましょう.

Chapter 4

この章の まとめ   理解できているかを再確認しましょう！

1. 人は (1) 未知パターンを見て，それが「何のクラス」なのかを識別しているが，それだけではなく，(2) そもそも，そのクラスが生じやすいのかも識別に利用する．(1) は第 3 章までで説明した方法．(2) は常識や信念のようなもので，**事前確率 (先験確率)** といい，「4 択問題の答えは 3 番が多い」など，日常生活でもよく使う．(1) と (2) をどのように使って総合的な識別結果を出すかを示しているのが**ベイズの定理**.   ⇨ **ⓟ.69, 式 (4.3)**

$$\underset{\text{(事後確率)}}{P(\omega_c|x)} = \frac{\overset{\text{(クラス依存確率)}}{P(x|\omega_c)}\overset{\text{(事前確率)}}{P(\omega_c)}}{\underset{\text{(証拠)}}{P(x)}}$$

2. 「あるクラス ω_c のデータであれば，特徴パターン x はこのような値（分布）をもつ」という確率をクラスごとに示したのが**クラス依存確率** $P(x|\omega_c)$．第 3 章の線形識別関数 $g_c(x)$ は，確率ではないものの，それと同じ役割をもつ.   ⇨ **ⓟ.70, 4-1-3 項**

3. **証拠**は，事前確率とクラス依存確率が求められれば計算可能.   ⇨ **ⓟ.71, 4-1-4 項**

4. クラスごとに求めた事後確率が最大となるクラスを認識結果とするのが，**事後確率最大化基準（MAP 基準）**で，これに基づいてクラス推定するのが **MAP 推定**.
⇨ **ⓟ.72, 4-2 節**

5. 事前確率はスカラ値なので，常識から定めたり学習パターンから算出したりすることは比較的容易．一方，クラス依存確率は分布なので，これを定めるのは容易ではない．
クラス数が少なく，特徴ベクトルの次元が低く，学習パターンが大量にあれば，事前確率とクラス依存確率を単純な形式に近似した識別器の構築が可能.
⇨ **ⓟ.80, 4-4 節**

6. 一つのパターンを観測すると，事前確率が事後確率に変換され，これが新たな事前確率になる．これが**ベイズ更新**.   ⇨ **ⓟ.84, 4-5 節**

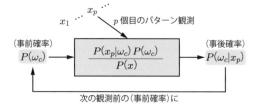

パラメトリックな学習

前章で学んだように，MAP 推定を用いた識別器を設計するには，事前確率とクラス依存確率密度（尤度）を学習データから推定しなければなりません．

この章ではまず，クラス依存確率密度をモデル化し，少数のパラメタで表現することを考えます．これにより，有限の学習データから分布を予測することが可能になります．

その手法には**最尤推定**と**ベイズ推定**がありますが，この章では最尤推定を中心に説明します．

今まで（4-4 節以外）は，

事前確率 $P(\omega_c)$
クラス依存確率密度 $p(x|\omega_c)$

が識別器設計において既知であるとして説明を行ってきましたが，一般的には訓練データ（学習データ）のみしか得られないので，この限られたデータから，事前確率とクラス依存確率密度を推定しなければなりません．

事前確率はスカラ量であり，一般的な知識を用いたり，確率論を用いたりすれば，ほぼ妥当な値を推定することができるかもしれません．

一方，クラス依存確率密度は，特徴量の次元数をもつので，訓練データが無限に存在しない限り，一般的にはその密度を推定することができません．そこで，この確率密度をモデル化することで，少数のパラメタで確率密度を表現することにします．このモデル化によって，推定すべきは確率密度そのものから少数のパラメタになるので，有限の学習パターンからでも確率密度が推定できるようになります．

すなわち，学習では，有限個の学習パターンからこれらのモデルパラメタを推定することになります．これを**パラメトリックな学習** (parametric learning) といいます．一方，今までのように，学習パターンそのものから直接識別器を構築し，パターン全体の特徴を仮定しない学習方法を**ノンパラメトリックな学習** (non-parametric learning) といいます．

5-1 クラス依存確率密度 $p(x|\omega_c)$ のモデル化

　ここでは，クラス依存確率密度（尤度）を何らかの関数でモデル化し，少数のパラメタで表現できるようにすることを考えます．

　しかし，尤度はどのような形をしているのでしょうか．形がわからなければモデル化も不可能なわけです．

　そこで，次のような一つの仮説を立てます．

仮説

　「あるクラスに属するパターンは本来一つの値であり，それにノイズが重畳することによって，観測されるパターンにはばらつきが生じる」

　このような仮説は比較的妥当である場合が多く，今まで学習してきたプロトタイプという考えも，この仮説に従っているといえます．このような仮説が正しい場合，尤度は**正規分布**になります．

　特徴量 x が 1 次元の場合 の正規密度関数は次のように**一変量正規分布**で書けます．

$$p(x|\omega_c) = \frac{1}{\sqrt{2\pi}\,\sigma_c} \exp\left\{-\frac{(x-\mu_c)^2}{2\sigma_c^2}\right\} \tag{5.1}$$

ここでのモデルパラメタは平均値 μ_c と分散 σ_c^2 です．この二つのスカラ値を学習パターンから推定すればよいわけです．

　実際に，身長，体重についての 1 次元特徴量からモデルパラメタを推定し，モデル化した例を図 5.1, 5.2 に示します．

　特徴量 x が多次元の場合，よく用いられるのは次のような**多変量正規分布**です．

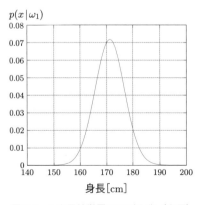

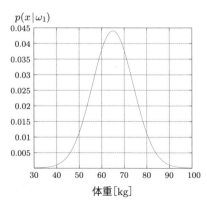

図 5.1　1 次元特徴量のモデル化（身長）　　**図 5.2**　1 次元特徴量のモデル化（体重）

$$p(\mathbf{x}|\omega_c) = \frac{1}{(2\pi)^{d/2}|\boldsymbol{\Sigma}_c|^{1/2}} \exp\left\{-\frac{1}{2}(\mathbf{x}-\boldsymbol{\mu}_c)^t \boldsymbol{\Sigma}_c^{-1}(\mathbf{x}-\boldsymbol{\mu}_c)\right\} \tag{5.2}$$

ただし, $\begin{cases} \mathbf{x} \text{ は } d \text{ 次元列ベクトル} \\ \boldsymbol{\mu}_c \text{ は } d \text{ 次元の平均ベクトル} \\ \boldsymbol{\Sigma}_c \text{ は } d \times d \text{ の分散共分散行列 } (|\boldsymbol{\Sigma}_c|：行列式, \boldsymbol{\Sigma}_c^{-1}：逆行列) \end{cases}$

このモデルの場合, 平均ベクトル $\boldsymbol{\mu}_c$ と, 分散共分散行列 $\boldsymbol{\Sigma}_c$ がモデルパラメタです. 今, 分散共分散行列 $\boldsymbol{\Sigma}_c$ の a 行 b 列の要素を σ_{ab}^2 とすると,

対角要素：σ_{aa}^2 を分散,
非対角要素：σ_{ab}^2 を共分散

といいます.

共分散要素は

$$\sigma_{ab}^2 = \sigma_{ba}^2$$

なる関係がありますので, 分散共分散行列は $d(d+1)/2$ 個のパラメタで規定されることになります (図 5.3).

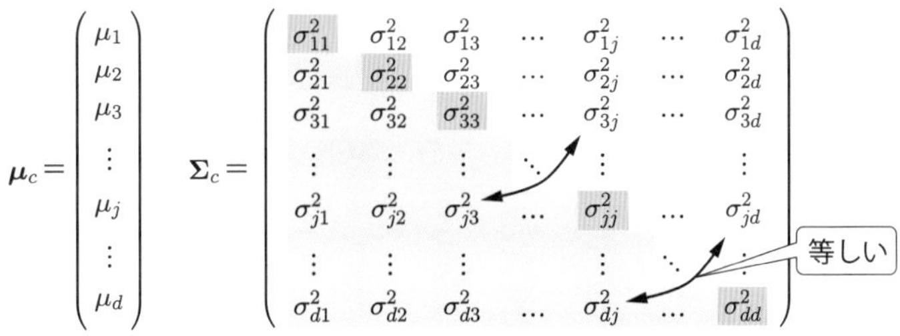

図 5.3 平均ベクトルと分散共分散行列

平均ベクトル $\boldsymbol{\mu}_c$ は d 次元ベクトルですので, 尤度 $p(\mathbf{x}|\omega_c)$ は $d + d(d+1)/2$ 個のパラメタで規定されることになります.

学習によりこれらのモデルパラメタを推定するので, これは**パラメトリックな学習**です.

例えば 2 次元特徴空間の場合は, $2 + 2(2+1)/2$ より, 計 5 個のモデルパラメタの推定が必要になります. 身長, 体重からなる 2 次元データからこれらのパラメタを推定し, モデル化した例を図 5.4, 5.5 に示します.

モデル化した尤度の式 (5.2) において, 特徴ベクトル $\mathbf{x}$ によって変化するのは下線部です.

よって, $p(\mathbf{x}|\omega_c)$ が一定な値をとる点の軌跡は, その一定値を r^2 とおくと

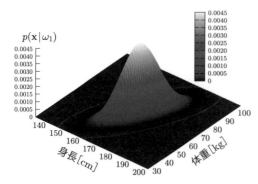

図 5.4 2 次元特徴量のモデル化（3D 表示）

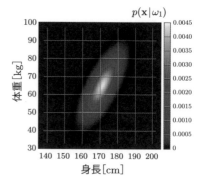

図 5.5 2 次元特徴量のモデル化（2D 表示）

$$(\mathbf{x} - \boldsymbol{\mu}_c)^t \boldsymbol{\Sigma}_c^{-1} (\mathbf{x} - \boldsymbol{\mu}_c) = r^2 \quad （一定） \tag{5.3}$$

で定義される超楕円体になり，この r を**マハラノビス距離**と呼びます．このマハラノ
ビス距離 r が一定の超楕円体は，確率密度が等しい点の集合です．図 5.6 に 2 次元特
徴空間における，等確率密度線の例を示します．

　このように，尤度を正規分布でモデル化することは，元の分布の形にも依存します．
例えば，図 5.7 のように複雑な確率密度をもつ場合には，正規分布一つでモデル化す
るには無理があります．

　このような場合には，複数の正規分布を混合することで尤度をモデル化することを
考えます．この例では，以下の式のように，三つの正規分布を混合してモデル化を行っ
ています．

$$p(\mathbf{x}|\omega_c) = \sum_{j=1}^{3} \gamma_j p_j(\mathbf{x}|\omega_c) \tag{5.4}$$

ここで，γ_j を**分岐確率**といい，分岐確率の和が 1 になるようにします．そうすること

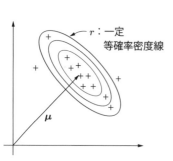

図 5.6 $p(\mathbf{x}|\omega_c)$ の等確率密度線

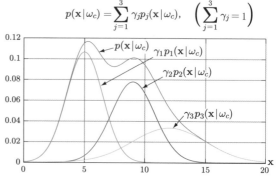

図 5.7 複雑な確率密度分布をもつ尤度

によって，混合した分布が確率密度としての条件，

$$\int_{-\infty}^{\infty} p(\mathbf{x}|\omega_c)\, d\mathbf{x} = 1$$

を満たすようにできます.

5-2 最尤推定とベイズ推定

パラメタの推定問題は，統計学の分野では古典的な問題でさまざまな手法が提案されていますが，有名な方法としては**最尤推定**と**ベイズ推定**があります.

最尤推定とベイズ推定から得られる結果はほぼ一致しますが，概念的にはかなり異なっています.

図5.8 にはそれら二つの方法を示しています. ここで，推定したいものは，事前確率 $P(\omega_c)$ とクラス依存確率密度（尤度）$p(\mathbf{x}|\omega_c)$ です.

クラス依存確率のパラメタは，平均ベクトル $\boldsymbol{\mu}_c$ と分散共分散行列 $\boldsymbol{\Sigma}_c$ でした. これらを推定するときに，最尤推定とベイズ推定では以下の点が大きく異なります.

[**最尤推定**]　実際に観測されたサンプル（学習データ）を得る確率を最大にするように推定します.

推定する $\boldsymbol{\mu}_c$ や $\boldsymbol{\Sigma}_c$ は未知の固定値とみなします.

唯一解は求められますが，学習時のサンプル数に依存して，その推定値は大きく異なります.

すなわち，あくまで，使った学習サンプル内で最適化した推定値になります.

学習サンプルは，ある母集団から集めた一例なので，その母集団に対して最適かはわかりません.

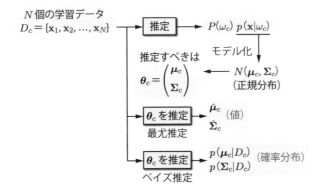

図 5.8　最尤推定とベイズ推定

［ベイズ推定］ 推定パラメタは何らかの既知の事前分布をもった確率分布として推定します.

最初は, 学習データ D_c からのサンプルの知識がない状態で, そのとき考え得る常識的なパラメタの確率分布が事前分布です.

サンプルを観測することによって, ベイズの定理より, 事前確率密度は, 事後確率密度に変換することができます.

図 5.9 は平均値 μ に関する推定を行ったもので, 平均値が存在し得る範囲を確率的に示しているのが, この分布です.

徐々にサンプルを追加していくことにより, 図のように事後確率密度は段々先鋭化され, 真のパラメタ値付近でピークをもつようになります.

このように, 最初は推定確率密度はなだらかで信頼性が低いのですが, 学習サンプルが多くなると真のパラメタ付近に分布が集中し, 信頼性が高い推定ができるようになるという考えがベイズ推定です.

この推定確率密度もベイズ更新で求めることができるのですが, その点も含め, ベイズ推定については次章で詳しく説明します.

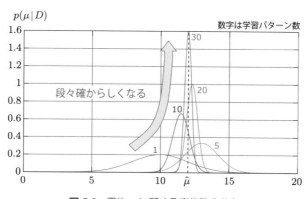

図 5.9 平均 μ に関する事後確率分布

5-3 / 最尤推定

まず, 学習データ D をクラス ω_c ごとに分割し, 各クラスごとの学習データ D_c を作成します. その結果, クラス数 C 個のデータ集合 $\{D_1, D_2, \ldots, D_c, \ldots, D_C\}$ が得られます.

この学習データは, 各サンプルが確率 $p(\mathbf{x}|\omega_c)$ に従って独立に抽出されたと考えます. このようなサンプルを i.i.d. (independent and identically distributed random variables) (独立同一分布している確率変数) といいます.

$p(\mathbf{x}|\omega_c)$ は既知のパラメタ形式をもち，そのパラメタベクトル $\boldsymbol{\theta}_c$ の値によって一意に決定できると仮定します．

ここでは，この既知のパラメタ形式とは正規分布としましょう．すると，パラメタ $\boldsymbol{\theta}_c$ は，平均ベクトルと分散共分散行列ですので，

$$\boldsymbol{\theta}_c = \begin{pmatrix} \boldsymbol{\mu}_c \\ \boldsymbol{\Sigma}_c \end{pmatrix} \tag{5.5}$$

と書けます．

このように $p(\mathbf{x}|\omega_c)$ が $\boldsymbol{\theta}_c$ に依存していることを明示的に示すため，$p(\mathbf{x}|\omega_c)$ を $p(\mathbf{x}|\omega_c, \boldsymbol{\theta}_c)$ と表すことにします．

よって，推定の目標は，

学習データ $D = \{D_1, D_2, \ldots, D_C\}$ から
パラメタベクトル $\boldsymbol{\Theta} = \{\boldsymbol{\theta}_1, \boldsymbol{\theta}_2, \ldots, \boldsymbol{\theta}_C\}$ を求めること

$$\{D_1, D_2, \ldots, D_C\} \longrightarrow \boxed{\text{推定}} \longrightarrow \{\boldsymbol{\theta}_1, \boldsymbol{\theta}_2, \ldots, \boldsymbol{\theta}_C\}$$

であるといえます．

ところで，D_c 内のサンプル（学習データ）は $c \neq i$ のときには，他のクラスのパラメタベクトル $\boldsymbol{\theta}_i$ についての情報を何ももっていないので，各クラスのパラメタベクトルの推定を別々に考えてよいことがわかります．

よって，以下，クラスを表すインデックスを省いて記述することにします．

$$D \longrightarrow \boxed{\text{推定}} \longrightarrow \boldsymbol{\theta}$$

特定のクラスに属して　　　　　　　そのクラスの
いるデータ集合　　　　　　　　　　パラメタベクトル

さて，サンプル集合 D は，以下のように N 個のサンプルからなるとしましょう．

$$D = \{\mathbf{x}_1, \mathbf{x}_2, \ldots, \mathbf{x}_N\} \tag{5.6}$$

これらのサンプルは，先に説明したように独立に抽出されたと仮定していますので，あるパラメタベクトル $\boldsymbol{\theta}$ を決めた際の分布にサンプル集合がどの程度当てはまっているかを示す尤度は，各サンプルの分布への適合度を示している $p(\mathbf{x}_k|\boldsymbol{\theta})$ の積で表せます．よって，

$$p(D|\boldsymbol{\theta}) = \prod_{k=1}^{N} p(\mathbf{x}_k|\boldsymbol{\theta}) \tag{5.7}$$

が成り立ちます．

最適なパラメタベクトル $\boldsymbol{\theta}$ を推定するわけですから，$\boldsymbol{\theta}$ が変数です．よって，$p(D|\boldsymbol{\theta})$ は $\boldsymbol{\theta}$ の関数とみなせます．

　ここで，先に学んだ尤度の定義によれば，$p(D|\boldsymbol{\theta})$ は D に関する $\boldsymbol{\theta}$ の尤度であるといえます．

　最尤推定 (maximum likelihood estimation : MLE) とは，この尤度 $p(D|\boldsymbol{\theta})$ を最大にする $\hat{\boldsymbol{\theta}}$ を学習データ D から求めることです．

　この推定値 $\hat{\boldsymbol{\theta}}$ は，実際に観測された学習データに最も適合する（観測値を最も支持する）ような $\boldsymbol{\theta}$ に対応しているといえます．

　ここで，注意したいのは，式 (5.7) は確率密度の積になっていることで，実際にコンピュータで計算するとアンダーフローが生じてしまいます．そこで，対数をとって対数尤度 $l(\boldsymbol{\theta})$ を用いることがよくあります．

$$l(\boldsymbol{\theta}) = \ln p(D|\boldsymbol{\theta}) = \sum_{k=1}^{N} \ln p(\mathbf{x}_k|\boldsymbol{\theta}) \tag{5.8}$$

ln は単調増加関数なので，この場合でも，対数尤度を最大にする $\hat{\boldsymbol{\theta}}$ を求めれば，それが最尤推定値になります．

5-3-1　1次元特徴空間での最尤推定のイメージ

　例えば，1 次元特徴量 x に対して最尤推定を行うことを考えてみましょう．学習データは図 5.10（a）中の赤い丸で示したものとします．パラメタベクトル $\boldsymbol{\theta}$ は平均値 μ と分散 σ^2 という二つの値ですので，

$$\boldsymbol{\theta} = \begin{pmatrix} \theta_1 \\ \theta_2 \end{pmatrix} = \begin{pmatrix} \mu \\ \sigma^2 \end{pmatrix} \tag{5.9}$$

です．

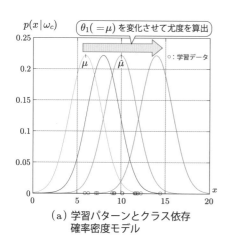

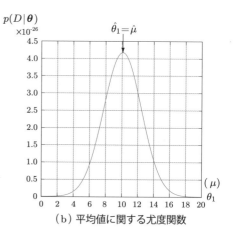

（a）学習パターンとクラス依存　　　　（b）平均値に関する尤度関数
　　　確率密度モデル

図 5.10　平均値の推定

あるパラメタベクトルを決めれば，クラス依存確率密度関数 $p(x|\boldsymbol{\theta})$ が決まります．それが，図 5.10（a）の正規分布の一つです．この分布にどれだけ適合しているかを示すのが，式 (5.7) で定義した $p(D|\boldsymbol{\theta})$ です．そこで，このパラメタ $\theta_1 = \mu$ を変化させてみると，この $p(D|\boldsymbol{\theta})$ は図 5.10（b）のような曲線を描きます．この最大値が求めるべき平均 μ の最尤推定値 $\hat{\mu}$ です．同様に，もう一つのパラメタ θ_2 についても尤度関数を求めて，分散 σ^2 についての最尤推定値を得ることができます．その様子を図 5.11 に示します．

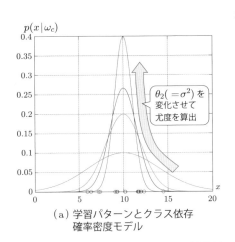

（a）学習パターンとクラス依存
確率密度モデル

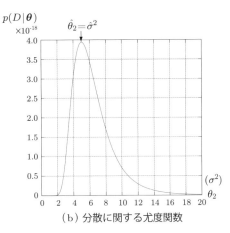

（b）分散に関する尤度関数

図 5.11 分散の推定

5-3-2 最尤推定の解析的解釈

パラメタの数が p 個のとき，パラメタベクトル $\boldsymbol{\theta}$ は

$$\boldsymbol{\theta} = \begin{pmatrix} \theta_1 & \theta_2 & \cdots & \theta_p \end{pmatrix}^t \tag{5.10}$$

と書けます．例えば，2 次元特徴空間の場合は，5-1 節で述べたように，平均ベクトルの要素が 2 個，分散共分散行列の要素が 3 個ですので，パラメタベクトルの次元数 p は 5 になります．

今，このパラメタベクトル $\boldsymbol{\theta}$ の尤度 $p(D|\boldsymbol{\theta})$ の対数尤度 $l(\boldsymbol{\theta})$ は

$$l(\boldsymbol{\theta}) = \ln p(D|\boldsymbol{\theta}) \tag{5.11}$$

なので，求めるべき解は，対数尤度を最大にする変数を $\hat{\boldsymbol{\theta}}$ とすれば，

$$\hat{\boldsymbol{\theta}} = \underset{\boldsymbol{\theta}}{\operatorname{argmax}}\, l(\boldsymbol{\theta}) \tag{5.12}$$

と書けます．

さて，尤度は式 (5.7) で示したように

$$p(D|\boldsymbol{\theta}) = \prod_{k=1}^{N} p(\mathbf{x}_k|\boldsymbol{\theta})$$

でしたので，対数尤度 $l(\boldsymbol{\theta})$ は

$$l(\boldsymbol{\theta}) = \sum_{k=1}^{N} \ln p(\mathbf{x}_k|\boldsymbol{\theta}) \tag{5.13}$$

のように，和の形になります．

パラメタベクトルの微分演算子 $\nabla_{\boldsymbol{\theta}}$ は

$$\nabla_{\boldsymbol{\theta}} \equiv \begin{pmatrix} \dfrac{\partial}{\partial\theta_1} \\ \dfrac{\partial}{\partial\theta_2} \\ \vdots \\ \dfrac{\partial}{\partial\theta_p} \end{pmatrix} \tag{5.14}$$

と書けますので，尤度の最大値を求めるには，

$$\nabla_{\boldsymbol{\theta}} l(\boldsymbol{\theta}) = \sum_{k=1}^{N} \nabla_{\boldsymbol{\theta}} \ln p(\mathbf{x}_k|\boldsymbol{\theta}) \tag{5.15}$$

を求め，

$$\nabla_{\boldsymbol{\theta}} l = \mathbf{0} \tag{5.16}$$

なる p 個の方程式を解けばよいのです．

では，実際にいくつかのケースについて解いてみましょう．

(a)（ケース 1）$\mu\cdots$未知，$\Sigma\cdots$既知の場合

まず，最初に分散共分散行列 $\boldsymbol{\Sigma}$ が既知の場合について解いてみます．学習データ D のサンプル数は N 個で $D = \{\mathbf{x}_1, \mathbf{x}_2, \ldots, \mathbf{x}_k, \ldots, \mathbf{x}_N\}$ です．この場合のパラメタは平均ベクトル $\boldsymbol{\mu}$ のみですので，パラメタベクトル $\boldsymbol{\theta}$ は $\boldsymbol{\mu}$ そのものです．クラス依存確率密度 $p(\mathbf{x}|\boldsymbol{\theta})$ は正規分布でモデル化しているので，学習データのうちの一つである $\mathbf{x}_k$ を代入したときのクラス依存確率密度値 $p(\mathbf{x}_k|\boldsymbol{\theta})$ は，式 (5.2) より

$$p(\mathbf{x}_k|\boldsymbol{\theta}) = p(\mathbf{x}_k|\boldsymbol{\mu}) = \frac{1}{(2\pi)^{d/2}|\boldsymbol{\Sigma}|^{1/2}} \exp\left\{-\frac{1}{2}(\mathbf{x}_k - \boldsymbol{\mu})^t \boldsymbol{\Sigma}^{-1}(\mathbf{x}_k - \boldsymbol{\mu})\right\} \tag{5.17}$$

と書けます．この式の対数をとると，次のようになります．

$$\ln p(\mathbf{x}_k|\boldsymbol{\theta}) = -\frac{1}{2}\ln\left\{(2\pi)^d|\boldsymbol{\Sigma}|\right\} - \frac{1}{2}(\mathbf{x}_k - \boldsymbol{\mu})^t \boldsymbol{\Sigma}^{-1}(\mathbf{x}_k - \boldsymbol{\mu}) \tag{5.18}$$

この式を $\boldsymbol{\mu}$ で微分すると，

$$\nabla_{\boldsymbol{\theta}} \ln p(\mathbf{x}_k|\boldsymbol{\theta}) = \boldsymbol{\Sigma}^{-1}(\mathbf{x}_k - \boldsymbol{\mu}) \tag{5.19}$$

となり，これを式 (5.15) に代入すると，

$$\nabla_{\boldsymbol{\theta}} l(\boldsymbol{\theta}) = \sum_{k=1}^{N} \boldsymbol{\Sigma}^{-1}(\mathbf{x}_k - \boldsymbol{\mu}) \tag{5.20}$$

となります．この式を $\mathbf{0}$ とする $\boldsymbol{\mu}$ を求めれば，平均ベクトルの最尤推定値 $\hat{\boldsymbol{\mu}}$ が求められます．

$$\sum_{k=1}^{N} \boldsymbol{\Sigma}^{-1}(\mathbf{x}_k - \hat{\boldsymbol{\mu}}) = \mathbf{0} \tag{5.21}$$

式 (5.21) に $\boldsymbol{\Sigma}$ を乗じて変形すると，

$$\hat{\boldsymbol{\mu}} = \frac{1}{N} \sum_{k=1}^{N} \mathbf{x}_k \tag{5.22}$$

のように平均ベクトルの最尤推定値が得られました．

この式は見覚えがありませんか．学習パターンベクトル $\mathbf{x}_k$ の平均ベクトルの式ですね．このように，今まで知らず知らずのうちに使ってきた，N 個のサンプルの標本平均値とは，実は最尤推定の解だったのです．

(b) （ケース 2）$\mu \cdots$ 未知，$\boldsymbol{\Sigma} \cdots$ 未知の場合

では，次に，正規分布の平均，分散とも未知という，一般的な場合について解いてみましょう．

まず，特徴ベクトル x_k が 1 次元の場合について考えます．この場合のクラス依存確率密度は式 (5.1) のようにモデル化されるので，学習データのうちの一つである x_k を代入したときの，クラス依存確率密度値 $p(x_k|\boldsymbol{\theta})$ は

$$p(x_k|\boldsymbol{\theta}) = \frac{1}{\sqrt{2\pi}\,\sigma} \exp\left\{-\frac{(x_k - \mu)^2}{2\sigma^2}\right\} \tag{5.23}$$

のようになります．

ここで，パラメタベクトル $\boldsymbol{\theta}$ は $\boldsymbol{\theta} = \begin{pmatrix} \theta_1 & \theta_2 \end{pmatrix}^t = \begin{pmatrix} \mu & \sigma^2 \end{pmatrix}^t$ の 2 次元です．

$\mu = \theta_1, \sigma^2 = \theta_2$ として上式を書き直して，対数尤度 $\ln p(x_k|\boldsymbol{\theta})$ を求めると，

$$\ln p(x_k|\boldsymbol{\theta}) = -\frac{1}{2}\ln(2\pi\theta_2) - \frac{1}{2\theta_2}(x_k - \theta_1)^2 \tag{5.24}$$

と書けます．これを微分すると，

$$\nabla_{\boldsymbol{\theta}} \ln p(x_k|\boldsymbol{\theta}) = \begin{pmatrix} \dfrac{1}{\theta_2}(x_k - \theta_1) \\[2mm] -\dfrac{1}{2\theta_2} + \dfrac{(x_k - \theta_1)^2}{2\theta_2^2} \end{pmatrix} \tag{5.25}$$

となります．これを式 (5.15) に代入すると，

$$
\nabla_{\boldsymbol{\theta}} l(\boldsymbol{\theta}) = \sum_{k=1}^{N} \nabla_{\boldsymbol{\theta}} \ln p(x_k|\boldsymbol{\theta}) = \begin{pmatrix} \displaystyle\sum_{k=1}^{N} \frac{1}{\theta_2}(x_k - \theta_1) \\ \displaystyle -\sum_{k=1}^{N} \frac{1}{2\theta_2} + \sum_{k=1}^{N} \frac{(x_k - \theta_1)^2}{2\theta_2^2} \end{pmatrix} \tag{5.26}
$$

と書けます．この式を $\mathbf{0}$ とする θ_1, θ_2 を求めれば，最尤推定値 $\hat{\theta}_1, \hat{\theta}_2$ が求められます．

$$
\sum_{k=1}^{N} \frac{1}{\hat{\theta}_2}(x_k - \hat{\theta}_1) = 0 \tag{5.27}
$$

$$
-\sum_{k=1}^{N} \frac{1}{\hat{\theta}_2} + \sum_{k=1}^{N} \frac{(x_k - \hat{\theta}_1)^2}{\hat{\theta}_2^2} = 0 \tag{5.28}
$$

すなわち，この方程式を解くと，以下のように最尤推定値が求められます．

$$
\hat{\theta}_1 = \hat{\mu} = \frac{1}{N} \sum_{k=1}^{N} x_k \tag{5.29}
$$

$$
\hat{\theta}_2 = \hat{\sigma}^2 = \frac{1}{N} \sum_{k=1}^{N} (x_k - \hat{\mu})^2 \tag{5.30}
$$

この最尤推定値も見覚えがありませんか．

そうなのです．平均の最尤推定値は，N サンプルの学習サンプル x_k の標本平均値，分散の最尤推定値は，N サンプルの学習サンプルの標本分散値になっています．

このように，N 個のサンプルの標本平均，標本分散という，今まで知らず知らずのうちに使ってきた値は，実は最尤推定の解だったのです．

次に，特徴ベクトルが多次元の場合について考えてみましょう．ここまでの議論と異なるのは，モデルが多変量正規分布になるので，"平均" は "平均ベクトル" に，"分散" は "分散共分散行列" になることです．すぐ予測できると思いますが，平均ベクトル $\boldsymbol{\mu}$ と分散共分散行列 $\boldsymbol{\Sigma}$ の最尤推定値は以下のようになります．

$$
\hat{\boldsymbol{\mu}} = \frac{1}{N} \sum_{k=1}^{N} \mathbf{x}_k \tag{5.31}
$$

$$
\hat{\boldsymbol{\Sigma}} = \frac{1}{N} \sum_{k=1}^{N} (\mathbf{x}_k - \hat{\boldsymbol{\mu}})(\mathbf{x}_k - \hat{\boldsymbol{\mu}})^t \tag{5.32}
$$

Let's try! 5-1

多次元データの最尤推定

式 (5.31) と式 (5.32) を導出してください.

5-3-3 分散の偏り

最尤推定で求めた分散は, 真の分散と比較すると異なっています. それは, 大きさが N であるようなデータ集合に対する標本分散の期待値が, 真の分散とは等しくないからです. この異なりを偏り (bias) といいます. 詳細はこの本では触れませんが, 標本分散の期待値 $E[\ ]$ と真の分散 σ^2 の間には, 以下の関係が成り立ちます.

$$E\left[\frac{1}{N}\sum_{k=1}^{N}(x_k - \overline{x})^2\right] = \frac{N-1}{N}\sigma^2 \neq \sigma^2 \tag{5.33}$$

ここで, $\overline{x}$ は N 個のサンプルの標本平均値です.

このように標本分散は偏っているので, それを補正するために, 分散に対する不偏推定量 C を以下のように定義します.

$$C = \frac{1}{N-1}\sum_{k=1}^{N}(x_k - \hat{\mu})^2 \tag{5.34}$$

式 (5.32) と比較すると, N が十分に大きければ, この二つの最尤推定値はほどんど同じです. 分散に対してどちらの最尤推定値を用いるべきなのかは, ケースバイケースです.

一方, 平均の最尤推定値は偏ってはいない (unbiased) ので, このような補正は必要ありません.

Let's try! 5-2

分散既知の 1 次元学習データに対する最尤推定

今, クラス依存確率密度関数を正規分布でモデル化し, 学習データから一つ x_k を取り出して求めたクラス依存確率密度値 $p(x_k|\boldsymbol{\theta})$ は, 式 (5.1) より

$$p(x_k|\boldsymbol{\theta}) = \frac{1}{\sqrt{2\pi}\,\sigma}\exp\left\{-\frac{(x_k - \mu)^2}{2\sigma^2}\right\}$$

でした. さて, パラメタベクトル $\boldsymbol{\theta} = \begin{pmatrix} \mu & \sigma^2 \end{pmatrix}^t$ のうち分散 σ^2 が既知であるとき, 学

習データから平均値 μ の最尤推定値を求めるために，尤度を計算してみましょう．

(1) パラメタベクトル $\boldsymbol{\theta} = \begin{pmatrix} \mu & \sigma^2 \end{pmatrix}^t$ のうち，$\sigma^2 = 1/(2\pi)$ であるとき，対数尤度関数 $l(\mu)$ は

$$l(\mu) = -\pi \sum_{k=1}^{N} (x_k - \mu)^2$$

と書けることを示してください．

今，以下に示すような $N = 5$ 件のデータが与えられたとします．

$$D = \{-0.5, -0.2, -0.4, -1.0, 0.1\}$$

(2) このデータを用いてモデルパラメタ μ の最尤値を求めるために，次に示すさまざまな μ に対しての対数尤度値を求めてください．

$$\mu = -1.0, -0.8, -0.6, -0.4, -0.2, 0.0$$

(3) 求めた対数尤度値から，モデルパラメタ μ を最尤推定してください．

(4) 一方，平均の最尤推定値は，式 (5.22) のように解析的に求めることもできますので，実際に求めてみましょう．また，そのときの対数尤度も求めてください．

Let's try!   5-3

クラス依存確率密度を正規分布でモデル化した MAP 推定

今，ω_1, ω_2 の 2 クラスに属する学習データが以下のように与えられました．

$$D_1 = \{-1.0, -0.5, -0.4, -0.2, 0.1\}$$
$$D_2 = \{-0.1, 0.2, 0.4, 0.5, 1.0\}$$

この 2 クラスのクラス依存確率密度を正規分布でモデル化することを考えます．モデルパラメタは $\boldsymbol{\theta}_1 = \begin{pmatrix} \mu_1 & \sigma_1^2 \end{pmatrix}^t$ と，$\boldsymbol{\theta}_2 = \begin{pmatrix} \mu_2 & \sigma_2^2 \end{pmatrix}^t$ のように 4 パラメタありますが，この課題では，2 クラスの分散は既知で，$\sigma_1^2 = \sigma_2^2 = 1/(2\pi)$ だとします．

(1) 最尤推定を用いて，二つの正規分布の平均パラメタを推定し，2 クラスのクラス依存確率密度関数 $p(x|\omega_1)$, $p(x|\omega_2)$ を推定してください．

(2) この 2 クラスの事前確率が $P(\omega_1) = 0.4$, $P(\omega_2) = 0.6$ と与えられたとき，MAP 推定を用いて未知パターンの識別を行おうと思います．未知パターン $x_1' = 0$, $x_2' = -0.1$ の二つに対して識別を行ってください．

この章の **まとめ**　　　**理解できているかを再確認しましょう！**

1. MAP 推定を用いた識別器のために，クラス依存確率（密度）を **正規分布でモデル化する**．これにより，少数の分布パラメタを推定するだけでよくなり，少数の学習データからでもクラス依存確率（密度）を推定可能になる．

    ⇨ **p**.90, 式 (5.1)　**p**.91, 式 (5.2)

    クラス依存確率分布のパラメタ $\boldsymbol{\theta}_c$ は，平均ベクトル $\boldsymbol{\mu}_c$ と分散共分散行列 $\boldsymbol{\Sigma}_c$.

2. クラス依存確率分布のパラメタ $\boldsymbol{\theta}_c = \left(\begin{array}{cc} \boldsymbol{\mu}_c & \boldsymbol{\Sigma}_c \end{array} \right)^t$ を推定する方法は，**最尤推定とベイズ推定** の2種類．

    - **最尤推定**：学習データを最もよく表現する **分布パラメタを一つ定める** 方法．
    - **ベイズ推定**：分布パラメタを一つに絞らず，パラメタの値ごとに，その値が生じる可能性を確率分布で表現しようとするもの．よって，**推定するのは分布パラメタの確率分布**．　　　⇨ **p**.93, 図 5.8

3. ある分布パラメタ $\boldsymbol{\theta}_c = \left(\begin{array}{cc} \boldsymbol{\mu}_c & \boldsymbol{\Sigma}_c \end{array} \right)^t$ を一つ定めると，クラス依存確率分布 $p(\mathbf{x}|\omega_c)$ の形が決まる．この分布が学習データ D_c にどれだけ適合しているか，この分布に基づいて学習データが生成されたと考えるのがどれだけ尤もらしいか，を表すのがパラメタ $\boldsymbol{\theta}_c$ の **尤度** $p(D_c|\boldsymbol{\theta}_c)$.

    $$p(D_c|\boldsymbol{\theta}_c) = \prod_{k=1}^{N_c} p(\mathbf{x}_k|\boldsymbol{\theta}_c)$$

    ⇨ **p**.95, 式 (5.7)

4. 学習データ D_c に対し，尤度が最大となるパラメタ $\hat{\boldsymbol{\theta}}_c$ を求めるのが **最尤推定**.

    ⇨ **p**.96, 5-3-1 項

5. 4 のパラメタを求めるには，**対数尤度を微分して 0 とおき**，尤度の最大点を求めればよい．　　　⇨ **p**.97, 5-3-2 項

6. 特徴データが 1 次元の場合，分布パラメタの最尤推定値（平均 $\hat{\mu}_c$，分散 $\hat{\sigma}_c^2$）はスカラ．　　　⇨ **p**.100, 式 (5.29)　**p**.100, 式 (5.30)

    $$\hat{\mu}_c = \frac{1}{N_c} \sum_{k=1}^{N_c} x_k, \quad \hat{\sigma}_c^2 = \frac{1}{N_c} \sum_{k=1}^{N_c} (x_k - \hat{\mu}_c)^2$$

7. 特徴データが多次元の場合，分布パラメタの最尤推定値は平均ベクトル $\hat{\boldsymbol{\mu}}_c$ と分散共分散行列 $\hat{\boldsymbol{\Sigma}}_c$.　　　⇨ **p**.100, 式 (5.31)　**p**.100, 式 (5.32)

$$\hat{\boldsymbol{\mu}}_c = \frac{1}{N_c} \sum_{k=1}^{N_c} \mathbf{x}_k, \quad \hat{\boldsymbol{\Sigma}}_c = \frac{1}{N_c} \sum_{k=1}^{N_c} (\mathbf{x}_k - \hat{\boldsymbol{\mu}}_c)(\mathbf{x}_k - \hat{\boldsymbol{\mu}}_c)^t$$

ベイズ推定

第5章では，MAP 推定に必要なクラス依存確率密度をモデル化し，そのモデルパラメタを学習する方法を学んできました．その際，パラメタの推定法には最尤推定とベイズ推定 (Bayesian inference) があり，その概念については簡単に説明してきましたが，この章では，具体的にベイズ推定について説明します．

最尤推定法は，私たちが今まで慣れ親しんできた考え方であったため，理解しやすかったかと思いますが，ベイズ推定の概念は確率論に基づくため少々難解かもしれません．しかし，現在世の中で使われている多くの技術がこのベイズ推定を基礎にしたものであるので，ぜひみなさんも理解してください．

この章では，みなさんが理解しやすいように，今まで学習してきた最尤推定法，MAP 推定と比較しながらベイズ推定を説明していきます．

6-1 ベイズの定理の確率密度分布化

今まで学習してきたベイズの定理では，

$$P(\omega_c|x) = \frac{p(x|\omega_c)P(\omega_c)}{p(x)}, \quad (c = 1, 2, \ldots, C)$$

$$\text{ただし，} p(x) = \sum_{c=1}^{C} p(x|\omega_c)P(\omega_c)$$

のように，事前確率 $P(\omega)$ とクラス依存確率密度 $p(x|\omega)$ から，事後確率 $P(\omega|x)$ を推定してきました．ここで，確率で表されるものと確率密度で表されるものがある理由は，ベイズの定理を学習したときに説明したとおり，確率変数が離散的な場合と，連続的な場合があるからです．

今，事前確率 $P(\omega)$，事後確率 $P(\omega|x)$ の確率変数はクラス ω です．クラス ω は離散的な変数なので，これらは確率で表現されました．一方，クラス依存確率の確率変数は x で，この x が離散的なら確率 $P(x|\omega)$ で，x が連続的なら確率密度 $p(x|\omega)$ で表

現されました.

ところで，このベイズの定理は確率であろうと確率密度であろうと成立します．今述べたようにクラス ω は離散的なので，事後確率は確率密度ではありませんでしたが，ベイズの定理を用いて推定するものはクラス名のみではありません．連続的な変数であっても構わないわけです.

そこで，ベイズの定理を用いて推定する確率変数を連続量 θ とすると，ベイズの定理は以下のように書くことができます.

$$p(\theta|x) = \frac{p(x|\theta)p(\theta)}{p(x)} \tag{6.1}$$

このベイズの定理で，登場するのはすべて確率密度分布です．$p(\theta)$ を θ の**事前確率分布（事前分布）**といいます．$p(\theta|x)$ を x を観測したあとの**事後確率分布（事後分布）**といいます.

分母の証拠 $p(x)$ も θ が連続的になったので，

$$p(x) = \int p(x|\theta)p(\theta)\, d\theta \tag{6.2}$$

のように θ で積分して求めることになります.

さて，ここで推定する θ にはどのようなものが考えられるでしょうか.

今まで学習した範囲で考えると，パラメトリック推定で登場した正規分布のパラメタである平均 μ，分散 σ^2 は連続量です．これらは，学習データから推定する固定値として扱ってきましたが，確率分布として扱うのが実は妥当なのです.

学習データは有限の個数であり，最尤推定法ではその有限の情報から最も尤もらしい値を求めてきましたが，その続きが考慮されていないのです．それらの学習データを観測したあとにも，認識データや学習データは観測されるので，本来ならデータが観測されるごとに，事前確率やクラス依存確率密度のパラメタは変化していくはずなのです.

みなさんがもっているさまざまな知識も常に更新されていくことを考えれば，この考え方は極めて自然です．このように学習で知識が更新され，その更新された知識を用いて認識を行うという考え方は，既に学習したベイズ更新の考え方です．事前確率とパターンから事後確率を推論し，その事後確率が次のパターン観測にあたっての事前確率になるという考え方でしたね．このように，徐々に情報が増えていくと，推定した結果に関する確からしさが増していきます.

例えば，コインを 10 回投げて観測結果 $D^{(10)} = \{x_1, x_2, \ldots, x_{10}\}$ を得て "表" が 5 回出たときと，コインを 100 回投げて観測結果 $(D^{(100)})$ を得て "表" が 50 回出たときを比較してみましょう．"表" が出る確率は，最尤推定法を用いると共に 0.5 となっ

てしまい，明らかに 100 回投げた結果から推定した確率 0.5 のほうが確からしいのに，それを表すことができないのです．

そこで，"表" の出る確率値を確率変数 θ として考えると，「"表" が出る確率が 0.5 である」ことがどれほど確からしいかを事後確率分布 $p(\theta|D)$ で表現できるようになります．図 6.1 に上記の二つの場合の確率密度分布を示します．二つの確率密度分布 $p(\theta|D^{(10)})$ と $p(\theta|D^{(100)})$ は共に $\theta = 0.5$ で最大値をとっているので，最も生じやすい θ の値は共に 0.5 ですが，それ以外の値も θ はとる可能性があり，その範囲が狭いほうが，$\theta = 0.5$ での確率密度 $p(0.5|D^{(100)})$ も大きな値をとっています．よって，100 回コインを投げて 50 回 "表" が出ることを観測した場合のほうが，θ が 0.5 の値をとることに対する確からしさが高いことがわかります．

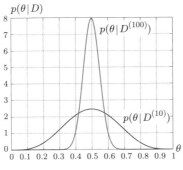

図 6.1 確率変数 θ の事後分布

6-2 クラス依存確率密度 $p(x|\omega)$ のモデルパラメタ θ の確率分布

今まで，MAP 推定では，x のクラス依存確率密度と ω の事前確率から ω の事後確率を求めてきました．この x のクラス依存確率密度 $p(x|\omega)$ は，パターン x が連続値で 1 次元なら**一変量正規分布** (univariate normal distribution) で，パターン $\mathbf{x}$ が多次元なら**多変量正規分布** (multivariate normal distribution) でモデル化しました．これらのモデルのパラメタ θ は，一変量正規分布では $\theta = (\mu, \sigma^2)$，多変量正規分布では $\theta = (\boldsymbol{\mu}, \boldsymbol{\Sigma})$ でした．これらのモデルパラメタが決まれば x のクラス依存確率密度分布 $p(x|\omega)$ は決まるので，これを $p(x|\omega, \boldsymbol{\theta})$ と $\boldsymbol{\theta}$ を明示的に書くことにします．

前章の最尤推定では，これらのモデルパラメタを "一つの値" $\hat{\boldsymbol{\theta}}$ として推定してきましたが，ベイズ推定では，これらを $\boldsymbol{\theta}$ の "確率分布" として推定します．クラス依存確率密度モデルの分布パラメタ $\boldsymbol{\theta}$ の要素は平均や分散などのように連続値なので，分布パラメタ $\boldsymbol{\theta}$ の確率分布は $p(\boldsymbol{\theta})$ と書きます．

さて，前節で説明したように，次々にパターン x が与えられていくと $\boldsymbol{\theta}$ は確からしくなっていくので，この $\boldsymbol{\theta}$ と x の関係をベイズの定理を使って書くと，次のようになります．

$$p(\boldsymbol{\theta}|x) = \frac{p(x|\boldsymbol{\theta})p(\boldsymbol{\theta})}{p(x)} \tag{6.3}$$

この式の意味は，ある $\boldsymbol{\theta}$ のパラメタ分布（事前分布）$p(\boldsymbol{\theta})$ があったときに，パターン x が観測されると，このパターンの情報によって，より確かなパラメタ $\boldsymbol{\theta}$ の分布（事後分布）$p(\boldsymbol{\theta}|x)$ が推定できるということです．

一方，パターン x が離散値の場合を考えてみましょう．パターン x がコインの表/裏のように2値の場合は，$x \in \{0,1\}$ のいずれかで表すことができるので，x のクラス依存確率 $P(x|\omega)$ もあるパラメタ λ を使って $P(0|\omega) = 1 - \lambda$，$P(1|\omega) = \lambda$ の2種類で表現できます．よって，x のクラス依存確率を決めるパラメタ $\boldsymbol{\theta}$ は連続量の場合と異なり，直接的に $\boldsymbol{\theta} = (1 - \lambda, \lambda)$ と書くことができ，x の $\boldsymbol{\theta}$ に関する尤度は $P(x|\omega, \boldsymbol{\theta})$ と書け，ω を省いて表記すると，$P(x|\boldsymbol{\theta})$ となります．

このように一つのパラメタ $\theta = (\lambda)$ をもつ確率分布を**ベルヌーイ分布** (Bernoulli distribution) といいます．これは，図6.2に示すような分布で，詳しくは6-3-1項で説明します．

次に，パターン x が離散値で多値の場合を考えてみます．パターン x が $x \in \{1, 2, \ldots, K\}$ の K 種類の値をとれるとき，x のクラス依存確率も K 種類あり，$P(1|\omega) = \lambda_1$，$P(2|\omega) = \lambda_2, \ldots, P(K|\omega) = \lambda_K$ と書き下すことができます．よって，X のクラス依存確率を決めるパラメタ $\boldsymbol{\theta}$ は2値の場合と同様，直接的に書け，$\boldsymbol{\theta} = (\lambda_1, \lambda_2, \ldots, \lambda_K)$ となります．λ_k は確率なので，当然，$\sum_{k=1}^{K} \lambda_k = 1$ を満たしている必要があります．

このように K 個のパラメタをもち，値域が $[0,1]$，総和が1を満たすような分布を**カテゴリカル分布** (categorical distribution) といいます．これは，図6.3に示すような分布で，詳しくは6-3-2項で説明します．

このように，パターン x が離散的な場合には，離散確率分布 $P(x|\boldsymbol{\theta})$ に関するベイ

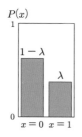

図6.2　ベルヌーイ分布

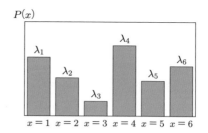

図6.3　カテゴリカル分布

ズの定理は

$$p(\boldsymbol{\theta}|x) = \frac{P(x|\boldsymbol{\theta})p(\boldsymbol{\theta})}{P(x)} \tag{6.4}$$

と書けます.

　ここまで述べてきたように,パターン X の種類に応じて X の確率分布モデルは異なります.それをまとめると,表 6.1 のようになります.

表 6.1 パターン X の種類に応じた分布

パターン X の種類	パターン X の値域	分布 $p(X|\boldsymbol{\theta})$	分布パラメタ $\boldsymbol{\theta}$
1 変数,離散,2 値	$x \in \{0,1\}$	ベルヌーイ分布	(λ)
1 変数,離散,多値	$x \in \{1,2,\ldots,K\}$	カテゴリカル分布	$(\lambda_1, \lambda_2, \ldots, \lambda_K)$
1 変数,連続,$[-\infty, \infty]$	$x \in \mathbb{R}$	一変量正規分布	(μ, σ^2)
多変数,連続,$[-\infty, \infty]$	$\mathbf{x} \in \mathbb{R}^d$	多変量正規分布	$(\boldsymbol{\mu}, \boldsymbol{\Sigma})$

（$\mathbb{R}$ は実数全体の集合,$\mathbb{R}^d$ は d 次元実数空間）

6-3 共役事前分布

　前節で述べたように,パターン X の分布をモデル化すると,ベイズの定理により

$$p(\boldsymbol{\theta}|X) = \frac{p(X|\boldsymbol{\theta})p(\boldsymbol{\theta})}{p(X)}$$

$$\iff \quad \boldsymbol{\theta} \text{ の事後分布} = \frac{\boldsymbol{\theta} \text{ の尤度} \cdot \boldsymbol{\theta} \text{ の事前分布}}{\text{証拠}}$$

のように,パターン X を観測するたび,モデルパラメタ $\boldsymbol{\theta}$ の分布を事前分布から事後分布へと更新していくことができます.これは,以前説明したベイズ更新です.

　さて,尤度は分布でモデル化しましたが,ここでは事前分布と事後分布をモデル化します.今述べたように,事前分布から事後分布へと繰り返し更新していくことを考えると,これら二つの分布は同じ分布でモデル化するのがよさそうです.

　尤度の分布はパターンに応じた形式でモデル化されましたので,それにある形式の分布をもつ事前分布を乗じて,同じ形式の分布になるような分布が存在するのでしょうか.このように,ある分布に対して乗じると同じ形式の分布になるような分布を**共役事前分布** (conjugate prior distribution) といいます.

前節で扱った四つの分布，（ベルヌーイ分布，カテゴリカル分布，一変量正規分布，多変量正規分布）には共役事前分布が存在します．それをまとめたのが，表 6.2 です．各共役事前分布の変数の種類と変数の値域を示したのが表 6.3 です．

表 6.2　共役事前分布

分布 $p(X\|\boldsymbol{\theta})$	共役事前分布 $p(\boldsymbol{\theta}\|\boldsymbol{\theta}')$
ベルヌーイ分布	ベータ (beta) 分布
カテゴリカル分布	ディリクレ (Dirichlet) 分布
一変量正規分布	正規逆ガンマ (normal-scaled inverse gamma) 分布
多変量正規分布	正規逆ウィシャート (normal inverse Wishart) 分布

表 6.3　共役事前分布の変数と値域

分布変数 $\boldsymbol{\theta}$ の種類	分布変数 $\boldsymbol{\theta}$ の値域	分布 $p(\boldsymbol{\theta}\|\boldsymbol{\theta}')$	分布パラメタ $\boldsymbol{\theta}'$
1 変数，連続，2 値	$x \in [0,1]$	ベータ	(α, β)
1 変数，連続，多値，和が 1	$[x_1, x_2, \ldots, x_K]^t$ $x_k \in [0,1]$ $\sum_{k=1}^{K} x_k = 1$	ディリクレ	$(\alpha_1, \alpha_2, \ldots, \alpha_K)$
2 変数，連続， $x_1 \in [-\infty, \infty]$ $x_2 \in (0, \infty]$	$\mathbf{x} = [x_1, x_2]$ $x_1 \in \mathbb{R}$ $x_2 \in \mathbb{R}^+$	正規逆ガンマ	$(\alpha, \beta, \gamma, \delta)$
ベクトル $\mathbf{v}$, 行列 $\mathbf{X}$, $\mathbf{v}$ 非有界, $\mathbf{X}$: 正方行列, $\mathbf{X}$: 正定値行列	$\mathbf{v} \in \mathbb{R}^d$ $\mathbf{X} \in \mathbb{R}^{d \times d}$ $\mathbf{z}^t \mathbf{X} \mathbf{z} > 0, \forall \mathbf{z}$	正規逆ウィシャート	$(\alpha, \boldsymbol{\Psi}, \gamma, \delta)$

◆**ベルヌーイ分布**のパラメタ λ は確率値そのものなので，$[0,1]$ の連続値をとります．分布の変数の値域がこの $[0,1]$ の範囲の連続値をとるものとして，**ベータ分布**があります．ベータ分布は二つのパラメタ (α, β) で定められます．ベータ分布とベルヌーイ分布の積はベータ分布になります．

◆**カテゴリカル分布**のパラメタは K 個の確率値です．分布の変数が K 次元で，変数各要素が $[0,1]$ の範囲の連続値をとり，要素の総和が 1 となる分布として，**ディリクレ分布** があります．ディリクレ分布を定めるパラメタは K 個の実数値です．ディリクレ分布とカテゴリカル分布の積はディリクレ分布になります．

◆**一変量正規分布**のパラメタは平均 μ と分散 σ^2 です．平均は実数値をとり，分散は正の実数値をとります．2 次元の分布で実数値と正の実数値を変数にもつ分布として，**正規逆ガンマ分布**があります．正規逆ガンマ分布は 4 個の実数値パラメタで定められます．正規逆ガンマ分布と一変量正規分布の積は，正規逆

ガンマ分布になります.

◆ **多変量正規分布**のパラメタは平均ベクトル **μ** と分散共分散行列 **Σ** です. **Σ** は正方行列で, 正定値行列です. このようなベクトルと行列を変数とする分布として, **正規逆ウィシャート分布** があります. 正規逆ウィシャート分布は, 二つの実数 α, γ と行列 **Ψ** とベクトル **δ** によって定められます. 正規逆ウィシャート分布と多変量正規分布の積は, 正規逆ウィシャート分布になります.

このように同じ分布になる共役事前分布を用いると, さまざまな計算が簡単になり, とても便利です.

では, 四つの分布 (ベルヌーイ分布, カテゴリカル分布, 一変量正規分布, 多変量正規分布) の共役事前分布について, 具体的に説明していきます.

6-3-1 ベルヌーイ分布とベータ分布

コインを投げて "表" が出るか "裏" が出るか, とか, 試合に "勝つ" か "負ける" かなど, 確率変数 x が離散的で 2 値の場合の確率分布を表現するのが, **ベルヌーイ分布** (Bernoulli distribution) です.

2 値しかとらないので, 確率変数 x は $x = 0$ もしくは $x = 1$ となり, ベルヌーイ分布は

$$\begin{cases} P(x = 0) = 1 - \lambda \\ P(x = 1) = \lambda \end{cases} \tag{6.5}$$

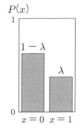

図 6.4 ベルヌーイ分布

と書けます (図 6.4). ベルヌーイ分布を定めるためのパラメタは λ 一つで, $\lambda \in [0, 1]$ の範囲の連続変数です.

式 (6.5) は IF 文のような条件式なので, 計算に用いる場合には場合分けしなくてはならず, 扱いが面倒です. そこで, 数学のトリックを使って次のように一つの式で表します.

$$P(x) = \lambda^x \cdot (1 - \lambda)^{(1-x)} \tag{6.6}$$

確率変数 x に $0, 1$ を代入してみると, 上の式と同じとわかるでしょう. 以降, 式 (6.6) を

$$P(x) = \mathbf{Bern}_x[\lambda] \tag{6.7}$$

と表記することにします.

さて, 今まではパラメタ λ は定数として扱ってきましたが, ここでは, これを確率変数として取り扱います. 例えば, あるコインを投げて "表" の出る確率 λ を考えると, 10 回投げて観測した結果から推論した λ と, 100 回投げて観測した結果から推論した λ が共に $\lambda = 0.5$ であったとしても, 意味が異なるのは 6-1 節でお話ししました.

10 回投げたときに $\lambda = 0.5$ と推論しても，$\lambda = 0.49$ という可能性も消しきれないのです．よって，この λ を確率変数として取り扱います．

λ は 0 から 1 の間の実数であり，このような値を確率変数にもつ分布は，上で示したとおり**ベータ分布** (beta distribution) です．ベータ分布は，

$$p(\lambda) = \frac{\Gamma[\alpha + \beta]}{\Gamma[\alpha] \cdot \Gamma[\beta]} \cdot \lambda^{\alpha-1}(1 - \lambda)^{\beta-1} \tag{6.8}$$

$$\text{ただし，} \alpha > 0, \beta > 0 \text{ の実数}$$

と書けます．ここでガンマ関数 $\Gamma(z)$ が出てきていますが，

$$\Gamma(z) = \int_0^\infty t^{z-1} e^{-t} \, dt, \quad (z: \text{実数})$$

$$\Gamma(z) = (z - 1)!, \qquad\quad (z: \text{自然数})$$

で定義される関数です．ベータ分布も，以降

$$p(\lambda) = \mathbf{Beta}_\lambda[\alpha, \beta] \tag{6.9}$$

と表記することにします．

ベータ分布をさまざまな分布パラメタ (α, β) で表示したのが，図 6.5 です `Program`．ベータ分布の期待値は $E(\lambda) = \alpha/(\alpha+\beta)$ であり，三つの図は同じ期待値をもつベータ分布ごとに表示しています．α, β の値が大きくなると分布が特定の確率に集中しているのがわかると思います．6-1 節のコインの例では，図 (b) の分布 $(\alpha, \beta) = (10, 10), (2, 2)$ などが振る舞いをよく表現しているかもしれませんね．

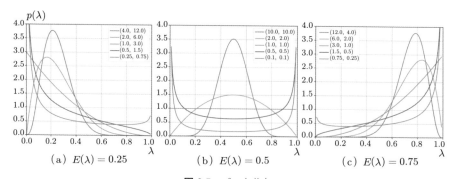

(a) $E(\lambda) = 0.25$ (b) $E(\lambda) = 0.5$ (c) $E(\lambda) = 0.75$

図 6.5 ベータ分布

さて，ここで，図 6.6 の右下に示すような 3 種類のベルヌーイ分布 $(\lambda = 0.2, 0.5, 0.8)$ があったとしましょう．これらの分布はパターン x がとり得る分布の一例ですが，どの分布がパターン x を最もよく表しているのでしょうか．それを確率的に表現するのが事前分布です．ここではベルヌーイ分布の共役事前分布であるベータ分布を 3 種

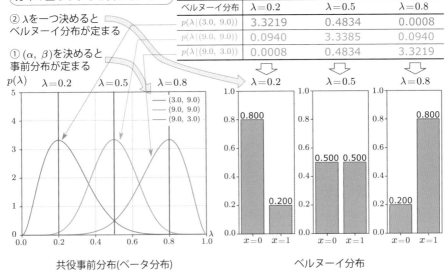

図 6.6　ベルヌーイ分布とベータ分布の関係

類の分布パラメタ $((\alpha, \beta) = (3,9), (9,9), (9,3))$ で，図 6.6 の左下に示します．この
ベータ分布の確率変数 λ はベルヌーイ分布の形を決定するパラメタですので，図の右
にある三つの分布はそれぞれベータ分布の $\lambda = 0.2, 0.5, 0.8$ に対応します．このベー
タ分布の確率密度 $p(0.2), p(0.5), p(0.8)$ がそれに対応するベルヌーイ分布の生じやす
さを示しているわけで，ベータ分布から読み取った値を図右上の表に示します．例え
ば，$\alpha = 3.0$，$\beta = 9.0$ で定義されるベータ分布は，$\lambda = 0.2$ で定義されるベルヌー
イ分布が最も生じやすいことを示していて，$\lambda = 0.5$ で定義されるベルヌーイ分布の
$3.32/0.48 = 6.92$ 倍程度生じやすく，$\lambda = 0.8$ で定義されるベルヌーイ分布はほとん
ど生じ得ないことを示しています．

6-3-2　カテゴリカル分布とディリクレ分布

　確率変数が離散的で，複数の値をもつ場合は，実際の場面で多く存在します．例えば，
サイコロの出目は 1 から 6 の整数（離散的）で 6 種類あります．確率変数 x が離散的で
多値の場合の確率分布を表現するのが，**カテゴリカル分布** (categorical distribution)
です．確率変数 x が $\{1, 2, \ldots, K\}$ の K 種類の値をとるとすると，カテゴリカル分
布は

$$P(x = k) = \lambda_k, \quad (k = 1, 2, \ldots, K)$$

$$(6.10)$$

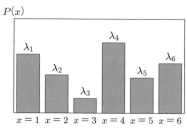

図 6.7　カテゴリカル分布

と書けます（図 6.7）．例えば，$x = 2$ という
値をとる確率が λ_2 という具合です．カテゴ
リカル分布を定めるためのパラメタは K 個
あり，$\lambda_k, (k = 1, 2, \ldots, K)$ そのものです．
よって，λ_k は $\lambda_k \in [0, 1]$ の範囲の連続変数
で，カテゴリカル分布は確率分布ですから，
当然パラメタ λ_k は

$$\sum_{k=1}^{K} \lambda_k = 1$$

を満たす必要があります．

　式 (6.10) も，ベルヌーイ分布と同様に条件式なので，計算に用いる場合には場合分
けしなくてはならず，扱いが面倒です．そこで，以下のような数学のトリックを使っ
て表現します．

　まず，次元数 K のベクトル $\boldsymbol{e}_k$ を考えます．このベクトルは，ベクトルの k 番目の
要素だけ 1 で，それ以外はすべて 0 の値をもちます．例えば，

$$\boldsymbol{e}_4 = \begin{pmatrix} 0 & 0 & 0 & \underset{\underset{4\,番目}{\uparrow}}{1} & 0 & \cdots & 0 \end{pmatrix}$$

のようなベクトルです．この考え方を用いると，確率変数 x は K 種類なので，ある確
率変数を表すベクトル $\boldsymbol{x}_k$ として表現することができます．例えば，$x = 3$ という確率
変数を表すには，K 次元のベクトル $\boldsymbol{x}_3$ を用意して，その 3 番目の要素のみ 1 にし

$$\boldsymbol{x}_3 = \begin{pmatrix} 0 & 0 & 1 & 0 & 0 & \cdots & x_j & \cdots & 0 \end{pmatrix}$$

と書くことにします．これを用いると，カテゴリカル分布の式 (6.10) は，

$$P(x = k) = P(\boldsymbol{x} = \boldsymbol{e}_k) = \prod_{j=1}^{K} \lambda_j^{x_j} = \lambda_k \tag{6.11}$$

と書けます．以降，式 (6.11) を

$$P(x) = \mathbf{Cat}_x[\boldsymbol{\lambda}], \quad \text{ただし } \boldsymbol{\lambda} = (\lambda_1, \lambda_2, \ldots, \lambda_K) \text{ の } K \text{ 次元パラメタ}$$

や

$$P(x) = \mathbf{Cat}_x[\lambda_{1 \cdots K}] \tag{6.12}$$

と表記することにします．

　カテゴリカル分布のパラメタ $\boldsymbol{\lambda}$ を 1 通り決めれば，分布が確定しますが，ベルヌー
イ分布のときと同様，これも確率分布として取り扱います．

カテゴリカル分布のパラメタ $\boldsymbol{\lambda}$ を確率変数としてとるような分布で，K 個の変数をとり，それら変数の各値域が $[0,1]$ の実数で，かつ各変数の総和が 1 になるような分布として，上に示したとおり，**ディリクレ分布** (Dirichlet distribution) があります．

ディリクレ分布は

$$p(\boldsymbol{\lambda}) = p(\lambda_1, \lambda_2, \ldots, \lambda_K) = \frac{\Gamma[\sum_{k=1}^{K} \alpha_k]}{\prod_{k=1}^{K} \Gamma[\alpha_k]} \cdot \prod_{k=1}^{K} \lambda_k^{\alpha_k - 1} \tag{6.13}$$

ただし，$\alpha_k > 0$ の実数

と定義されます．ディリクレ分布は $(\alpha_1, \alpha_2, \ldots, \alpha_K)$ の K 個のパラメタで定まる分布です．α_k は正の実数であることのみが条件です．

ディリクレ分布も，以降

$$p(\lambda_1, \lambda_2, \ldots, \lambda_K) = \mathbf{Dir}_{\lambda_1, \lambda_2, \ldots, \lambda_K}[\alpha_1, \alpha_2, \ldots, \alpha_K] \tag{6.14}$$

や

$$p(\lambda_1, \lambda_2, \ldots, \lambda_K) = \mathbf{Dir}_{\lambda_{1 \cdots K}}[\alpha_{1 \cdots K}]$$
$$= \mathbf{Dir}_{\lambda}[\alpha], \quad \text{ただし } \boldsymbol{\alpha} = (\alpha_1, \alpha_2, \ldots, \alpha_K) \text{ の } K \text{ 次元パラメタ} \tag{6.15}$$

と表記することにします．

もう気がついているかと思いますが，$K = 2$ のカテゴリカル分布はベルヌーイ分布ですので，$K = 2$ のディリクレ分布はベータ分布になります．ディリクレ分布の変数要素 λ_k の期待値 $E(\lambda_k)$ は $E(\lambda_k) = \alpha_k / \sum_{k=1}^{K} \alpha_k$ になり，これもベータ分布の一般型になっています．

ディリクレ分布は多次元なので表現しにくいのですが，$K = 3$ の場合を図 6.8 に

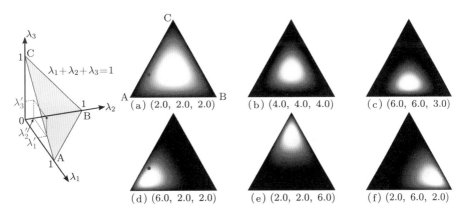

図 6.8 ディリクレ分布．$(2.0,2.0,2.0)$ などは $(\alpha_1, \alpha_2, \alpha_3)$ の値を表す．

示します Program ．確率変数 λ_k の総和は 1 なので，ディリクレ分布の変数は，平面 $\lambda_1 + \lambda_2 + \lambda_3 = 1$ の上に乗っています．かつ，λ_k の範囲は $[0, 1]$ なので，ディリクレ分布は図の左に示すような三角形の領域に存在が限定されます．この領域をヒートマップで示したのが図の右側で，黒いほど分布値は小さく，白いほど値が大きいことを示しています．$K = 3$ なので，ディリクレ分布を定めるパラメタは $\alpha_1, \alpha_2, \alpha_3$ の三つで，それらを変えるとさまざまな位置にピークをもつような分布が作れます．例えば，図中（d）の分布は，λ_1 が 1 に近く，λ_2, λ_3 が 0 に近い位置に確率のピークをもつような分布です（左の 3 次元の図と照らし合わせて見てください）．この分布を決めるパラメタは $(6.0, 2.0, 2.0)$ と α_1 のみ大きな値をもたせています．また，図中（a）と（b）とを比較すると，α_k の値が大きいほど，ディリクレ分布は狭い分布になることもわかると思います．

　例えば，$\boldsymbol{\alpha} = (4.5, 3.0, 1.5)$ で定義されるディリクレ分布を図 6.9 に示します．この分布はカテゴリカル分布の事前分布になっていて，どのようなカテゴリカル分布が生じやすいかを示しています．この図のディリクレ分布の最も確率密度が高い点 MP (maximum of the prior distribution) での $\boldsymbol{\lambda}$ が定義するカテゴリカル分布と，それよりは生じにくい二つの点（分布 1, 2）での $\boldsymbol{\lambda}$ が定義するカテゴリカル分布を図右下に示します．また，この三つの点でのディリクレ分布の確率密度値 $p(\boldsymbol{\lambda}|\boldsymbol{\alpha})$ を図右上に示します．これを見ると，赤で示したカテゴリカル分布（MP）が最も生じやすいのですが，その1/3 程度の確率密度で青で示したカテゴリカル分布（分布 1）も生じる可能性があることを示しています．ディリクレ分布のヒートマップの明るい部分が広いことからもわかるように，パラメタ $\boldsymbol{\lambda}$ の分布を絞りきれていない状況，すなわち，パターン x の分布が絞りきれていない状況であることを示しています．

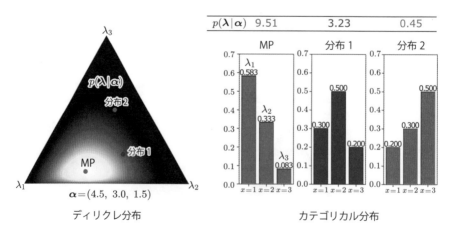

図 6.9　カテゴリカル分布とディリクレ分布の関係

6-3-3 一変量正規分布と正規逆ガンマ分布

一変量正規分布は既に登場していますね．平均 μ と分散 σ^2 の 2 個のパラメタで定義される分布で，

$$p(x) = \frac{1}{\sqrt{2\pi}\,\sigma} \exp\left\{-\frac{(x-\mu)^2}{2\sigma^2}\right\} \tag{6.16}$$

で表されます．この分布も，以降

$$p(x) = \mathbf{Norm}_x[\mu, \sigma^2] \tag{6.17}$$

と表記します．

この正規分布を定めるパラメタ μ, σ^2 は実数で，$\mu \in [-\infty, \infty]$, $\sigma^2 \in (0, \infty]$ の範囲をとります．このような二つの値を分布の変数とするような分布が，**正規逆ガンマ分布** (normal-scaled inverse gamma distribution) です．この分布は以下のように定義されます．

$$p(\mu, \sigma^2) = \frac{\sqrt{\gamma}}{\sqrt{2\pi}\,\sigma} \frac{\beta^\alpha}{\Gamma[\alpha]} \left(\frac{1}{\sigma^2}\right)^{\alpha+1} \exp\left\{-\frac{2\beta + \gamma(\delta-\mu)^2}{2\sigma^2}\right\} \tag{6.18}$$

$$\text{ただし，} \alpha, \beta, \gamma > 0, \delta \in [-\infty, \infty] \text{ の実数}$$

この分布は四つのパラメタ α, β, γ, δ から定まります．正規逆ガンマ分布も，以降

$$p(\mu, \sigma^2) = \mathbf{NormInvGam}_{\mu,\sigma^2}[\alpha, \beta, \gamma, \delta] \tag{6.19}$$

と表記することにします．

実際に正規逆ガンマ分布をさまざまなパラメタで書いてみると，図 6.10 のようになります．図中（a）は平均 $\mu = 0$，分散 $\sigma^2 = 0.4$ 辺りで分布がピークをもっていますので，最も確からしいのは分布 $\mathbf{Norm}_x[0.0, 0.4]$ という分布ですが，それを少し変形した分布の可能性もあるということを示しています．図（b）～（e）のように，各パラメタを変化させると分布がどのように変化するか確認しておいてください ![Program]．

さてここで，正規逆ガンマ分布にあるパラメタ $(\alpha, \beta, \gamma, \delta)$ を与えると，図 6.11（a）のようになったとしましょう．この分布で最も確率密度が高いのは赤点で示した μ, σ^2 のときで，それを $\boldsymbol{\theta}_1 = (\mu_1, \sigma_1^2)$ とおき，$\boldsymbol{\theta}_1$ が表す正規分布（x の確率密度）$p(x|\boldsymbol{\theta}_1)$ を描いたのが図（b）の赤線で示した分布です．パターン x の生起確率分布として最も可能性が高いのがこの分布ということです．また，可能性としてはこれよりは低いですが，図（a）中の青い点で示すいくつかの μ, σ^2 についても，それらが表す x の確率密度を図（b）に示します．このように，事前分布は，パターン x がどのような分布から生じている可能性が高いのかを表しています．

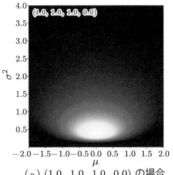

（a）(1.0, 1.0, 1.0, 0.0) の場合

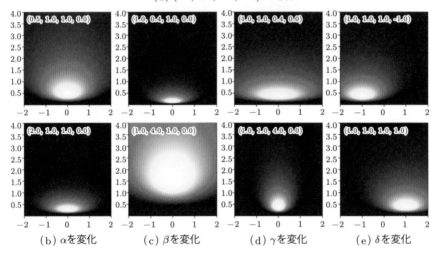

（b）αを変化　　　（c）βを変化　　　（d）γを変化　　　（e）δを変化

図 6.10　正規逆ガンマ分布

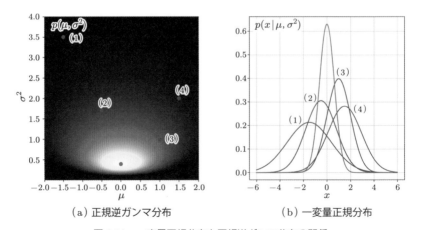

（a）正規逆ガンマ分布　　　　　　（b）一変量正規分布

図 6.11　一変量正規分布と正規逆ガンマ分布の関係

6-3-4 多変量正規分布と正規逆ウィシャート分布

　多変量正規分布も既に登場していますね. 平均ベクトル $\boldsymbol{\mu}$ と分散共分散行列 $\boldsymbol{\Sigma}$ がパラメタです. 分散共分散行列は対称行列なので, 次元数を d とすると, 平均ベクトルのパラメタ d 個, 分散共分散行列のパラメタ $d(d+1)/2$ 個で定義される分布でした. 式で表すと以下のように定義されます.

$$p(\mathbf{x}) = \frac{1}{(2\pi)^{d/2}|\boldsymbol{\Sigma}|^{1/2}} \exp\left\{-\frac{(\mathbf{x}-\boldsymbol{\mu})^t\boldsymbol{\Sigma}^{-1}(\mathbf{x}-\boldsymbol{\mu})}{2}\right\} \tag{6.20}$$

この分布も, 以降

$$p(\mathbf{x}) = \mathbf{Norm}_{\mathbf{x}}[\boldsymbol{\mu}, \boldsymbol{\Sigma}] \tag{6.21}$$

と表記します.

　この正規分布を定めるパラメタ $\boldsymbol{\mu}, \boldsymbol{\Sigma}$ の各要素は実数です. $\boldsymbol{\Sigma}$ は対称行列で正定値性を満たす必要があります. 正定値性とは,

$$\mathbf{z}^t\boldsymbol{\Sigma}\mathbf{z} > 0, \quad \forall\mathbf{z} \tag{6.22}$$

を満たすことです.

　このような平均ベクトルと分散共分散行列を分布の変数とするような分布が**正規逆ウィシャート分布** (normal inverse Wishart distribution) です. この分布は以下のように定義されます (Tr はトレースです).

$$p(\boldsymbol{\mu}, \boldsymbol{\Sigma}) = \frac{\gamma^{d/2}|\boldsymbol{\Psi}|^{\alpha/2}\exp[-0.5\{\mathrm{Tr}[\boldsymbol{\Psi}\boldsymbol{\Sigma}^{-1}]+\gamma(\boldsymbol{\mu}-\boldsymbol{\delta})^t\boldsymbol{\Sigma}^{-1}(\boldsymbol{\mu}-\boldsymbol{\delta})\}]}{2^{\alpha d/2}(2\pi)^{d/2}|\boldsymbol{\Sigma}|^{(\alpha+d+2)/2}\Gamma_d[\alpha/2]} \tag{6.23}$$

この分布は四つのパラメタ $\alpha, \boldsymbol{\Psi}, \gamma, \boldsymbol{\delta}$ から定まります. $\boldsymbol{\Psi}$ は $d \times d$ 行列, $\boldsymbol{\delta}$ は d 次元ベクトルです. また, Γ_d は**多変量ガンマ関数** (multi-variate gamma distribution) で,

$$\Gamma_d[a] = \pi^{d(d-1)/4}\prod_{j=1}^{d}\Gamma\left[a - \frac{1}{2}(j-1)\right]$$

で与えられます. 正規逆ウィシャート分布も, 以降

$$p(\boldsymbol{\mu}, \boldsymbol{\Sigma}) = \mathbf{NormInvWis}_{\boldsymbol{\mu},\boldsymbol{\Sigma}}[\alpha, \boldsymbol{\Psi}, \gamma, \boldsymbol{\delta}] \tag{6.24}$$

と表記することにします.

　実際に正規逆ウィシャート分布を描いてみたいのですが, ベクトルと行列を出力とするような分布を描くことは不可能です. そこで, パラメタを1セット決めて, 分布を定めたあと, その確率分布に従っていくつかサンプルを生成します. 生成されたサンプルはある平均ベクトル $\boldsymbol{\mu}$ と分散共分散行列 $\boldsymbol{\Sigma}$ ですので, それを用いて分布を描画します. 1種類の正規逆ウィシャート分布からいくつかのサンプルをサンプリングして, その出力から正規分布を描画したのが, 図 6.12 です. 図中 (a) は, そこに書い

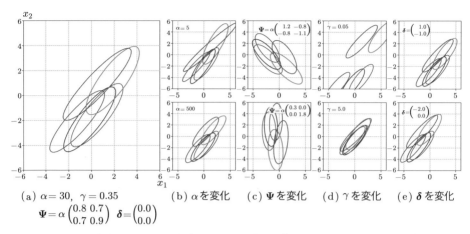

図 6.12 正規逆ウィシャート分布に従いサンプリングされた値 (μ, Σ) が表す正規分布

てあるパラメタで定まる正規逆ウィシャート分布に従ってサンプリングした分布の出力を，正規分布の形で描画したものです．図中（b）のように α を変化させると，平均は動きませんが分布の形が変化しやすくなります．（c）のように行列 Ψ を変化させると，分布の形が変わります．（d）のように γ を変えると，平均の位置のばらつきが大きくなります．（e）のように δ を変えると，平均の位置が変わります Program ．

6-3-5 　尤度分布と共役事前分布の積

　この節の最初に，パターン認識でよく用いられる尤度分布を四つ紹介し，それらの分布の共役事前分布をここまで説明してきました．最初に説明したとおり，これらの分布の積は共役事前分布と同じ形式の分布になるかを確かめておきましょう．

　ここでは例としてベルヌーイ分布を取り上げます．ベルヌーイ分布の共役事前分布はベータ分布でした．では，これらの分布の積を計算してみます．

　尤度分布はベルヌーイ分布 $\mathbf{Bern}_x[\lambda]$ で，分布パラメタ λ を決めると分布が定まります．その分布にパターン x を入力すると確率が求められるわけです．このパラメタ λ を確率変数とした分布がベータ分布 $\mathbf{Beta}_\lambda[\alpha, \beta]$ で，この分布はパラメタ α, β によって定まりました．よって，

$$P(x|\lambda) = \mathbf{Bern}_x[\lambda]$$

$$p(\lambda|\alpha, \beta) = \mathbf{Beta}_\lambda[\alpha, \beta]$$

と書けるわけです．これらの積を計算すると，

$$P(x|\lambda)p(\lambda|\alpha, \beta) = \mathbf{Bern}_x[\lambda] \ \mathbf{Beta}_\lambda[\alpha, \beta] \tag{6.25}$$

で，左辺は，α, β を定数と考えれば，ベイズの定理の右辺に出てくる形ですね．実際に計算してみましょう．

$$\mathbf{Bern}_x[\lambda]\,\mathbf{Beta}_\lambda[\alpha,\beta] = \lambda^x(1-\lambda)^{1-x}\,\frac{\Gamma(\alpha+\beta)}{\Gamma(\alpha)\Gamma(\beta)}\,\lambda^{\alpha-1}(1-\lambda)^{\beta-1}$$

$$= \frac{\Gamma(\alpha+\beta)}{\Gamma(\alpha)\Gamma(\beta)}\,\lambda^{x+\alpha-1}(1-\lambda)^{1-x+\beta-1}$$

$$= \frac{\Gamma(\alpha+\beta)}{\Gamma(\alpha)\Gamma(\beta)}\,\frac{\Gamma(x+\alpha)\Gamma(1-x+\beta)}{\Gamma(x+\alpha+1-x+\beta)}\,\mathbf{Beta}_\lambda[x+\alpha,1-x+\beta]$$

$$= \kappa(x,\alpha,\beta)\mathbf{Beta}_\lambda[\tilde{\alpha},\tilde{\beta}]$$

係数はついていますが，確かにベータ分布になりました．

ほかの共役事前分布も同様に，係数 κ はつきますが，同じ形式の分布になります．詳細は 6-7 節【補足】で示します．

係数がついてしまうのが問題のように見えますが，実は関係ありません．尤度モデルのパラメタ θ に関するベイズの定理は，式 (6.3)，(6.4) のように表せました．ベイズの定理に上式の関係を代入してみると，

$$p(\lambda|x) = \frac{P(x|\lambda)p(\lambda)}{P(x)} = \frac{\mathbf{Bern}_x[\lambda]\,\mathbf{Beta}_\lambda[\alpha,\beta]}{P(x)}$$

$$= \frac{\kappa(x,\alpha,\beta)\,\mathbf{Beta}_\lambda[\tilde{\alpha},\tilde{\beta}]}{P(x)} = \frac{\kappa(x,\alpha,\beta)}{P(x)}\,\mathbf{Beta}_\lambda[\tilde{\alpha},\tilde{\beta}]$$

$$= \mathbf{Beta}_\lambda[\tilde{\alpha},\tilde{\beta}]$$

となり，定数 κ は証拠 $P(x)$ と打ち消しあって消えます．その理由を説明します．この式の右辺はベータ分布です．左辺 $p(\lambda|x)$ も確率分布ですから，それぞれすべての λ の範囲で積分すると当然 1 になります．左辺と右辺は等式で結ばれていますので，そこに $\kappa(x,\alpha,\beta)/P(x)$ のような係数が入ってはならないのです．

このように，事前分布に共役な分布を選択すると，ベイズの定理は非常に簡素化され便利です．

また，今打ち消しあった $\kappa(x,\alpha,\beta)$ と $P(x)$ が等しいという関係も重要です．分母の $P(x)$ は証拠でした．これは，確率変数が連続のときは，式 (6.2) で示したように

$$p(x) = \int p(x|\theta)p(\theta)\,d\theta$$

と書けました．この積分はある分布 $p(x|\theta)$ と共役な分布 $p(\theta)$ の積を積分したもので，これが上の結果から，ある定数 κ と等しいことがわかったので，

$$\kappa = p(x) = \int [x\,の\,\theta\,に関する尤度分布]\cdot[\theta\,の共役事前分布]\,d\theta$$

のようになります．すなわち，ある分布とその分布の共役分布の積を計算したときに
生じる定数 κ は，二つの分布の積を積分した結果になります．この積分は，x と θ で
表現されている式から θ を消去しており，これを**周辺化**といいます．この本ではこれ
以上深く説明しませんが，周辺化は多次元分布を扱う際にはよく用いられる計算です．
この周辺化の計算も共役分布を用いると，とても簡単になります．

6-4 // モデルパラメタの推定と未知パターンの認識

では，実際に学習データが与えられたときに，モデルパラメタ $\boldsymbol{\theta}$ を推定してみましょ
う．ここでは，前章で扱った最尤推定法も含め，MAP 推定やベイズ推定でモデルパ
ラメタを推定し，未知パターンの認識まで行ってみます．認識までを扱うので，クラ
ス $\omega_c, (c = 1, 2, \ldots, C)$ という表記も含めて話を進めていきます．ここではクラス ω_c
の学習データ $D_c = \{\mathbf{x}_1^{(c)}, \mathbf{x}_2^{(c)}, \ldots, \mathbf{x}_N^{(c)}\}$ が与えられたとして，モデルパラメタ $\boldsymbol{\theta}_c$ を
推定してみましょう．

6-4-1 モデルパラメタ θ の最尤推定

最尤推定では，前章で説明したようにモデルのパラメタを

$$\hat{\boldsymbol{\theta}}_c = \underset{\boldsymbol{\theta}_c}{\operatorname{argmax}}[p(D_c|\boldsymbol{\theta}_c)]$$

$D_c = \{\mathbf{x}_1^{(c)}, \mathbf{x}_2^{(c)}, \ldots, \mathbf{x}_N^{(c)}\}$ は独立事象とすれば

$$= \underset{\boldsymbol{\theta}_c}{\operatorname{argmax}} \left[\prod_{n=1}^{N_c} p(\mathbf{x}_n^{(c)}|\boldsymbol{\theta}_c) \right] \tag{6.26}$$

として推定しました．つまり，さまざまな $\boldsymbol{\theta}_c$ の中で，与えられた学習データ D_c に関
する $\boldsymbol{\theta}_c$ の尤度が最も高くなるような $\boldsymbol{\theta}_c$ を推定結果とする方法でした．

●認識処理

各クラス ω_c ごとに推定したパラメタ $\hat{\boldsymbol{\theta}}_c$ を用いて未知パターン $\mathbf{x}^*$ を認識するには，

$$\hat{\omega} = \underset{\omega_c}{\operatorname{argmax}}[p(\mathbf{x}^*|\omega_c)] \quad \left(= \underset{\omega_c}{\operatorname{argmax}}[p(\mathbf{x}^*|\omega_c, \hat{\boldsymbol{\theta}}_c)] \right) \tag{6.27}$$

$$\Longrightarrow \mathbf{x}^* \in \hat{\omega}$$

のようにするのでしたね．

6-4-2　モデルパラメタ θ の MAP 推定

MAP 推定では，ベイズの定理を用いて，モデルパラメタの事後確率 $p(\boldsymbol{\theta}_c|D_c)$ が最大になるよう

$$\hat{\boldsymbol{\theta}}_c = \underset{\boldsymbol{\theta}_c}{\operatorname{argmax}}[p(\boldsymbol{\theta}_c|D_c)] = \underset{\boldsymbol{\theta}_c}{\operatorname{argmax}}\left[\frac{p(D_c|\boldsymbol{\theta}_c)p(\boldsymbol{\theta}_c)}{p(D_c)}\right]$$

のように推定します．最尤推定のときと同様，学習データ $D_c = \{\mathbf{x}_1^{(c)}, \mathbf{x}_2^{(c)}, \ldots, \mathbf{x}_N^{(c)}\}$ は独立事象と考えると，この式の尤度 $p(D_c|\boldsymbol{\theta}_c)$ は，さらに

$$\hat{\boldsymbol{\theta}}_c = \underset{\boldsymbol{\theta}_c}{\operatorname{argmax}}\left[\frac{p(D_c|\boldsymbol{\theta}_c)p(\boldsymbol{\theta}_c)}{p(D_c)}\right] = \underset{\boldsymbol{\theta}_c}{\operatorname{argmax}}\left[\frac{\prod_{n=1}^{N_c} p(\mathbf{x}_n^{(c)}|\boldsymbol{\theta}_c)p(\boldsymbol{\theta}_c)}{p(D_c)}\right] \tag{6.28}$$

と書き直すことができます．今，この式の分母には $\boldsymbol{\theta}_c$ は入っていないので，大小関係には無関係ですから，

$$\hat{\boldsymbol{\theta}}_c = \underset{\boldsymbol{\theta}_c}{\operatorname{argmax}}\left[\prod_{n=1}^{N_c} p(\mathbf{x}_n^{(c)}|\boldsymbol{\theta}_c)p(\boldsymbol{\theta}_c)\right] \tag{6.29}$$

と書くことができます．

●認識処理

各クラス ω_c ごとに推定したパラメタ $\hat{\boldsymbol{\theta}}_c$ を用いて未知パターン $\mathbf{x}^*$ を認識する方法は，最尤推定のときと同じで，

$$\hat{\omega} = \underset{\omega_c}{\operatorname{argmax}}[p(\mathbf{x}^*|\omega_c)] \quad \left(= \underset{\omega_c}{\operatorname{argmax}}[p(\mathbf{x}^*|\omega_c, \hat{\boldsymbol{\theta}}_c)]\right) \tag{6.30}$$

$$\Longrightarrow \mathbf{x}^* \in \hat{\omega}$$

のようにすればよいのです．ただし，もちろん，用いる分布パラメタ $\hat{\boldsymbol{\theta}}_c$ は MAP 基準で推定したものに変えます．

6-4-3　モデルパラメタの確率分布 $p(\theta)$ を用いるベイズ推定

ベイズ推定の考え方は，最尤推定や MAP 推定とは大きく異なります．最尤推定や MAP 推定では，クラスごとにモデルパラメタ $\boldsymbol{\theta}_c$ をただ一つの値 $\hat{\boldsymbol{\theta}}_c$ として求め，その $\hat{\boldsymbol{\theta}}_c$ のみを用いて認識処理を行いました．しかし，なぜ，ほかの可能性も存在するとわかっている $\boldsymbol{\theta}_c$ の値を，最大値という尺度のもと一つに限定する必要があるのでしょうか．ベイズ推定では，この可能性のある $\boldsymbol{\theta}_c$ をすべて用います．よって，パラメタの推定結果は値ではなく，$\boldsymbol{\theta}_c$ の確率分布になります．この $\boldsymbol{\theta}_c$ の確率分布は事後分布そのものです．そのため，ベイズの定理に従い，

$$p(\boldsymbol{\theta}_c|D_c) = \frac{p(D_c|\boldsymbol{\theta}_c)p(\boldsymbol{\theta}_c)}{p(D_c)} = \frac{\prod_{n=1}^{N_c} p(\mathbf{x}_n^{(c)}|\boldsymbol{\theta}_c)p(\boldsymbol{\theta}_c)}{p(D_c)} \tag{6.31}$$

のようにして推定した事後分布 $p(\boldsymbol{\theta}_c|D_c)$ そのものがパラメタ $\boldsymbol{\theta}_c$ の推定結果になります.

●認識処理

　認識処理も,最尤推定や MAP 推定とは大きく異なります.可能性のあるすべての $\boldsymbol{\theta}_c$ を用いて未知パターン $\mathbf{x}^*$ を評価します.あるパラメタ $\boldsymbol{\theta}_c$ が生じる可能性を表すのが事後分布 $p(\boldsymbol{\theta}_c|D_c)$ でしたので,未知パターン $\mathbf{x}^*$ に対して

$$p(\mathbf{x}^*|D_c) = \int p(\mathbf{x}^*|\boldsymbol{\theta}_c)p(\boldsymbol{\theta}_c|D_c)\,d\boldsymbol{\theta}_c \tag{6.32}$$

を計算します.この式はパラメタ $\boldsymbol{\theta}_c$ が生じる事後確率 $p(\boldsymbol{\theta}_c|D_c)$ で,パラメタが $\boldsymbol{\theta}_c$ だったときに $\mathbf{x}^*$ が観測される確率 $p(\mathbf{x}^*|\boldsymbol{\theta}_c)$ を重み付けして,それをすべての $\boldsymbol{\theta}_c$ について積分しています.この式は $\boldsymbol{\theta}_c$ に関して**周辺化**を行っていることになり,$\boldsymbol{\theta}_c$ が消えて $p(\mathbf{x}^*|D_c)$ が求められるわけです.ベイズ推定ではこのように $\boldsymbol{\theta}_c$ に関する積分が必要となるので,計算量が増加するのはもちろん,分布の形によってはこの積分が解析的に行えない可能性もあります.しかし最近,この積分を数値的に実現する手法が提案され,ベイズ推定はさまざまな場面で実用化されることになりました.

　各クラス ω_c ごとに式 (6.31) で推定される $p(\boldsymbol{\theta}_c|D_c)$ は異なるので,それらから,式 (6.32) に従って推定した $p(\mathbf{x}^*|D_c)$ もクラスの数だけ求められます.最終的に,未知パターン $\mathbf{x}^*$ の認識は,

$$\hat{\omega} = \underset{\omega_c}{\mathrm{argmax}}\big[p(\mathbf{x}^*|D_c)\big] \implies \mathbf{x}^* \in \hat{\omega} \tag{6.33}$$

のようにすればよいことになります.

　ここまで,クラス依存確率密度分布のパラメタ推定と認識処理について 3 種類の方法を説明してきましたが,ちょっと複雑なので,それらを図 6.13 にまとめておきましょう.

　ポイント 1.　最尤推定と MAP 推定は,ただ一つのパラメタ $\hat{\boldsymbol{\theta}}_c$ を推定します.よって,認識処理は同じになります.

　ポイント 2.　MAP 推定とベイズ推定では,パラメタ $\hat{\boldsymbol{\theta}}_c$ の事前分布 $p(\boldsymbol{\theta}_c)$ を用いて事後確率分布 $p(\boldsymbol{\theta}_c|D_c)$ を算出しますが,その最大値を用いるか分布全体を用いるかが異なります.

　ポイント 3.　ベイズ推定は,事後確率分布 $p(\boldsymbol{\theta}_c|D_c)$ 全体を用いて認識処理を行います.

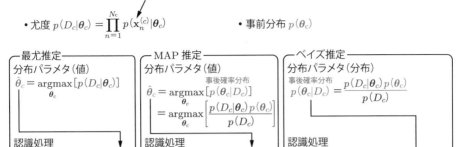

- 学習データ $D_c = \{\mathbf{x}_1^{(c)}, \mathbf{x}_2^{(c)}, ..., \mathbf{x}_{N_c}^{(c)}\}, \quad (c = 1, 2, ..., C)$

- 尤度 $p(D_c|\boldsymbol{\theta}_c) = \prod_{n=1}^{N_c} p(\mathbf{x}_n^{(c)}|\boldsymbol{\theta}_c)$　　　　・事前分布 $p(\boldsymbol{\theta}_c)$

最尤推定

分布パラメタ(値)

$\hat{\theta}_c = \underset{\boldsymbol{\theta}_c}{\operatorname{argmax}}\left[p(D_c|\boldsymbol{\theta}_c)\right]$

認識処理

$\hat{\omega} = \underset{\omega_c}{\operatorname{argmax}}\left[p(\mathbf{x}^*|\omega_c, \hat{\theta}_c)\right]$

MAP 推定

分布パラメタ(値)

$\hat{\theta}_c = \underset{\boldsymbol{\theta}_c}{\operatorname{argmax}}\left[p(\boldsymbol{\theta}_c|D_c)\right]$

事後確率分布

$= \underset{\boldsymbol{\theta}_c}{\operatorname{argmax}}\left[\dfrac{p(D_c|\boldsymbol{\theta}_c)\,p(\boldsymbol{\theta}_c)}{p(D_c)}\right]$

認識処理

$\hat{\omega} = \underset{\omega_c}{\operatorname{argmax}}\left[p(\mathbf{x}^*|\omega_c, \hat{\theta}_c)\right]$

ベイズ推定

分布パラメタ(分布)

事後確率分布 $p(\boldsymbol{\theta}_c|D_c) = \dfrac{p(D_c|\boldsymbol{\theta}_c)\,p(\boldsymbol{\theta}_c)}{p(D_c)}$

認識処理

$\hat{\omega} = \underset{\omega_c}{\operatorname{argmax}}\left[p(\mathbf{x}^*|D_c)\right]$

$= \underset{\omega_c}{\operatorname{argmax}}\left[\int p(\mathbf{x}^*|\boldsymbol{\theta}_c)\,p(\boldsymbol{\theta}_c|D_c)d\boldsymbol{\theta}_c\right]$

周辺化

図 6.13 最尤推定，MAP 推定，ベイズ推定のまとめ

　話が複雑になるので今まで説明してきませんでしたが，ここでの認識処理というのは，クラス ω に対しての最尤推定です．当然，前章までのようにクラス ω に対する事前確率 $P(\omega)$ を用いれば，MAP 推定も可能です．

6-4-4　ベイズ推定と最尤推定，MAP 推定の関係

　式 (6.32) において，パラメタ $\boldsymbol{\theta}_c$ の事後分布 $p(\boldsymbol{\theta}_c|D_c)$ を，パラメタ $\boldsymbol{\theta}_c$ が $\hat{\boldsymbol{\theta}}_c$ に等しいときのみ値をもち，それ以外のときは 0 となるようなデルタ関数

$$\delta(\boldsymbol{\theta}_c - \hat{\boldsymbol{\theta}}_c)$$

におき直すと，

$$p(\mathbf{x}^*|D_c) = \int p(\mathbf{x}^*|\boldsymbol{\theta}_c)\delta(\boldsymbol{\theta}_c - \hat{\boldsymbol{\theta}}_c)\,d\boldsymbol{\theta}_c$$

$$= p(\mathbf{x}^*|\hat{\boldsymbol{\theta}}_c)$$

と書くことができ，最尤推定や MAP 推定の結果と同じになります．よって，最尤推定や MAP 推定は，ベイズ推定の特殊な場合と考えることができます．

　次節からは，実際にカテゴリカル分布と一変量正規分布を例にして，これらの3種類の推定を行ってみましょう．

6-5 　【例題 1】カテゴリカル分布

　K 種類の離散的な確率変数をとり得るパターンの場合，その分布は次式のようなカテゴリカル分布で表されました.

$$P(x = k) = P(\mathbf{x} = \mathbf{e}_k) = \prod_{j=1}^{K} \lambda_j^{x_j} = \lambda_k$$

カテゴリカル分布は図 6.14 のように，カテゴリの数と等しい数のパラメタ λ_k によって定義されます. パターン x_n が離散的でカテゴリカル

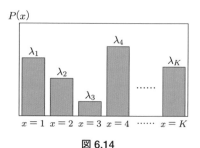

図 6.14

分布で表現できるような場合について，最尤推定，MAP 推定，ベイズ推定を比較してみましょう. 以下 6-5-1〜 6-5-3 項の説明の内容は，実際にプログラムで実行して確かめることができます. 理解の助けにしてください Program .

6-5-1 　最尤推定（カテゴリカル分布）

　最尤推定では，モデルパラメタの推定値 $\hat{\boldsymbol{\theta}}$ を

$$\hat{\boldsymbol{\theta}} = \operatorname*{argmax}_{\boldsymbol{\theta}}\big[P(D|\boldsymbol{\theta})\big] = \operatorname*{argmax}_{\theta}\left[\prod_{n=1}^{N} P(x_n|\boldsymbol{\theta})\right] \tag{6.34}$$

として求めました. 今，尤度 $P(x|\boldsymbol{\theta})$ をカテゴリカル分布としてモデル化するので，パラメタ $\boldsymbol{\theta}$ は $\boldsymbol{\theta} = (\lambda_1, \lambda_2, \ldots, \lambda_K)$ と書け，推定値は

$$\hat{\boldsymbol{\theta}} = (\hat{\lambda}_1, \hat{\lambda}_2, \ldots, \hat{\lambda}_K)$$

$$= \operatorname*{argmax}_{\lambda_{1 \cdots K}}\left[\prod_{n=1}^{N} P(x_n|\lambda_{1 \cdots K})\right] = \operatorname*{argmax}_{\lambda_{1 \cdots K}}\left[\prod_{n=1}^{N} \mathbf{Cat}_{x_n}[\lambda_{1 \cdots K}]\right]$$

$$= \operatorname*{argmax}_{\lambda_{1 \cdots K}}\left[\prod_{k=1}^{K} \lambda_k^{N_k}\right], \quad (N_k \text{ は，学習データ } D \text{ がカテゴリ } k \text{ をとる回数})$$

と書けます. この条件で

$$\hat{\boldsymbol{\theta}} = \operatorname*{argmax}_{\lambda_{1 \cdots K}}\left[\prod_{k=1}^{K} \lambda_k^{N_k}\right]$$

を最大にするパラメタ λ_k を推定しますが，ここで，尤度の対数をとって

$$\hat{\boldsymbol{\theta}} = \operatorname*{argmax}_{\lambda_{1 \cdots K}}\left[\ln \prod_{k=1}^{K} \lambda_k^{N_k}\right]$$

としても，ln は単調増加関数なので大小関係は変わりません．さらに，この式は

$$\hat{\boldsymbol{\theta}} = \operatorname*{argmax}_{\lambda_{1 \cdots K}} \left[\ln \prod_{k=1}^{K} \lambda_k^{N_k} \right] = \operatorname*{argmax}_{\lambda_{1 \cdots K}} \left[\sum_{k=1}^{K} \ln \lambda_k^{N_k} \right]$$

$$= \operatorname*{argmax}_{\lambda_{1 \cdots K}} \left[\sum_{k=1}^{K} N_k \ln \lambda_k \right]$$

と書き換えることができます．

ただし，λ_k には $\sum_{k=1}^{K} \lambda_k = 1$ という条件がつくので，ラグランジュの未定乗数法を用いて，

$$L = \sum_{k=1}^{K} N_k \ln \lambda_k - \nu \left(\sum_{k=1}^{K} \lambda_k - 1 \right)$$

を最大化します．このように，**ラグランジュの未定乗数法**では，右辺第 2 項には 0 にしたい条件を入れて ν というラグランジュの未定乗数を乗じて，元の式と結合します．

これを λ_k について偏微分して 0 とすると，

$$\frac{\partial}{\partial \lambda_k} L = \frac{N_k}{\lambda_k} - \nu = 0$$

$$\lambda_k = \frac{N_k}{\nu} \tag{6.35}$$

という関係が導けます．

この式を λ について周辺化する（λ_k について総和をとる）と，

$$\sum_{k=1}^{K} \lambda_k = \frac{1}{\nu} \sum_{k=1}^{K} N_k$$

となります．この総和は $\sum_{k=1}^{K} \lambda_k = 1$ なので，

$$1 = \frac{1}{\nu} \sum_{k=1}^{K} N_k$$

$$\nu = \sum_{k=1}^{K} N_k \tag{6.36}$$

という関係が導け，式 (6.36) を式 (6.35) に代入すると，

$$\hat{\lambda}_k = \frac{N_k}{\sum_{m=1}^{K} N_m} \tag{6.37}$$

のように最尤推定値が求められます．

この式の分子はクラス k に属しているパターンの個数なので，ヒストグラムを意味しています．それを確率に直すには，すべてのパターンの個数で割ればよいので，それが分母になっています．

4-4 節で説明したヒストグラムから確率分布を推定する方法は，みなさんもよく用いると思いますが，このように，ヒストグラムから求めた確率値は，最尤推定値だったわけです．

このようにクラス依存確率分布のパラメタ $\hat{\boldsymbol{\theta}} = (\hat{\lambda}_1, \hat{\lambda}_2, \ldots, \hat{\lambda}_K)$ が求められました．よって，未知パターン $\mathbf{x}^*$ に対して認識を行うときには，最尤推定を行うのであれば，各クラス ω_c に対して求められたクラス依存確率密度 $P(\mathbf{x}|\omega_c, \hat{\boldsymbol{\theta}}_c)$ への適合性を判断すればよく，

$$\hat{\omega} = \operatorname*{argmax}_{\omega_c} \left[P(\mathbf{x}^*|\omega_c) \right] = \operatorname*{argmax}_{\omega_c} \left[P(\mathbf{x}^*|\omega_c, \hat{\boldsymbol{\theta}}_c) \right]$$

のようにすればよいわけです．各クラスの事前確率 $P(\omega_c)$ がわかっていれば，今推定したクラス依存確率密度を用いて，MAP 推定でクラスを推定することもできます．

●最尤推定の計算例

今，カテゴリ数 $K = 3$ の学習データ D が，

$$D = \{x_1, x_2, \ldots, x_{10}\} = \{2, 1, 1, 1, 2, 2, 3, 3, 2, 2\}$$

のように与えられたとします．

この学習データがどのようなカテゴリカル分布に最も適合しているかを推定するのが最尤推定でした．さて，その候補として，図 6.15 のような二つのカテゴリカル分布 $P(x|\boldsymbol{\theta}_a)$, $P(x|\boldsymbol{\theta}_b)$ があったとします．それぞれの分布に対する尤度を求めてみましょう．分布パラメタ $\boldsymbol{\theta}_a$ によって定まるカテゴリカル分布に対する尤度 $l(\boldsymbol{\theta}_a)$ は，

$$l(\boldsymbol{\theta}_a) = \prod_{n=1}^{10} P(x_n|\boldsymbol{\theta}_a) = \lambda_2 \cdot \lambda_1 \cdot \lambda_1 \cdot \lambda_1 \cdot \lambda_2 \cdot \lambda_2 \cdot \lambda_3 \cdot \lambda_3 \cdot \lambda_2 \cdot \lambda_2$$

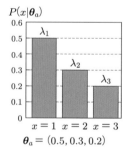
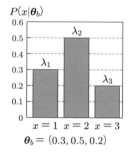

図 6.15 推定結果の候補

$$= 0.3 \cdot 0.5 \cdot 0.5 \cdot 0.5 \cdot 0.3 \cdot 0.3 \cdot 0.2 \cdot 0.2 \cdot 0.3 \cdot 0.3 = 0.00001215 = 1.215 \cdot 10^{-5}$$

と求められます.

一方,分布パラメタ $\boldsymbol{\theta}_b$ によって定まるカテゴリカル分布に対する尤度 $l(\boldsymbol{\theta}_b)$ は,

$$l(\boldsymbol{\theta}_b) = \prod_{n=1}^{10} P(x_n | \boldsymbol{\theta}_b) = \lambda_2 \cdot \lambda_1 \cdot \lambda_1 \cdot \lambda_1 \cdot \lambda_2 \cdot \lambda_2 \cdot \lambda_3 \cdot \lambda_3 \cdot \lambda_2 \cdot \lambda_2$$

$$= 0.5 \cdot 0.3 \cdot 0.3 \cdot 0.3 \cdot 0.5 \cdot 0.5 \cdot 0.2 \cdot 0.2 \cdot 0.5 \cdot 0.5 = 0.00003375 = 3.375 \cdot 10^{-5}$$

と求められ,$l(\boldsymbol{\theta}_a)$ より 3 倍程度大きいことがわかります.

この結果より,この学習データの分布としては,$\boldsymbol{\theta}_b$ で表されるカテゴリカル分布 $P(x|\boldsymbol{\theta}_b)$ のほうが尤もらしいことがわかりました.最尤推定では,図 6.16 に示すように,あらゆる分布パラメタ $\boldsymbol{\theta}$ の中からこの学習データ D に対する尤度が最大となる $\boldsymbol{\theta}$ を探索しますが,この場合は上述のように解析的に解けて,式 (6.37) によって最適分布パラメタを求めることができます.この式に基づいて分布パラメタを求めると,実は $\boldsymbol{\theta}_b$ になっています.

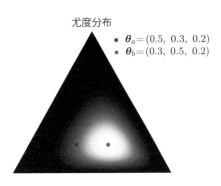

尤度分布

- $\boldsymbol{\theta}_a = (0.5,\ 0.3,\ 0.2)$
- $\boldsymbol{\theta}_b = (0.3,\ 0.5,\ 0.2)$

図 6.16

6-5-2 MAP 推定（カテゴリカル分布）

MAP 推定では,事後確率を最大化するパラメタを求めました.ベイズの定理の右辺分母は最大化とは関係なかったので省くと,次のように書けました.

$$\hat{\boldsymbol{\theta}} = (\hat{\lambda}_1, \hat{\lambda}_2, \ldots, \hat{\lambda}_K)$$

$$= \underset{\lambda_{1\cdots K}}{\mathrm{argmax}} \left[\prod_{n=1}^{N} P(x_n | \lambda_{1\cdots K}) p(\lambda_{1\cdots K}) \right]$$

尤度はカテゴリカル分布ですので,事前分布には共役分布であるディリクレ分布を用います.すると,

$$\hat{\boldsymbol{\theta}} = \underset{\lambda_{1\cdots K}}{\mathrm{argmax}} \left[\prod_{n=1}^{N} P(x_n | \lambda_{1\cdots K}) p(\lambda_{1\cdots K}) \right]$$

$$= \underset{\lambda_{1\cdots K}}{\mathrm{argmax}} \left[\prod_{n=1}^{N} \mathbf{Cat}_{x_n}[\lambda_{1\cdots K}] \mathbf{Dir}_{\lambda_{1\cdots K}}[\alpha_{1\cdots K}] \right]$$

Dir 分布には係数がつきますが,最大化とは関係ないので省くと

$$= \operatorname*{argmax}_{\lambda_{1\cdots K}} \left[\prod_{k=1}^{K} \lambda_k^{N_k} \prod_{k=1}^{K} \lambda_k^{\alpha_k - 1} \right]$$

$$= \operatorname*{argmax}_{\lambda_{1\cdots K}} \left[\prod_{k=1}^{K} \lambda_k^{N_k + \alpha_k - 1} \right] \tag{6.38}$$

と書けます．これを最大化するので，前項の最尤推定法のときと同じ方法で解くと，

$$\hat{\lambda}_k = \frac{N_k + \alpha_k - 1}{\sum_{m=1}^{K} (N_m + \alpha_m - 1)} \tag{6.39}$$

と求められます．これが MAP 推定の結果です．

　ちなみに，この結果で，すべての k に対して $\alpha_k = 1$ とすれば，事前分布（ディリクレ分布）は一様分布となり，その場合の MAP 推定値は

$$\hat{\lambda}_k = \frac{N_k}{\sum_{m=1}^{K} N_m}$$

のように，最尤推定と同じ結果になります．

　よって，MAP 推定では，ヒストグラムの事象 k の生じる階級に予め $\alpha_k - 1$ 個の値を入れておくという意味になります．

Let's try!　　　　　　　　　　　　　　　　　　　　　6-1

MAP 推定（カテゴリカル分布）

　式 (6.39) を実際に導いてみましょう．

　未知パターン $\mathbf{x}^*$ に対して認識を行うときには，最尤推定のときと同様，各クラス ω_c に対して式 (6.39) を用いて求めた分布パラメタ $\hat{\boldsymbol{\theta}} = (\hat{\lambda}_1, \hat{\lambda}_2, \ldots, \hat{\lambda}_K)$ で定まるクラス依存確率分布を用いればよく，最尤推定でクラスを識別するならば，

$$\hat{\omega} = \operatorname*{argmax}_{\omega_c} \left[P(\mathbf{x}^* | \omega_c) \right] = \operatorname*{argmax}_{\omega_c} \left[P(\mathbf{x}^* | \omega_c, \hat{\boldsymbol{\theta}}_c) \right]$$

のようにすればよいわけです．

● MAP 推定の計算例

　最尤推定のときと同じ p. 128 の例を用いて MAP 推定をしてみましょう．学習データ D は $(N_1, N_2, N_3) = (3, 5, 2)$ でした．よって，尤度分布の最尤推定パラメタは $\boldsymbol{\theta} = (3/10, 5/10, 2/10) \ (= \boldsymbol{\theta}_b)$ と求められました．

　ここで，事前分布としてディリクレ分布を用いて，その分布パラメタを $\boldsymbol{\alpha} = (2.0, 2.0, 2.0)$ とします．すると，事前分布は図 6.17（a）のようになります．この分布の最大点を

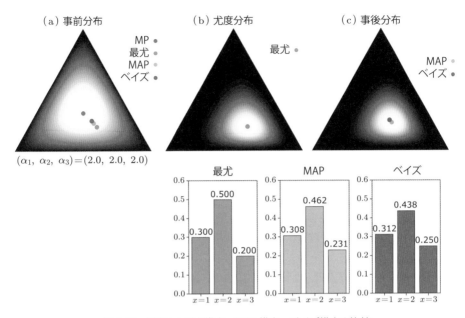

図 6.17 例題1：最尤推定，MAP 推定，ベイズ推定の比較

図中 MP (maximum of the prior distribution) で示します．

この分布に図 6.17（b）の尤度分布を乗じたものが，図 6.17（c）の事後分布です．この事後分布の最大値を求めるのが MAP 推定でした．実際には図から最大値を探す必要はなく，式 (6.39) に示したように解析的に解けます．実際に計算してみると，MAP 推定で求めたカテゴリカル分布の最適パラメタは，

$$\lambda_1 = \frac{3+1}{10+3} = 0.308$$

$$\lambda_2 = \frac{5+1}{10+3} = 0.462$$

$$\lambda_3 = \frac{2+1}{10+3} = 0.231$$

と求められます．

6-5-3 ベイズ推定（カテゴリカル分布）

ベイズ推定では，最尤推定や MAP 推定のように1種類のモデルパラメタを求めるのではなく，あらゆる事後確率をそのまま用いるのでしたね．カテゴリカル分布とディリクレ分布の積は係数 κ がつきますが，またディリクレ分布になるのでした．そうすると，事後確率分布は以下のように書くことができます．

$$p(\lambda_{1\cdots K}|D) = \frac{\prod_{n=1}^{N} P(x_n|\lambda_{1\cdots K}) p(\lambda_{1\cdots K})}{P(D)}$$

$$= \frac{\prod_{n=1}^{N} \mathbf{Cat}_{x_n}[\lambda_{1\cdots K}] \, \mathbf{Dir}_{\lambda_{1\cdots K}}[\alpha_{1\cdots K}]}{P(D)}$$

$$= \frac{\kappa(\alpha_{1\cdots K}, D) \, \mathbf{Dir}_{\lambda_{1\cdots K}}[\tilde{\alpha}_{1\cdots K}]}{P(D)}$$

$$= \mathbf{Dir}_{\lambda_{1\cdots K}}[\tilde{\alpha}_{1\cdots K}] \tag{6.40}$$

最後の行では係数 κ と証拠 $P(D)$ が消えていますが，これは，計算しなくても明らかです．右辺には確率分布であるディリクレ分布があり，左辺にも事後分布という確率分布があります．確率分布は積分すれば 1 ですから，その間に係数がかかってはならないのです．そのようなわけで，係数 κ と証拠 $P(D)$ は同じ値にならなければなりません．

式 (6.40) の $\tilde{\alpha}$ は，詳細は 6-7 節【補足】の式 (6.65) に示しますが，

$$[\tilde{\alpha}_{1\cdots K}] = [\alpha_1 + N_1, \alpha_2 + N_2, \ldots, \alpha_K + N_K]$$

のように求められます．

では，この事後分布を用いて，未知パターン x^* の生じやすさを予測しましょう．式 (6.32) に上の式を代入すると，以下のようになります．

$$P(x^*|D) = \int P(x^*|\lambda_{1\cdots K}) \, p(\lambda_{1\cdots K}|D) \, d\lambda_{1\cdots K}$$

$$= \int \mathbf{Cat}_{x^*}[\lambda_{1\cdots K}] \, \mathbf{Dir}_{\lambda_{1\cdots K}}[\tilde{\alpha}_{1\cdots K}] \, d\lambda_{1\cdots K}$$

$$= \int \kappa(x^*, \tilde{\alpha}_{1\cdots K}) \, \mathbf{Dir}_{\lambda_{1\cdots K}}[\breve{\alpha}_{1\cdots K}] \, d\lambda_{1\cdots K}$$

$$= \kappa(x^*, \tilde{\alpha}_{1\cdots K}) \int \mathbf{Dir}_{\lambda_{1\cdots K}}[\breve{\alpha}_{1\cdots K}] \, d\lambda_{1\cdots K}$$

$$= \kappa(x^*, \tilde{\alpha}_{1\cdots K}) \tag{6.41}$$

事後分布は $p(\lambda_{1\cdots K}|D)$ でしたので，ある λ のときに x^* がどれだけ生じやすいかを積で求め，それをあらゆる λ で積分（周辺化）しています．この式でもまた，カテゴリカル分布とディリクレ分布の積が出てきます．これも同様に，分布パラメタは異なり $[\breve{\alpha}_{1\cdots K}]$ となりますがディリクレ分布になります．さらに最後は，ディリクレ分布の変数のあらゆる λ で積分しますから，1 になり，$\kappa(x^*, \tilde{\alpha}_{1\cdots K})$ が求められます．この κ は解析的に求めることができて，

$$P(x^* = k|D) = \kappa(x^*, \tilde{\alpha}_{1\cdots K}) = \frac{N_k + \alpha_k}{\sum_{m=1}^{K}(N_m + \alpha_m)} \tag{6.42}$$

となります.

MAP 推定のときの式 (6.39) と比較すると,分母の (α_m-1) が α_m に,分子の (α_k-1) が α_k に変わっているので,事前分布の影響をより強く受けるように推定していることがわかります.

Let's try !　　　　　　　　　　　6-2

ベイズ推定（カテゴリカル分布）

式 (6.42) を実際に導いてみましょう.

その際,ガンマ関数には,

$$\Gamma[t+1] = t\Gamma[t]$$

という関係があるので利用してください.

●ベイズ推定の計算例

最尤推定のときと同じ p. 128 の例を用いてベイズ推定をしてみましょう.学習データ D は計 10 個で $(N_1, N_2, N_3) = (3, 5, 2)$ でした.よって,尤度分布の最尤推定パラメタは $\boldsymbol{\theta} = (3/10, 5/10, 2/10)$ と求められました.また,事前分布として用いたディリクレ分布は,その分布パラメタが $\boldsymbol{\alpha} = (2.0, 2.0, 2.0)$ でした.これらより,図 6.17（c）の事後分布が求められました.ベイズ推定では,この事後分布の情報をすべて用いて推定を行います.理論的には $\lambda_1, \lambda_2, \lambda_3$ で積分をする必要がありますが,実際には式 (6.42) で求めることができます.

実際に未知パターン x^* に対してベイズ推定すると,

$$P(x^*=1|D) = \frac{N_1 + \alpha_1}{\sum_{m=1}^{3}(N_m + \alpha_m)} = \frac{3+2}{10+6} = 0.312$$

$$P(x^*=2|D) = \frac{N_2 + \alpha_2}{\sum_{m=1}^{3}(N_m + \alpha_m)} = \frac{5+2}{10+6} = 0.438$$

$$P(x^*=3|D) = \frac{N_3 + \alpha_3}{\sum_{m=1}^{3}(N_m + \alpha_m)} = \frac{2+2}{10+6} = 0.250$$

と求められます.図 6.17（c）の事後分布にこの結果をプロットしましたが,MAP 推定よりも,事前分布の影響を強く受けていることがわかります.

6-5-4 最尤推定,MAP 推定,ベイズ推定の比較

ここまで,3 種類の推定方法で,クラス依存確率分布としてのカテゴリカル分布に対する未知パターン x^* の適合性を求めてきました.これらをまとめると,

最尤推定：　　　$P(x^* = k|D) = \dfrac{N_k}{\sum_{m=1}^{K} N_m}$　　　　　　　　(6.43)

MAP 推定：　　$P(x^* = k|D) = \dfrac{N_k + \alpha_k - 1}{\sum_{m=1}^{K}(N_m + \alpha_m - 1)}$　　　(6.44)

ベイズ推定：　$P(x^* = k|D) = \dfrac{N_k + \alpha_k}{\sum_{m=1}^{K}(N_m + \alpha_m)}$　　　　(6.45)

のようになります.

　例題では，カテゴリ数 $K = 3$ の学習データ D は

$$D = \{x_1, x_2, \ldots, x_{10}\} = \{2, 1, 1, 1, 2, 2, 3, 3, 2, 2\}$$

として推定し，結果は図 6.17 のようになりました．ここでは，推定用に得られるデータ数がさらに少なく，上記学習データの最初の 5 サンプルしか得られなかった場合を考えてみましょう．その場合は，

$$D^{(5)} = \{x_1, x_2, \ldots, x_5\} = \{2, 1, 1, 1, 2\}$$

のように，$x_n = 3$ のサンプルは一つも観測されません．このデータを用いて，今までと同じように，最尤推定，MAP 推定，ベイズ推定を行った結果を，図 6.18 に示します.

　データ数がカテゴリ数に対して少ない場合には，この例のようにあるクラスのサンプルが一つも得られない場合が生じます．そのような場合に最尤推定をすると，図 6.18

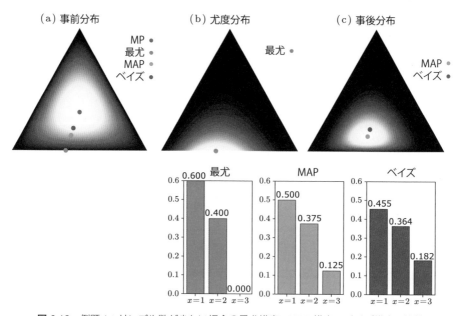

図 6.18　例題 1：サンプル数が少ない場合の最尤推定，MAP 推定，ベイズ推定の比較

（最尤）のように，$x = 3$ に対する確率が 0 になってしまいます．この現象がデータ数が少ないために生じていることは，私たちは理解できるのですが，そのようなことを考慮できないのが最尤推定です．

これに対して，MAP 推定では事前分布を導入しているので，事前分布から考えると，さすがに $P(x = 3) = 0$ ということはあり得ないと推定しています．

さらに，ベイズ推定では，事前分布（図 6.18（a））と尤度（同図（b））との積から求められる事後分布（同図（c））のすべての可能性からカテゴリカル分布を推定するので，$P(x = 3)$ の値はさらに大きくなっています．

このように，最尤推定法では観測されたデータのみから分布推定を行うので分布の確からしさは考慮できないため，推定に用いるデータ数が少ないときには特異な推定を行ってしまいます．一方，MAP 推定やベイズ推定では事前分布を考慮することで事後分布を求めます．そして，その最大値として推定したり，事後分布全体を用いたりすることで，推定の確からしさが低いということを反映した推定結果を得ることができています．

6-6 【例題2】一変量正規分布

ここでは，パターン x の分布が一変量正規分布でモデル化できるような場合について，最尤推定，MAP 推定，ベイズ推定を比較してみましょう．以下の内容は，実際にプログラムで実行して確かめることができます．理解の助けにしてください Program ．

まず，全体の概念図を図 6.19 に示します．

パターン x は一変量連続変数なので，一変量正規分布 $\mathbf{Norm}_x[\mu, \sigma^2]$ でモデル化します．その共役事前分布は正規逆ガンマ分布 $\mathbf{NormInvGam}_{\mu,\sigma^2}[\alpha, \beta, \gamma, \delta]$ です．事後分布も，分布パラメタは $[\tilde{\alpha}, \tilde{\beta}, \tilde{\gamma}, \tilde{\delta}]$ のように異なりますが，正規逆ガンマ分布になります．

まず，学習データ $D = \{x_1, x_2, \dots, x_N\}$ が与えられるので，それをどのような分布で表現できるかを推定します．x_n の分布は正規分布でモデル化したので，モデルパラメタは μ, σ^2 の二つです．あるパラメタに固定すると一つの正規分布が定まりますので，その分布が学習データにどの程度適合しているかを示す尤度を求めることができます．この尤度をさまざまな分布パラメタで求めたものが尤度分布 $p(D|\mu, \sigma^2)$ です．この尤度分布が最大になる分布パラメタ μ, σ^2 が最尤推定値です．この分布を用いて識別器を構成する方法は 6-4 節で説明したとおりです．

最尤推定は学習データのみから推定を行いましたが，事前知識も加味して推定するのが MAP 基準に基づく推定です．そのため，図 6.19 に示したように，事前分布を用

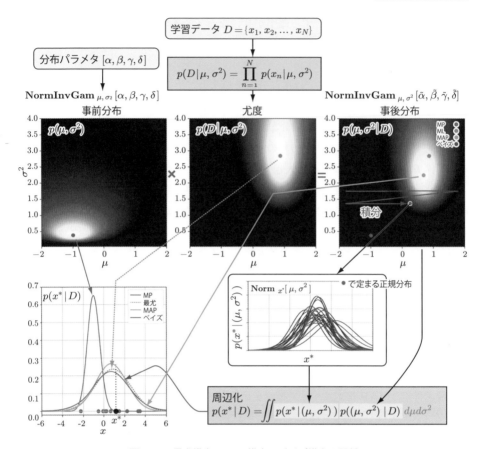

図 6.19　最尤推定，MAP 推定，ベイズ推定の関係

意し，それと尤度分布の積から事後分布を求めます．この事後分布が最大になるよう
な分布変数 μ, σ^2 が MAP 推定の結果です．このパラメタより一つの正規分布が定ま
るので，それを用いて認識器を構成します．

　最後にベイズ推定ですが，事後分布を求めるまでは MAP 推定と同一です．ただ，
事後分布の最大点だけでなく，すべての分布の可能性を考慮して推定を行います．具
体的には，事後分布のある位置を決めると一つの正規分布が定まり，その正規分布の
確からしさが事後分布の確率密度値なので，その値で重み付けをしながら積分します．
それがベイズ推定の結果です．では，具体的にこれらの内容を見ていきましょう．

6-6-1　最尤推定（一変量正規分布）

最尤推定では，モデルパラメタの推定値 $\hat{\boldsymbol{\theta}}$ を

$$\hat{\boldsymbol{\theta}} = \underset{\boldsymbol{\theta}}{\operatorname{argmax}} \left[p(D|\boldsymbol{\theta}) \right] = \underset{\boldsymbol{\theta}}{\operatorname{argmax}} \left[\prod_{n=1}^{N} p(x_n|\boldsymbol{\theta}) \right] \tag{6.46}$$

として求めました．今，尤度 $p(x|\boldsymbol{\theta})$ を正規分布としてモデル化するので，パラメタ $\boldsymbol{\theta}$ は $\boldsymbol{\theta} = (\mu, \sigma^2)$ という 2 次元になり，尤度は

$$p(x|\mu, \sigma^2) = \mathbf{Norm}_x[\mu, \sigma^2] = \frac{1}{\sqrt{2\pi}\,\sigma} \exp\left\{ -\frac{(x-\mu)^2}{2\sigma^2} \right\} \tag{6.47}$$

とモデル化します．よって，式 (6.46) の第 2 辺の尤度 $p(D|\boldsymbol{\theta})$ は，

$$
\begin{aligned}
p(D|\boldsymbol{\theta}) &= \prod_{n=1}^{N} p(x_n|\boldsymbol{\theta}) = \prod_{n=1}^{N} \mathbf{Norm}_{x_n}[\mu, \sigma^2] \\
&= \prod_{n=1}^{N} \left[\frac{1}{\sqrt{2\pi}\,\sigma} \exp\left\{ -\frac{(x_n-\mu)^2}{2\sigma^2} \right\} \right] = \frac{1}{(2\pi\sigma^2)^{N/2}} \prod_{n=1}^{N} \exp\left\{ -\frac{(x_n-\mu)^2}{2\sigma^2} \right\} \\
&= \frac{1}{(2\pi\sigma^2)^{N/2}} \exp\left\{ -\frac{1}{2} \sum_{n=1}^{N} \frac{(x_n-\mu)^2}{\sigma^2} \right\}
\end{aligned}
\tag{6.48}
$$

と変形することができます．この式で適当にパラメタ μ, σ^2 を決めると尤度を計算できます．あらゆるパラメタに対して尤度を計算して，この尤度が最大になるパラメタを求めるのが最尤推定法でした．

そこで，パラメタ μ, σ^2 をさまざまに変化させて尤度を描いてみると，図 6.20 のようになります．この図を見ると，$\mu = 1$, $\sigma^2 = 1.3$ 辺りに尤度値のピークがあることがわかります．このピークを解析的に求めてみます．これは 5-3-2 項（b）でも求めましたので簡単に説明します．尤度は上で示したように

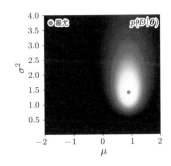

図 6.20 尤度分布

$$p(D|\boldsymbol{\theta}) = \prod_{n=1}^{N} \mathbf{Norm}_{x_n}[\mu, \sigma^2]$$

でしたが，この対数をとって対数尤度を求めると，積が和の形に変形できます．

$$
\begin{aligned}
\ln\bigl(p(D|\boldsymbol{\theta})\bigr) &= \ln\left(\prod_{n=1}^{N} \mathbf{Norm}_{x_n}[\mu, \sigma^2] \right) \\
&= \sum_{n=1}^{N} \ln\bigl(\mathbf{Norm}_{x_n}[\mu, \sigma^2]\bigr) \\
&= -\frac{N}{2} \ln(2\pi) - \frac{N}{2} \ln\sigma^2 - \frac{1}{2} \sum_{n=1}^{N} \frac{(x_n-\mu)^2}{\sigma^2}
\end{aligned}
\tag{6.49}
$$

求めたいのは，式 (6.46) の

$$\hat{\boldsymbol{\theta}} = \underset{\boldsymbol{\theta}}{\operatorname{argmax}}\big[p(D|\boldsymbol{\theta})\big]$$

ですが，対数をとっても大小関係は同じなので，

$$\hat{\boldsymbol{\theta}} = \underset{\boldsymbol{\theta}}{\operatorname{argmax}}\big[\ln p(D|\boldsymbol{\theta})\big]$$

$$= \underset{\mu,\sigma^2}{\operatorname{argmax}}\left[-\frac{N}{2}\ln(2\pi) - \frac{N}{2}\ln\sigma^2 - \frac{1}{2}\sum_{n=1}^{N}\frac{(x_n-\mu)^2}{\sigma^2}\right] \tag{6.50}$$

と書けます．あとは，対数尤度を μ, σ^2 で偏微分して 0 とおけば，対数尤度を最大にする $\hat{\mu}$ と $\hat{\sigma}^2$ が求められます．結果は前章で示したとおり，

$$\begin{cases} \hat{\mu} = \dfrac{1}{N}\displaystyle\sum_{n=1}^{N} x_n \\[2mm] \hat{\sigma}^2 = \dfrac{1}{N}\displaystyle\sum_{n=1}^{N}(x_n-\hat{\mu})^2 \end{cases}$$

と求められます．

●最小二乗法との関係

今，式 (6.50) で，分散 σ^2 を無視して平均 μ のみを最大化することを考えると，

$$\hat{\mu} = \underset{\mu}{\operatorname{argmax}}\left[-\frac{N}{2}\ln(2\pi) - \frac{N}{2}\ln\sigma^2 - \frac{1}{2}\sum_{n=1}^{N}\frac{(x_n-\mu)^2}{\sigma^2}\right]$$

$$= \underset{\mu}{\operatorname{argmax}}\left[-\frac{1}{2}\sum_{n=1}^{N}\frac{(x_n-\mu)^2}{\sigma^2}\right] = \underset{\mu}{\operatorname{argmax}}\left[-\sum_{n=1}^{N}\frac{(x_n-\mu)^2}{\sigma^2}\right]$$

$$= \underset{\mu}{\operatorname{argmin}}\left[\sum_{n=1}^{N}\frac{(x_n-\mu)^2}{\sigma^2}\right] \tag{6.51}$$

と書けます．これは，データ x_n が与えられたときに，データとの差の二乗和が最小になる値（ここでは μ）を求める式になっていて，みなさんがご存知の最小二乗法です．すなわち，最小二乗法は最尤推定法の特殊な場合になります．ということは，最小二乗法は，正規分布を仮定しているということです．データのばらつき方に正規分布が仮定できない場合は，最小二乗法は用いてはならないということを忘れないでください．

6-6-2　MAP 推定（一変量正規分布）

MAP 推定では，モデルパラメタの推定値 $\hat{\boldsymbol{\theta}}$ を

$$\hat{\boldsymbol{\theta}} = \operatorname*{argmax}_{\boldsymbol{\theta}} \left[p(\boldsymbol{\theta}|D) \right] = \operatorname*{argmax}_{\boldsymbol{\theta}} \left[\prod_{n=1}^{N} p(x_n|\boldsymbol{\theta})p(\boldsymbol{\theta}) \right]$$

として求めました．ここでは，この式中の尤度 $p(x|\boldsymbol{\theta})$ を正規分布としてモデル化するので，

$$\hat{\boldsymbol{\theta}} = \operatorname*{argmax}_{\boldsymbol{\theta}} \left[\prod_{n=1}^{N} p(x_n|\boldsymbol{\theta})p(\boldsymbol{\theta}) \right] = \operatorname*{argmax}_{\boldsymbol{\theta}} \left[\prod_{n=1}^{N} \mathbf{Norm}_{x_n}[\mu, \sigma^2]p(\boldsymbol{\theta}) \right] \quad (6.52)$$

です．ここで，事前分布 $p(\boldsymbol{\theta})$ に共役事前分布を用いましょう．一変量正規分布の共役事前分布は正規逆ガンマ分布でしたね．それを用いると，式 (6.52) は

$$\hat{\boldsymbol{\theta}} = \operatorname*{argmax}_{\boldsymbol{\theta}} \left[\prod_{n=1}^{N} p(x_n|\boldsymbol{\theta})p(\boldsymbol{\theta}) \right]$$

$$= \operatorname*{argmax}_{\boldsymbol{\theta}} \left[\prod_{n=1}^{N} \mathbf{Norm}_{x_n}[\mu, \sigma^2] \, \mathbf{NormInvGam}_{\mu,\sigma^2}[\alpha, \beta, \gamma, \delta] \right] \quad (6.53)$$

と書け，尤度 (**Norm**) と事前分布 (**NormInvGam**) の積の分布において，その確率値が最大となるパラメタ μ, σ^2 を探す問題になります．実際に分布の積を求めてみると，図 6.21 のようになります．この図中に，尤度，事前分布，事後分布の最大値の場所を示しましたが，事前分布によって尤度が影響を受け，事後分布の位置がずれていることがわかります．これが MAP 推定の特徴です．

では，実際に解析的に求めてみましょう．式 (6.53) から求めるのですが，この場合も対数をとって

$$\hat{\boldsymbol{\theta}} = \operatorname*{argmax}_{\boldsymbol{\theta}} \left[\ln \prod_{n=1}^{N} \mathbf{Norm}_{x_n}[\mu, \sigma^2] \, \mathbf{NormInvGam}_{\mu,\sigma^2}[\alpha, \beta, \gamma, \delta] \right]$$

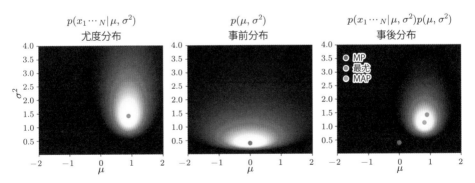

図 6.21 尤度分布と事前分布の積から構成される事後分布

$$= \operatorname*{argmax}_{\boldsymbol{\theta}} \left[\sum_{n=1}^{N} \left(\ln \mathbf{Norm}_{x_n}[\mu, \sigma^2] + \ln \mathbf{NormInvGam}_{\mu, \sigma^2}[\alpha, \beta, \gamma, \delta] \right) \right]$$

$$(6.54)$$

として，μ と σ^2 で偏微分し，その結果を 0 とおいて求めます．計算は省きますが，その結果，$\hat{\mu}$, $\hat{\sigma}^2$ は，

$$\begin{cases} \hat{\mu} = \dfrac{1}{N+\gamma} \left(\sum_{n=1}^{N} x_n + \gamma\delta \right) \\[4mm] \hat{\sigma}^2 = \dfrac{1}{N+2\alpha+3} \left\{ \sum_{n=1}^{N} (x_n - \hat{\mu})^2 + 2\beta + \gamma(\delta - \hat{\mu})^2 \right\} \end{cases}$$

$$(6.55)$$

と求められます．

　次に，学習データ数 N によって事後分布がどのようになるかを観察してみましょう．図 6.22 は学習データを $N = 50$, $N = 5$, $N = 1$ とした場合の事後分布です．（a）$N = 50$ のように学習データ数が多いと，図上段の事後分布の存在範囲はかなり狭くなり，パラメタ μ, σ^2 の推定値は狭い範囲に限定できることがわかります．この際の事後分布の最大値は最尤の最大値（最尤推定値）とも近くなっています．パラメタの最大点での分布を図下段に示します．徐々にデータ数を減らして（b）$N = 5$ に

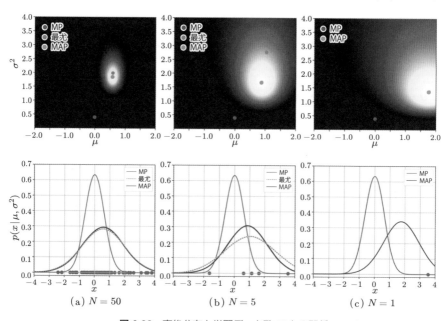

図 6.22　事後分布と学習データ数 N との関係

なると，事後分布は事前分布に影響を受けて，事前分布のほう（MP のほう）に寄っていき，分布も広がります．その結果，事後分布の最大値（MAP 推定値）も移動します．さらにデータ数を少なくして（c）$N = 1$にしてみると，最尤推定は行えません．最尤推定の式を見ればわかるように，分散の推定ができないからです．一方，事後分布は，事前分布の影響を大きく受け，かなり分布は広がりますが推定可能です．これが MAP 推定の利点です．

Let's try!

MAP 推定（一変量正規分布）

式 (6.55) を実際に導いてみましょう．

6-6-3　ベイズ推定（一変量正規分布）

ベイズ推定では，最尤推定や MAP 推定のようにモデルパラメタの推定値 $\hat{\boldsymbol{\theta}}$ を一つ定めるのではなく，事後分布をそのまま用いるのでした．すなわち，MAP 推定のときに示した図 6.21 の右の図にある事後分布をすべて用いて推定を行うことになります．

そこで，事後分布を求めると，

$$
\begin{aligned}
p(\boldsymbol{\theta}|D) &= \frac{\prod_{n=1}^{N} p(x_n|\boldsymbol{\theta})p(\boldsymbol{\theta})}{p(D)} \\
&= \frac{\prod_{n=1}^{N} \mathbf{Norm}_{x_n}[\mu, \sigma^2] \, \mathbf{NormInvGam}_{\mu,\sigma^2}[\alpha, \beta, \gamma, \delta]}{p(D)} \\
&= \frac{\kappa(\alpha, \beta, \gamma, \delta, D) \, \mathbf{NormInvGam}_{\mu,\sigma^2}[\tilde{\alpha}, \tilde{\beta}, \tilde{\gamma}, \tilde{\delta}]}{p(D)} \\
&= \mathbf{NormInvGam}_{\mu,\sigma^2}[\tilde{\alpha}, \tilde{\beta}, \tilde{\gamma}, \tilde{\delta}]
\end{aligned}
\tag{6.56}
$$

のようになります．一変量正規分布の共役事前分布は正規逆ガンマ分布でした．これらの積は係数 $\kappa(\alpha, \beta, \gamma, \delta, D)$ がつきますが，また正規逆ガンマ分布になるのでしたね．さらに，右辺についている係数，$\kappa(\alpha, \beta, \gamma, \delta, D)/p(D)$ は計算する必要がありません．左辺も右辺も確率分布なので余計な係数がつくはずがないのです．実際，これらの係数は打ち消しあって 1 になります．最終的には，分布のパラメタは $\tilde{\alpha}, \tilde{\beta}, \tilde{\gamma}, \tilde{\delta}$ へと変化しますが，正規逆ガンマ分布として求められます．この係数を求めてみると，

$$\begin{cases} \tilde{\alpha} = \alpha + \dfrac{N}{2} \\[2mm] \tilde{\beta} = \dfrac{\sum_{n=1}^{N} x_n^2}{2} + \beta + \dfrac{\gamma\delta^2}{2} - \dfrac{\left(\gamma\delta + \sum_{n=1}^{N} x_n\right)^2}{2(\gamma+N)} \\[2mm] \tilde{\gamma} = \gamma + N \\[2mm] \tilde{\delta} = \dfrac{\gamma\delta + \sum_{n=1}^{N} x_n}{\gamma + N} \end{cases} \qquad (6.57)$$

となります．詳細は次節【補足】の式 (6.67) に示します．

では，このパラメタの事後分布 $p(\boldsymbol{\theta}|D)$ を用いて未知パターン x^* が生じる確率を推定してみます．未知パターン x^* が与えられたときの推定は，パラメタ $\boldsymbol{\theta}$ の事後分布 $p(\boldsymbol{\theta}|D)$ を用いて次のように行うのでしたね．

$$\begin{aligned} p(x^*|D) &= \int p(x^*|\boldsymbol{\theta})p(\boldsymbol{\theta}|D)\,d\boldsymbol{\theta} \\ &= \iint p(x^*|\mu,\sigma^2)p(\mu,\sigma^2|D)\,d\mu\,d\sigma^2 \end{aligned} \qquad (6.58)$$

概念的には，図 6.23 のように，事後分布のあらゆる点 (μ,σ^2) から規定される尤度分布を，その点での確率を重みとして足しあわせればよいわけです．この例では数十点のみサンプリングして示していますが，その結果得られる x^* の D に関する事後分布 $p(x^*|D)$ は，図中（c）に示すように MAP 推定の分布より広がるのが一般的です．

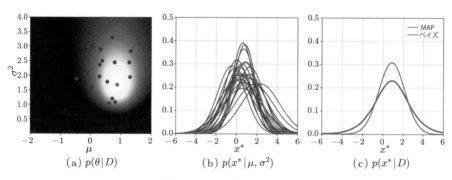

(a) $p(\theta|D)$ 　　　　(b) $p(x^*|\mu,\sigma^2)$ 　　　　(c) $p(x^*|D)$

図 6.23　ベイズ推定の概念

では，解析的に求めてみましょう．この場合も，先ほどと同様，共役分布を用いているので，簡単に計算ができます．

$$\begin{aligned} p(x^*|D) &= \iint p(x^*|\mu,\sigma^2)p(\mu,\sigma^2|D)\,d\mu\,d\sigma^2 \\ &= \iint \mathbf{Norm}_{x^*}[\mu,\sigma^2]\,\mathbf{NormInvGam}_{\mu,\sigma^2}[\tilde{\alpha},\tilde{\beta},\tilde{\gamma},\tilde{\delta}]\,d\mu\,d\sigma^2 \end{aligned}$$

$$
= \iint \kappa(\tilde{\alpha}, \tilde{\beta}, \tilde{\gamma}, \tilde{\delta}, D) \, \mathbf{NormInvGam}_{\mu, \sigma^2}[\breve{\alpha}, \breve{\beta}, \breve{\gamma}, \breve{\delta}] \, d\mu \, d\sigma^2
$$

$$
= \kappa(\tilde{\alpha}, \tilde{\beta}, \tilde{\gamma}, \tilde{\delta}, D) \iint \mathbf{NormInvGam}_{\mu, \sigma^2}[\breve{\alpha}, \breve{\beta}, \breve{\gamma}, \breve{\delta}] \, d\mu \, d\sigma^2
$$

$$
= \kappa(\tilde{\alpha}, \tilde{\beta}, \tilde{\gamma}, \tilde{\delta}, D) \tag{6.59}
$$

先ほど求めた事後分布 $p(\mu, \sigma^2 | D)$ は正規逆ガンマ分布でしたので，これと $p(x^* | \mu, \sigma^2)$ を表す正規分布との積を計算すると，またパラメタの異なる正規逆ガンマ分布になります．そのパラメタを $\breve{\alpha}, \breve{\beta}, \breve{\gamma}, \breve{\delta}$ とし，このパラメタで表現される正規逆ガンマ分布をその確率変数 μ, σ で積分すると（周辺化すると），確率密度の定義により当然 1 になります．これにより $p(x^* | D)$ が求められます．

さて，この κ を求めてみると，

$$
p(x^* | D) = \kappa(\tilde{\alpha}, \tilde{\beta}, \tilde{\gamma}, \tilde{\delta}, D) = \frac{1}{\sqrt{2\pi}} \frac{\sqrt{\tilde{\gamma}} \, \tilde{\beta}^{\tilde{\alpha}}}{\sqrt{\breve{\gamma}} \, \breve{\beta}^{\breve{\alpha}}} \frac{\Gamma[\breve{\alpha}]}{\Gamma[\tilde{\alpha}]} \tag{6.60}
$$

ただし

$$
\begin{cases}
\breve{\alpha} = \tilde{\alpha} + \dfrac{1}{2} \\[2mm]
\breve{\beta} = \dfrac{x^{*2}}{2} + \tilde{\beta} + \dfrac{\tilde{\gamma}\tilde{\delta}^2}{2} - \dfrac{(\tilde{\gamma}\tilde{\delta} + x^*)^2}{2(\tilde{\gamma}+1)} \\[2mm]
\breve{\gamma} = \tilde{\gamma} + 1 \\[2mm]
\breve{\delta} = \dfrac{\tilde{\gamma}\tilde{\delta} + x^*}{\tilde{\gamma}+1}
\end{cases}
$$

となります．これは，次節【補足】の式 (6.67) に $N = 1$ を代入すれば，簡単に求められます．

Let's try !

6-4

ベイズ推定（一変量正規分布）

式 (6.60) を実際に導いてみましょう．

6-6-4 最尤推定，MAP 推定，ベイズ推定の比較

では，最尤推定，MAP 推定とベイズ推定を比べてみましょう．未知パターン x^* に対して，$p(x^* | D)$ を推定する方法をまとめると次のようになります．

最尤推定：

$$p(x^*|D) = \mathbf{Norm}_{x^*}[\hat{\mu}, \hat{\sigma}^2] \tag{6.61}$$

$$\begin{cases} \hat{\mu} = \dfrac{1}{N}\sum_{n=1}^{N} x_n \\[3mm] \hat{\sigma}^2 = \dfrac{1}{N}\sum_{n=1}^{N}(x_n - \hat{\mu})^2 \end{cases}$$

MAP 推定：

$$p(x^*|D) = \mathbf{Norm}_{x^*}[\hat{\mu}, \hat{\sigma}^2] \tag{6.62}$$

$$\begin{cases} \hat{\mu} = \dfrac{1}{N+\gamma}\left(\sum_{n=1}^{N} x_n + \gamma\delta\right) \\[3mm] \hat{\sigma}^2 = \dfrac{1}{N+2\alpha+3}\left\{\sum_{n=1}^{N}(x_n - \hat{\mu})^2 + 2\beta + \gamma(\delta - \hat{\mu})^2\right\} \end{cases}$$

$[\alpha, \beta, \gamma, \delta]$ は事前分布 $\mathbf{NormInvGam}_{\mu,\sigma^2}[\alpha, \beta, \gamma, \delta]$ のパラメタ

ベイズ推定：

$$p(x^*|D) = \kappa(\tilde{\alpha}, \tilde{\beta}, \tilde{\gamma}, \tilde{\delta}, D) = \frac{1}{\sqrt{2\pi}}\frac{\sqrt{\tilde{\gamma}}\,\tilde{\beta}^{\tilde{\alpha}}}{\sqrt{\breve{\gamma}}\,\breve{\beta}^{\breve{\alpha}}}\frac{\Gamma[\breve{\alpha}]}{\Gamma[\tilde{\alpha}]} \tag{6.63}$$

$$\begin{cases} \breve{\alpha} = \tilde{\alpha} + \dfrac{1}{2} \\[3mm] \breve{\beta} = \dfrac{x^{*2}}{2} + \tilde{\beta} + \dfrac{\tilde{\gamma}\tilde{\delta}^2}{2} - \dfrac{(\tilde{\gamma}\tilde{\delta} + x^*)^2}{2(\tilde{\gamma} + 1)} \\[3mm] \breve{\gamma} = \tilde{\gamma} + 1 \\[3mm] \breve{\delta} = \dfrac{\tilde{\gamma}\tilde{\delta} + x^*}{\tilde{\gamma} + 1} \end{cases}$$

$$\begin{cases} \tilde{\alpha} = \alpha + \dfrac{N}{2} \\[3mm] \tilde{\beta} = \dfrac{\sum_{n=1}^{N} x_n^2}{2} + \beta + \dfrac{\gamma\delta^2}{2} - \dfrac{\left(\gamma\delta + \sum_{n=1}^{N} x_n\right)^2}{2(\gamma + N)} \\[3mm] \tilde{\gamma} = \gamma + N \\[3mm] \tilde{\delta} = \dfrac{\gamma\delta + \sum_{n=1}^{N} x_n}{\gamma + N} \end{cases}$$

$[\alpha, \beta, \gamma, \delta]$ は事前分布 $\mathbf{NormInvGam}_{\mu,\sigma^2}[\alpha, \beta, \gamma, \delta]$ のパラメタ

最尤推定と MAP 推定は，求めた唯一の分布パラメタから分布を定め，その分布に対

し x^* が生じる確率密度値を読み取るだけでした．これと大きく異なるのはベイズ推定で，分布パラメタに対して周辺化を行うので，可能性のあるすべての分布を考慮して x^* が生じる確率密度値を求めました．

また，最尤推定はその名のとおり尤度分布から分布パラメタ θ を推定しましたが，MAP 推定とベイズ推定は事後分布から分布パラメタを推定します．

では，MAP 推定とベイズ推定について，もう少し具体的に見てみましょう．図 6.24 の上段のグラフが分布パラメタ θ の事後確率分布 $p(\theta|D)$ で，この最大点が MAP 推定の結果です．下段のグラフにその分布パラメタで未知パターン x^* が生じる確率 $p(x^*|D)$ を示します．MAP 推定もベイズ推定も事後分布を用いているので，$p(x^*|D)$ の最大点は同じになります．しかし，ベイズ推定は前述のように特定の θ を定めず，すべての可能性を積分する（周辺化する）ので，$p(x^*|D)$ の形は異なります．図 6.24 下段のように，学習データが 50 個ある場合には，MAP 推定もベイズ推定もほぼ同じ結果になります．データ数が 5 個になると，分布のピーク位置は同じですが，分布の広がり方が異なってきます．MAP 推定が狭い範囲にデータの分布を推定しているのに対し，ベイズ推定はそれよりも広い範囲にデータは存在すると推定しています．さらにデータ数を減らして 1 個にすると，MAP 推定は狭い範囲にデータが存在すると推定していますが，これを**過適合** (over fitting) といいます．1 個しかデータを観測していないのですから，もっと広い範囲にデータが存在すると推定すべきです．ベイズ推定はそ

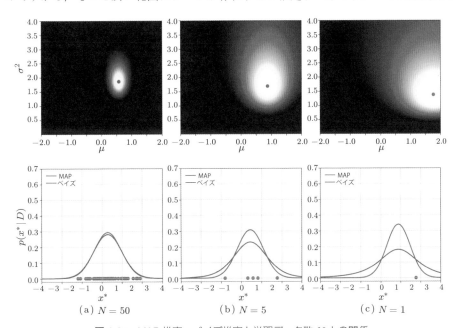

図 6.24 MAP 推定，ベイズ推定と学習データ数 N との関係

のように推定ができています.

Let's try!   6-5

最尤推定，MAP 推定，ベイズ推定（ベルヌーイ分布）

　ベルヌーイ分布でモデル化できる確率密度分布について,

(1) 最尤推定

(2) MAP 推定

(3) ベイズ推定

を行ってみましょう.

　ちなみに,

(1) 最尤推定でのモデルパラメタ

$$\lambda = \frac{N_0}{N}, \quad （ただし，N_0 : x_n = 0 \text{が生じた回数}）$$

(2) MAP 推定でのモデルパラメタ

$$\lambda = \frac{N_0 + \alpha - 1}{N + \alpha + \beta - 2}$$

(3) ベイズ推定での未知パターン x^* に対する確率密度

$$p(x^* = 0|D) = \frac{N_0 + \alpha}{N + \alpha + \beta}$$

となります.

　これらを実際に導いてください.

6-7　【補足】ベイズ推定で用いる共役関係

　ここまでの例題で説明してきたように，ベイズ推定を行う際には，ベイズの定理の分子で

$$\prod_{n=1}^{N} p(x_n|\boldsymbol{\theta}) \, p(\boldsymbol{\theta})$$

のように尤度と事前分布の積を計算する必要があり，その係数 κ がそのまま，求めたい $p(x^*|D)$ になるのでした．式 (6.41) や式 (6.59) がとても大切なのです．

　では，分布ごとに実際に分布の積を計算をしておきましょう．ベイズ推定時にきっと役立つはずですね．

【ベルヌーイ分布とベータ分布】

$$\prod_{n=1}^{N} \mathbf{Bern}_{x_n}[\lambda] \, \mathbf{Beta}_\lambda[\alpha, \beta]$$

$$= \prod_{n=1}^{N} \lambda^{x_n}(1-\lambda)^{1-x_n} \frac{\Gamma(\alpha+\beta)}{\Gamma(\alpha)\Gamma(\beta)} \lambda^{\alpha-1}(1-\lambda)^{\beta-1}$$

$$= \lambda^{N_0}(1-\lambda)^{N-N_0} \frac{\Gamma(\alpha+\beta)}{\Gamma(\alpha)\Gamma(\beta)} \lambda^{\alpha-1}(1-\lambda)^{\beta-1}$$

（ただし，$N_0 : x_n = 0$ が生じた回数）

$$= \frac{\Gamma(\alpha+\beta)}{\Gamma(\alpha)\Gamma(\beta)} \lambda^{N_0+\alpha-1}(1-\lambda)^{N-N_0+\beta-1}$$

$$= \frac{\Gamma(\alpha+\beta)}{\Gamma(\alpha)\Gamma(\beta)} \frac{\Gamma(N_0+\alpha)\Gamma(N-N_0+\beta)}{\Gamma(N_0+\alpha+N-N_0+\beta)} \mathbf{Beta}_\lambda[N_0+\alpha, N-N_0+\beta]$$

$$= \frac{\Gamma(\alpha+\beta)}{\Gamma(\alpha)\Gamma(\beta)} \frac{\Gamma(N_0+\alpha)\Gamma(N-N_0+\beta)}{\Gamma(N+\alpha+\beta)} \mathbf{Beta}_\lambda[N_0+\alpha, N-N_0+\beta]$$

よって，

$$\prod_{n=1}^{N} \mathbf{Bern}_{x_n}[\lambda] \, \mathbf{Beta}_\lambda[\alpha, \beta] = \kappa(\alpha, \beta, D) \, \mathbf{Beta}_\lambda[\tilde{\alpha}, \tilde{\beta}] \qquad (6.64)$$

ただし，

$$\kappa(\alpha, \beta, D) = \frac{\Gamma(\alpha+\beta)}{\Gamma(\alpha)\Gamma(\beta)} \frac{\Gamma(N_0+\alpha)\Gamma(N-N_0+\beta)}{\Gamma(N+\alpha+\beta)}$$

$$\begin{cases} \tilde{\alpha} = N_0 + \alpha \\ \tilde{\beta} = N - N_0 + \beta \end{cases}$$

となります．

【カテゴリカル分布とディリクレ分布】

$$\prod_{n=1}^{N} \mathbf{Cat}_{x_n}[\lambda_{1\cdots K}] \, \mathbf{Dir}_{\lambda_{1\cdots K}}[\alpha_{1\cdots K}]$$

$$= \left(\prod_{n=1}^{N} \prod_{j=1}^{K} \lambda_j^{x_{ij}} \right) \frac{\Gamma\left[\sum_{j=1}^{K} \alpha_j\right]}{\prod_{j=1}^{K} \Gamma[\alpha_j]} \prod_{j=1}^{K} \lambda_j^{\alpha_j-1}$$

$$= \prod_{j=1}^{K} \lambda_j^{N_j} \frac{\Gamma\left[\sum_{j=1}^{K} \alpha_j\right]}{\prod_{j=1}^{K} \Gamma[\alpha_j]} \prod_{j=1}^{K} \lambda_j^{\alpha_j - 1} = \frac{\Gamma\left[\sum_{j=1}^{K} \alpha_j\right]}{\prod_{j=1}^{K} \Gamma[\alpha_j]} \prod_{j=1}^{K} \lambda_j^{\alpha_j - 1 + N_j}$$

$$= \frac{\Gamma\left[\sum_{j=1}^{K} \alpha_j\right]}{\prod_{j=1}^{K} \Gamma[\alpha_j]} \left(\frac{\prod_{j=1}^{K} \Gamma[\alpha_j + N_j]}{\Gamma\left[N + \sum_{j=1}^{K} \alpha_j\right]}\right) \left(\frac{\Gamma\left[N + \sum_{j=1}^{K} \alpha_j\right]}{\prod_{j=1}^{K} \Gamma[\alpha_j + N_j]}\right) \cdot \prod_{j=1}^{K} \lambda_j^{\alpha_j + N_j - 1}$$

$$= \frac{\Gamma\left[\sum_{j=1}^{K} \alpha_j\right]}{\prod_{j=1}^{K} \Gamma[\alpha_j]} \left(\frac{\prod_{j=1}^{K} \Gamma[\alpha_j + N_j]}{\Gamma\left[N + \sum_{j=1}^{K} \alpha_j\right]}\right) \mathbf{Dir}_{\lambda_{1\cdots K}}[\alpha_1 + N_1, \alpha_2 + N_2, \ldots, \alpha_K + N_K]$$

$$= \frac{\Gamma\left[\sum_{j=1}^{K} \alpha_j\right]}{\Gamma\left[N + \sum_{j=1}^{K} \alpha_j\right]} \frac{\prod_{j=1}^{K} \Gamma[\alpha_j + N_j]}{\prod_{j=1}^{K} \Gamma[\alpha_j]} \mathbf{Dir}_{\lambda_{1\cdots K}}[\alpha_1 + N_1, \alpha_2 + N_2, \ldots, \alpha_K + N_K]$$

よって,

$$\prod_{n=1}^{N} \mathbf{Cat}_{x_n}[\lambda_{1\cdots K}] \, \mathbf{Dir}_{\lambda_{1\cdots K}}[\alpha_{1\cdots K}] = \kappa(\alpha_{1\cdots K}, D) \, \mathbf{Dir}_{\lambda_{1\cdots K}}[\tilde{\alpha}_{1\cdots K}] \qquad (6.65)$$

ただし,

$$\kappa(\alpha_{1\cdots K}, D) = \frac{\Gamma\left[\sum_{j=1}^{K} \alpha_j\right]}{\Gamma\left[N + \sum_{j=1}^{K} \alpha_j\right]} \frac{\prod_{j=1}^{K} \Gamma[\alpha_j + N_j]}{\prod_{j=1}^{K} \Gamma[\alpha_j]}$$

$$[\tilde{\alpha}_{1\cdots K}] = [\alpha_1 + N_1, \alpha_2 + N_2, \ldots, \alpha_K + N_K]$$

となります.

【一変量正規分布と正規逆ガンマ分布】

$$\prod_{n=1}^{N} \mathbf{Norm}_{x_n}[\mu, \sigma^2] \, \mathbf{NormInvGam}_{\mu, \sigma^2}[\alpha, \beta, \gamma, \delta]$$

$$= \frac{1}{(2\pi)^{N/2} \sigma^N} \frac{\sqrt{\gamma}\, \beta^\alpha}{\sqrt{2\pi}\, \sigma \Gamma[\alpha]} \left(\frac{1}{\sigma^2}\right)^{\alpha+1} \exp\left[-\frac{1}{2\sigma^2}\left\{\sum_{n=1}^{N}(x_n - \mu)^2 + 2\beta + \gamma(\delta - \mu)^2\right\}\right]$$

$$= \frac{1}{(2\pi)^{N/2}} \left(\frac{1}{\sigma^2}\right)^{N/2} \frac{\sqrt{\gamma}\, \beta^\alpha}{\sqrt{2\pi}\, \sigma \Gamma[\alpha]} \left(\frac{1}{\sigma^2}\right)^{\alpha+1}$$

$$\times \exp\left\{-\frac{1}{2\sigma^2}\left(\sum_{n=1}^{N} x_n^2 + N\mu^2 - 2\mu \sum_{n=1}^{N} x_n + 2\beta + \gamma\delta^2 + \gamma\mu^2 - 2\mu\gamma\delta\right)\right\}$$

$$= \frac{1}{(2\pi)^{N/2}} \frac{\sqrt{\gamma}\,\beta^\alpha}{\sqrt{2\pi}\,\sigma\Gamma[\alpha]} \left(\frac{1}{\sigma^2}\right)^{(\alpha+N/2)+1}$$

$$\times \exp\left[-\frac{1}{2\sigma^2}\left\{\sum_{n=1}^{N} x_n^2 + 2\beta + \gamma\delta^2 + (\gamma+N)\left(\mu - \frac{\gamma\delta + \sum_{n=1}^{N} x_n}{\gamma+N}\right)^2 - \frac{\left(\gamma\delta + \sum_{n=1}^{N} x_n\right)^2}{\gamma+N}\right\}\right]$$

$$= \frac{1}{(2\pi)^{N/2}} \frac{1}{\sqrt{2\pi}\,\sigma} \frac{\sqrt{\gamma}\,\beta^\alpha}{\Gamma[\alpha]} \left(\frac{1}{\sigma^2}\right)^{(\alpha+N/2)+1}$$

$$\times \exp\left[-\frac{1}{2\sigma^2}\left\{2\left(\frac{\sum_{n=1}^{N} x_n^2}{2} + \beta + \frac{\gamma\delta^2}{2} - \frac{\left(\gamma\delta + \sum_{n=1}^{N} x_n\right)^2}{2(\gamma+N)}\right) + (\gamma+N)\left(\frac{\gamma\delta + \sum_{n=1}^{N} x_n}{\gamma+N} - \mu\right)^2\right\}\right]$$

$$= \frac{1}{(2\pi)^{N/2}} \frac{\sqrt{\gamma}\,\beta^\alpha}{\sqrt{\tilde{\gamma}}\,\tilde{\beta}^{\tilde{\alpha}}} \frac{\Gamma[\tilde{\alpha}]}{\Gamma[\alpha]} \mathbf{NormInvGam}_{\mu,\sigma^2}[\tilde{\alpha}, \tilde{\beta}, \tilde{\gamma}, \tilde{\delta}] \tag{6.66}$$

よって，

$$\prod_{n=1}^{N} \mathbf{Norm}_{x_n}[\mu, \sigma^2]\, \mathbf{NormInvGam}_{\mu,\sigma^2}[\alpha, \beta, \gamma, \delta] = \kappa\, \mathbf{NormInvGam}_{\mu,\sigma^2}[\tilde{\alpha}, \tilde{\beta}, \tilde{\gamma}, \tilde{\delta}] \tag{6.67}$$

ただし，

$$\kappa = \frac{1}{(2\pi)^{N/2}} \frac{\sqrt{\gamma}\,\beta^\alpha}{\sqrt{\tilde{\gamma}}\,\tilde{\beta}^{\tilde{\alpha}}} \frac{\Gamma[\tilde{\alpha}]}{\Gamma[\alpha]}$$

$$\begin{cases} \tilde{\alpha} = \alpha + \dfrac{N}{2} \\[2mm] \tilde{\beta} = \dfrac{\sum_{n=1}^{N} x_n^2}{2} + \beta + \dfrac{\gamma\delta^2}{2} - \dfrac{\left(\gamma\delta + \sum_{n=1}^{N} x_n\right)^2}{2(\gamma+N)} \\[2mm] \tilde{\gamma} = \gamma + N \\[2mm] \tilde{\delta} = \dfrac{\gamma\delta + \sum_{n=1}^{N} x_n}{\gamma+N} \end{cases}$$

となります．

【多変量正規分布と正規逆ウィシャート分布】

さすがにこれらの分布は複雑で，計算がかなり長くなるので，ここでは具体的に計算はしません．結果だけ示すと，次のようになります．

$$\prod_{n=1}^{N} \mathbf{Norm}_{\mathbf{x}_n}[\boldsymbol{\mu}, \boldsymbol{\Sigma}] \ \mathbf{NormInvWis}_{\boldsymbol{\mu}, \boldsymbol{\Sigma}}[\alpha, \boldsymbol{\Psi}, \gamma, \delta]$$

$$= \kappa \mathbf{NormInvWis}_{\boldsymbol{\mu}, \boldsymbol{\Sigma}}[\tilde{\alpha}, \tilde{\boldsymbol{\Psi}}, \tilde{\gamma}, \tilde{\delta}] \tag{6.68}$$

ただし,

$$\kappa = \frac{1}{\pi^{Nd/2}} \frac{|\boldsymbol{\Psi}|^{\alpha/2}}{|\tilde{\boldsymbol{\Psi}}|^{\tilde{\alpha}/2}} \frac{\Gamma_d[\tilde{\alpha}/2]}{\Gamma_d[\alpha/2]} \frac{\gamma^{d/2}}{\tilde{\gamma}^{d/2}}$$

$$\begin{cases} \tilde{\alpha} = \alpha + N \\ \tilde{\boldsymbol{\Psi}} = \boldsymbol{\Psi} + \gamma \delta \delta^t + \sum_{n=1}^{N} \mathbf{x}_n \mathbf{x}_n^t - \dfrac{1}{\gamma + N} \left(\gamma \delta + \sum_{n=1}^{N} \mathbf{x}_n \right) \left(\gamma \delta + \sum_{n=1}^{N} \mathbf{x}_n \right)^t \\ \tilde{\gamma} = \gamma + N \\ \tilde{\delta} = \dfrac{\gamma \delta + \sum_{n=1}^{N} \mathbf{x}_n}{\gamma + N} \end{cases}$$

Let's try!   6-6

多変量正規分布と正規逆ウィシャート分布との積

式 (6.68) を実際に導いてみましょう.
その際,

$$\mathrm{Tr}[\mathbf{z}\mathbf{z}^t \mathbf{A}^{-1}] = \mathbf{z}^t \mathbf{A}^{-1} \mathbf{z}$$

という関係が必要になるかもしれません.

Chapter 6　この章の まとめ　　　理解できているかを再確認しましょう!

1. クラス依存確率密度 $p(\mathbf{x}|\omega)$ のモデルパラメタ $\boldsymbol{\theta}$ を, ベイズ推定では $\boldsymbol{\theta}$ の確率分布 $p(\boldsymbol{\theta})$ として求める. これにより, $\boldsymbol{\theta}$ の確からしさ, 言い換えれば**クラス依存確率密度分布の確からしさ**が表現できるようになる.
   学習データが与えられるたびに情報は増え, $\boldsymbol{\theta}$ の確からしさは高まっていくのをベイズの定理で表現できる. ⇨ p. 105, 6-1 節

2. パラメタの尤度分布の共役事前分布を用いると, 事後分布も事前分布と同一形式になり便利. ⇨ p. 109, 6-3 節

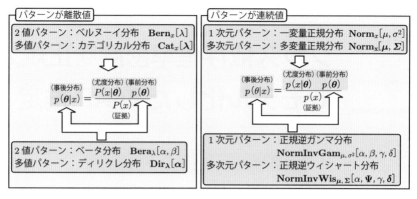

図 6.25

3. クラス依存確率密度 $p(\mathbf{x}|\omega)$ のモデルパラメタ $\boldsymbol{\theta}$ の推定は,第 5 章で説明した最尤推定以外に,MAP 推定でも可能である.その推定は最尤推定と同じく点推定なので,認識処理は最尤推定と同じ.

   ベイズ推定は MAP 推定と同じく事後分布を用いるが,認識処理がまったく異なり,事後分布の全可能性を考慮する. ⇨ **p**.125, 図 6.13

4. クラス依存確率分布がカテゴリカル分布の場合:未知パターン x^* のクラス依存確率分布への適合度(確率密度値)を用いて,前章までに説明してきた最尤推定や MAP 推定で未知パターンの認識が可能.

   ⇨ **p**.134, 式 (6.43) **p**.134, 式 (6.44) **p**.134, 式 (6.45)

5. クラス依存確率分布が一変量正規分布の場合:未知パターン x^* のクラス依存確率分布への適合度(確率密度値)を用いて,前章までに説明してきた最尤推定や MAP 推定で未知パターンの認識が可能.

   ⇨ **p**.144, 式 (6.61) **p**.144, 式 (6.62) **p**.144, 式 (6.63)

Chapter

7

クラス依存確率密度を正規分布でモデル化した MAP 推定

この章で学ぶこと

　ここでは，事後確率最大化基準による認識法（MAP 推定）を解析的に検討します．実際に識別器を設計，学習し，認識を行う場合には前章までの方法で行うことができますが，事後確率分布はどのような形をしていて，それらを用いた識別時の識別境界はどのようになっているのでしょうか．その特徴を知ることで，MAP 推定をより深く理解しましょう．

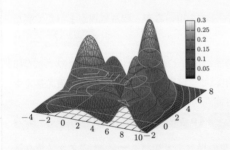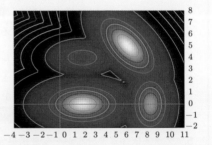

図 7.1

7-1 クラス依存確率密度を正規分布でモデル化した場合の識別関数

　4-2 節で学習した事後確率最大化基準では，識別関数として，式 (4.17) を用いました．これは，

$$g_c(\mathbf{x}) = \ln p(\mathbf{x}|\omega_c) + \ln P(\omega_c) \tag{7.1}$$

のような式でしたが，このクラス依存確率密度 $p(\mathbf{x}|\omega_c)$ の部分を正規分布でモデル化すると，

$$g_c(\mathbf{x}) = -\frac{1}{2}(\mathbf{x} - \boldsymbol{\mu}_c)^t \boldsymbol{\Sigma}_c^{-1}(\mathbf{x} - \boldsymbol{\mu}_c) - \frac{d}{2}\ln 2\pi - \frac{1}{2}\ln|\boldsymbol{\Sigma}_c| + \ln P(\omega_c) \tag{7.2}$$

のように書くことができます．この識別関数を定めるには，事前確率 $P(\omega_c)$ とクラス依存確率分布の $\boldsymbol{\mu}_c, \boldsymbol{\Sigma}_c$ が必要です．分布パラメタは前章までの方法で，学習データから推定可能ですので，この識別関数が定まることになります．

　この章では，定まった識別関数から識別境界を解析的に求めることで，MAP 推定の意味を考えてみることにします．

7-2　（ケース 1）$\Sigma_c = \sigma^2 I$ の場合

　分散共分散行列がクラス ω_c に依存せず同一で，かつ対角要素（分散）しか値をもたない場合です．これは

- 全クラス同一の分散
- 各次元独立（尤度分布の軸は特徴量の軸と一致）
- 各次元の分散が同一（尤度分布は超球）

である場合を意味します．

　このような場合，

$$|\boldsymbol{\Sigma}_c| = \sigma^2 \tag{7.3}$$

$$\boldsymbol{\Sigma}_c^{-1} = \frac{1}{\sigma^2}\, \boldsymbol{I} \tag{7.4}$$

となりますので，式 (7.2) は以下のように書くことができます．

$$g_c(\mathbf{x}) = -\frac{\|\mathbf{x} - \boldsymbol{\mu}_c\|^2}{2\sigma^2} - \frac{d}{2}\ln 2\pi + \frac{1}{2}\ln\sigma^2 + \ln P(\omega_c) \tag{7.5}$$

MAP 基準で認識を行う場合には，$g_c(\mathbf{x})$ の最大値を探索するだけですので，下線部はクラスによらないので省略でき，

$$g_c(\mathbf{x}) = -\frac{\|\mathbf{x} - \boldsymbol{\mu}_c\|^2}{2\sigma^2} + \ln P(\omega_c)$$

$$= -\frac{1}{2\sigma^2}\left(\mathbf{x}^t\mathbf{x} - 2\boldsymbol{\mu}_c^t\mathbf{x} + \boldsymbol{\mu}_c^t\boldsymbol{\mu}_c\right) + \ln P(\omega_c)$$

のようになります．

　さらに，下線部はクラスによらないので省略すると，

$$g_c(\mathbf{x}) = \frac{1}{\sigma^2}\,\boldsymbol{\mu}_c^t\mathbf{x} - \frac{1}{2\sigma^2}\,\boldsymbol{\mu}_c^t\boldsymbol{\mu}_c + \ln P(\omega_c)$$

$$= \boldsymbol{w}_c^t\mathbf{x} + w_{c_0} \tag{7.6}$$

のように 1 次式で書くことができます．

　隣接する 2 カテゴリ間の決定境界面は $g_i(\mathbf{x}) = g_j(\mathbf{x})$ で定義されます．2 次元の場合の例を図 7.2 に示します．この境界面を式 (7.6) より求めてみると，

$$\boldsymbol{\alpha}^t(\mathbf{x} - \mathbf{x}_0) = 0 \tag{7.7}$$

なる超平面であることがわかります．

　ただし，この式中の $\boldsymbol{\alpha}$, $\mathbf{x}_0$ は

$$\boldsymbol{\alpha} = \boldsymbol{\mu}_i - \boldsymbol{\mu}_j \qquad \text{法線ベクトル} \tag{7.8}$$

$$\mathbf{x}_0 = \underbrace{\frac{1}{2}(\boldsymbol{\mu}_i + \boldsymbol{\mu}_j)}_{\text{中点}} - \underbrace{\frac{\sigma^2}{\|\boldsymbol{\mu}_i - \boldsymbol{\mu}_j\|^2} \ln \frac{P(\omega_i)}{P(\omega_j)}(\boldsymbol{\mu}_i - \boldsymbol{\mu}_j)}_{\text{バイアス（切片の役割）}} \tag{7.9}$$

です．

　この超平面は点 $\mathbf{x}_0$ を通り法線ベクトルが $\boldsymbol{\alpha}$ の平面であり，法線ベクトルは平均を結ぶ直線方向を示しているので，この超平面からなるカテゴリ境界面は，平均を結ぶ直線と垂直になることがわかります．2 次元の場合の例を図 7.3 に示します．

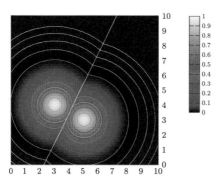

図 7.2　等確率密度線と境界面（白線）

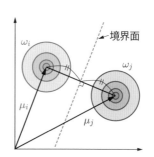

図 7.3　2 クラスの境界面（2 次元の場合）

　ここで，式 (7.9) を見てみると，もしも事前確率 $P(\omega_i)$ が等しいなら，バイアスの項は $\mathbf{0}$ となり，$\mathbf{x}_0$ は平均の中点になるので，境界面は図 7.4（a）のように，平均の中点を通ります．

　一方，事前確率が等しくない場合は，バイアスの項が存在し，境界面は図 7.4（b）のように中点から偏ることがわかります．

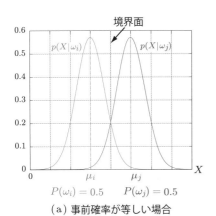

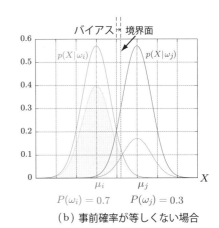

（a）事前確率が等しい場合　　　（b）事前確率が等しくない場合

図 7.4　事前確率の変化による識別境界面の変化（1 次元の場合）

Let's try!

7-1

決定境界面：$\Sigma_c = \sigma^2 I$ の場合

　隣接する 2 クラス間の決定境界面は，式 (7.7)～(7.9) で表現される平面であることを，実際に計算して確認してください.

7-2-1　（ケース 1′）$\Sigma_c = \Sigma,\ \sigma_{ij}^2 = 0$（分散要素のみ，各クラス同一）の場合

　すべてのクラスが共通の Σ をもち，その共分散要素 σ_{ij}^2 が 0 の場合です．ケース 1 と比べると，分散 σ_{ii}^2 が各要素ごとに異なります．つまり，

- 全クラス同一の分散
- 各次元独立（尤度分布の軸は特徴量の軸と一致）
- 各次元の分散は異なる（尤度分布は超楕円体）

という場合です．このケースの場合は，例えば図 7.5 のような尤度分布になるのですが，実はこれはケース 1 に帰着させることができます．これは，例えば第 a 次元の特徴量の分散 σ_{aa}^2 にすべての次元の特徴量の分散をそろえることで実現できます．すなわち，ある軸 b の特徴量 x_b を予め $\sigma_{aa}^2/\sigma_{bb}^2$ 倍しておけばよいのです．このような操作を特徴量の**正規化** (normalization) といいます．そうすることで，すべての軸に対する分散を σ_{aa}^2 にそろえることができます．特徴ベクトルを正規化するため，分散行列 Σ のみでなく，平均ベクトル $\boldsymbol{\mu}$ も変化しますので注意してください．この様子を図 7.6

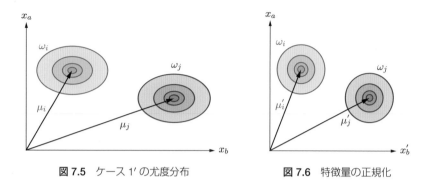

図 7.5　ケース 1′ の尤度分布　　　　　図 7.6　特徴量の正規化

に示します.

7-3　（ケース 2）$\Sigma_c = \Sigma$（共分散行列が各クラス同一）の場合

　この場合は, 分散共分散行列の非対角要素 σ_{ij}^2 が 0 ではないので, 特徴量の要素間に相関があることを意味しています. ただし, 共分散行列 Σ はクラス間で同じとします.

- 全クラス同一の分散共分散行列 Σ
- 次元間相関有（尤度分布の軸は特徴量軸からの回転）
- 各次元の分散は異なる（尤度分布は超楕円体）

という条件になります.

　この場合, 式 (7.2) は, 以下のように書くことができます.

$$g_c(\mathbf{x}) = -\frac{1}{2}(\mathbf{x} - \boldsymbol{\mu}_c)^t \Sigma^{-1}(\mathbf{x} - \boldsymbol{\mu}_c) + \ln P(\omega_c) - \frac{d}{2}\ln 2\pi - \frac{1}{2}\ln |\Sigma| \qquad (7.10)$$

下線部はクラスによらないので省略すると,

$$g_c(\mathbf{x}) = -\frac{1}{2}(\mathbf{x} - \boldsymbol{\mu}_c)^t \Sigma^{-1}(\mathbf{x} - \boldsymbol{\mu}_c) + \ln P(\omega_c)$$

$$= -\frac{1}{2}(\mathbf{x}^t \Sigma^{-1}\mathbf{x} - 2\mathbf{x}^t \Sigma^{-1}\boldsymbol{\mu}_c + \boldsymbol{\mu}_c^t \Sigma^{-1}\boldsymbol{\mu}_c) + \ln P(\omega_c)$$

のようになり, さらに下線部はクラスによらないので省略すると,

$$g_c(\mathbf{x}) = \boldsymbol{w}_c^t \mathbf{x} + w_{c_0} \quad （1 次式） \qquad (7.11)$$

ただし

$$\begin{cases} \boldsymbol{w}_c = \Sigma^{-1}\boldsymbol{\mu}_c \\ w_{c_0} = -\frac{1}{2}\boldsymbol{\mu}_c^t \Sigma^{-1}\boldsymbol{\mu}_c + \ln P(\omega_c) \end{cases}$$

となります.

　隣接する2カテゴリ間の決定境界面は，ケース1のときと同様

$$g_i(\mathbf{x}) = g_j(\mathbf{x})$$

として求めることができ，

$$\boldsymbol{\alpha}^t(\mathbf{x} - \mathbf{x}_0) = 0 \tag{7.12}$$

なる平面になります. ただし，この式中の $\boldsymbol{\alpha}, \mathbf{x}_0$ は以下のとおりです.

$$\boldsymbol{\alpha} = \boldsymbol{\Sigma}^{-1}(\boldsymbol{\mu}_i - \boldsymbol{\mu}_j) \tag{7.13}$$

$$\mathbf{x}_0 = \frac{1}{2}(\boldsymbol{\mu}_i + \boldsymbol{\mu}_j) - \frac{\ln(P(\omega_i)/P(\omega_j))}{(\boldsymbol{\mu}_i - \boldsymbol{\mu}_j)^t \boldsymbol{\Sigma}^{-1}(\boldsymbol{\mu}_i - \boldsymbol{\mu}_j)}(\boldsymbol{\mu}_i - \boldsymbol{\mu}_j) \tag{7.14}$$

ここで，$\boldsymbol{\alpha}$ は決定境界面の法線ベクトルですが，式を見ると2クラスの分布の重心を結ぶ線である $\boldsymbol{\mu}_i - \boldsymbol{\mu}_j$ に $\boldsymbol{\Sigma}^{-1}$ を乗じた形になっています. この意味は，図7.7（a）に示すように，ベクトル $\boldsymbol{\mu}_i - \boldsymbol{\mu}_j$ を $\boldsymbol{\Sigma}^{-1}$ によって回転したベクトルが法線ベクトルになるということです. $\mathbf{x}_0$ に関してもケース1と同様に，決定境界面の通る1点を表しており，事前確率が等しければ $\boldsymbol{\mu}_i - \boldsymbol{\mu}_j$ の中点を通ります. 等しくないときは，図7.7（b）に示すように，事前確率に応じたバイアスがかかるというのもケース1と同様です.

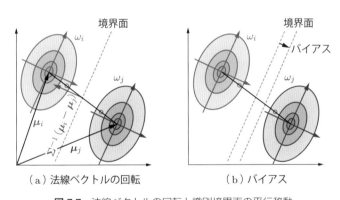

図7.7　法線ベクトルの回転と識別境界面の平行移動

　このように，各クラスの共分散が等しければ，識別境界面は超平面というシンプルな形状をもちます. 識別境界面は識別関数値が等しい点の集合ですから，実際に識別関数値が等しい点の集合を描いてみると，その交点が境界面を構成しているのがわかります. 図7.8に例を示しますが，二つのクラスの識別関数の値が等しい点にマークを付け，それらを結ぶと，確かに直線になっていることがわかります.

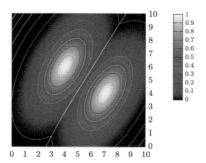

図 7.8 共分散の等しい 2 クラスの境界面（白線）

Let's try !

7-2

決定境界面：$\Sigma_c = \Sigma$ の場合

　隣接する 2 クラス間の決定境界面は，式 (7.12)～(7.14) で表現される平面であることを証明してください．

- ヒント 1：$g_i(\mathbf{x}) = g_j(\mathbf{x})$ がいえればよい．
- ヒント 2：事前確率が等しい場合は，マハラノビス距離が等しい点の集合が境界面となる．

7-4 （ケース 3）任意の Σ の場合

　ケース 1，2 は各クラスの共分散が等しいことを前提としていますが，その状況は自然現象ではほとんど存在しません．ここでは，分散共分散行列 Σ_c が各クラス ω_c ごとに異なる，最も一般的な場合について考えてみましょう．

- 各クラスごとに異なる分散共分散行列 Σ_c
- 次元間相関有（尤度分布の軸は特徴量軸からの回転）
- 各次元の分散は異なる（尤度分布は超楕円体）

という条件になります．

　この場合，式 (7.2) は，何もクラス間で共通化できないので以下のようにそのままとなります．

$$g_c(\mathbf{x}) = -\frac{1}{2}(\mathbf{x} - \boldsymbol{\mu}_c)^t \Sigma_c^{-1}(\mathbf{x} - \boldsymbol{\mu}_c) - \frac{1}{2}\ln|\Sigma_c| + \ln P(\omega_c) - \frac{d}{2}\ln 2\pi$$

下線部はクラスによらないので，識別関数は

$$g_c(\mathbf{x}) = -\frac{1}{2}(\mathbf{x} - \boldsymbol{\mu}_c)^t \mathbf{\Sigma}_c^{-1}(\mathbf{x} - \boldsymbol{\mu}_c) - \frac{1}{2}\ln|\mathbf{\Sigma}_c| + \ln P(\omega_c) \tag{7.15}$$

と書くことができます．この式を整理していくと，

$$g_c(\mathbf{x}) = \mathbf{x}^t \mathbf{A}_c \mathbf{x} + \boldsymbol{w}_c^t \mathbf{x} + \boldsymbol{w}_{c_0} \tag{7.16}$$

と表せます．ただし，

$$\mathbf{A}_c = -\frac{1}{2}\mathbf{\Sigma}_c^{-1} \tag{7.17}$$

$$\boldsymbol{w}_c = \mathbf{\Sigma}_c^{-1}\boldsymbol{\mu}_c \tag{7.18}$$

$$\boldsymbol{w}_{c_0} = -\frac{1}{2}\boldsymbol{\mu}_c^t \mathbf{\Sigma}_c^{-1}\boldsymbol{\mu}_c - \frac{1}{2}\ln|\mathbf{\Sigma}_c| + \ln P(\omega_c) \tag{7.19}$$

です．

この $g_c(\mathbf{x})$ は 2 次形式をしていますので，決定境界面は

$$2\,\text{次超曲面}\begin{cases} \text{二つの超平面の対} \\ \text{超球面，超楕円体} \\ \text{超放物面} \\ \text{超双曲面} \end{cases}$$

のいずれかとなります．図 7.9 と図 7.10 に，例を示します．

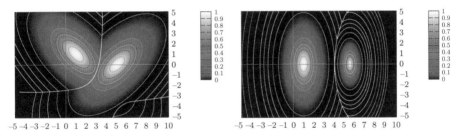

図 7.9　等確率密度線と識別境界面（双曲線）　　**図 7.10**　等確率密度線と識別境界面（放物線）

　このように，分布間の関係によって，決定境界面の形状はさまざまに変化するので，以下，特徴空間が 1 次元，2 次元の場合を例に具体的に決定境界面を求めてみます．

7-4-1　（ケース 3-1）特徴量が 1 次元の場合

　特徴空間が 1 次元の場合は，式 (7.15) 中のすべてのパラメタが 1 次元になり，標準偏差を σ_c とすると，

$$g_c(x) = -\frac{1}{2\sigma_c^2}(x - \mu_c)^2 - \frac{1}{2}\ln\sigma_c^2 + \ln P(\omega_c) \tag{7.20}$$

のようになります．

ここで，2 クラス ω_i, ω_j 間の決定境界面は，$g_i(x) = g_j(x)$ となる面なので，この式に式 (7.20) を適用すると，以下のようにして求めることができます．

$$-\frac{1}{2\sigma_i^2}(x - \mu_i)^2 - \frac{1}{2}\ln \sigma_i^2 + \ln P(\omega_i) = -\frac{1}{2\sigma_j^2}(x - \mu_j)^2 - \frac{1}{2}\ln \sigma_j^2 + \ln P(\omega_j)$$

$$\frac{1}{\sigma_i^2}(x - \mu_i)^2 - \frac{1}{\sigma_j^2}(x - \mu_j)^2 = \ln \sigma_j^2 - \ln \sigma_i^2 + 2\ln P(\omega_i) - 2\ln P(\omega_j)$$

$$= \ln \frac{\sigma_j^2}{\sigma_i^2} + 2\ln \frac{P(\omega_i)}{P(\omega_j)}$$

$$= \ln \frac{\sigma_j^2 P(\omega_i)^2}{\sigma_i^2 P(\omega_j)^2} \tag{7.21}$$

7-4-2 （ケース 3-2）特徴量が 2 次元の場合

特徴空間が 2 次元の場合は，式 (7.15) 内の $\mathbf{x}, \boldsymbol{\mu}_c$ が 2 次元列ベクトル，$\boldsymbol{\Sigma}_c$ が 2×2 の行列になります．

これらは，具体的には次のように表記することにします．

$$\mathbf{x} = \begin{pmatrix} x \\ y \end{pmatrix}, \quad \boldsymbol{\mu}_c = \begin{pmatrix} \mu_{x_c} \\ \mu_{y_c} \end{pmatrix}, \quad \boldsymbol{\Sigma}_c = \begin{pmatrix} \sigma_{xx_c}^2 & \sigma_{xy_c}^2 \\ \sigma_{yx_c}^2 & \sigma_{yy_c}^2 \end{pmatrix} \tag{7.22}$$

これより，分散共分散行列の逆行列は，

$$\boldsymbol{\Sigma}_c^{-1} = \frac{1}{|\boldsymbol{\Sigma}_c|} \begin{pmatrix} \sigma_{yy_c}^2 & -\sigma_{xy_c}^2 \\ -\sigma_{yx_c}^2 & \sigma_{xx_c}^2 \end{pmatrix} \tag{7.23}$$

ただし

$$|\boldsymbol{\Sigma}_c| = \sigma_{xx_c}^2 \cdot \sigma_{yy_c}^2 - \sigma_{xy_c}^2 \cdot \sigma_{yx_c}^2 \tag{7.24}$$

と書け，また，

$$\mathbf{x} - \boldsymbol{\mu}_c = \begin{pmatrix} x \\ y \end{pmatrix} - \begin{pmatrix} \mu_{x_c} \\ \mu_{y_c} \end{pmatrix} = \begin{pmatrix} x - \mu_{x_c} \\ y - \mu_{y_c} \end{pmatrix} \tag{7.25}$$

と書けるので，式 (7.15) は以下のようになります．

$$g_c(\mathbf{x}) = -\frac{1}{2|\boldsymbol{\Sigma}_c|} \underbrace{\begin{pmatrix} x - \mu_{x_c} & y - \mu_{y_c} \end{pmatrix} \begin{pmatrix} \sigma_{yy_c}^2 & -\sigma_{xy_c}^2 \\ -\sigma_{yx_c}^2 & \sigma_{xx_c}^2 \end{pmatrix} \begin{pmatrix} x - \mu_{x_c} \\ y - \mu_{y_c} \end{pmatrix}}_{A_c}$$

$$-\frac{1}{2}\ln |\boldsymbol{\Sigma}_c| + \ln P(\omega_c) \tag{7.26}$$

式 (7.26) 中の A_c を実際に計算すると，

$$
\begin{aligned}
A_c &= \left(\sigma_{yy_c}^2(x - \mu_{x_c}) - \sigma_{yx_c}^2(y - \mu_{y_c}) \quad -\sigma_{xy_c}^2(x - \mu_{x_c}) + \sigma_{xx_c}^2(y - \mu_{y_c}) \right) \begin{pmatrix} x - \mu_{x_c} \\ y - \mu_{y_c} \end{pmatrix} \\
&= \sigma_{yy_c}^2(x - \mu_{x_c})^2 - \sigma_{yx_c}^2(y - \mu_{y_c})(x - \mu_{x_c}) - \sigma_{xy_c}^2(x - \mu_{x_c})(y - \mu_{y_c}) \\
&\quad + \sigma_{xx_c}^2(y - \mu_{y_c})^2 \\
&= \sigma_{yy_c}^2(x - \mu_{x_c})^2 - (\sigma_{xy_c}^2 + \sigma_{yx_c}^2)(x - \mu_{x_c})(y - \mu_{y_c}) + \sigma_{xx_c}^2(y - \mu_{y_c})^2 \quad (7.27)
\end{aligned}
$$

となります.

また, 2 クラスの識別境界面は, $g_i(\mathbf{x}) = g_j(\mathbf{x})$ となる面なので, 以上の結果と式 (7.26) とより,

$$
-\frac{1}{2|\mathbf{\Sigma}_i|}A_i - \frac{1}{2}\ln|\mathbf{\Sigma}_i| + \ln P(\omega_i) = -\frac{1}{2|\mathbf{\Sigma}_j|}A_j - \frac{1}{2}\ln|\mathbf{\Sigma}_j| + \ln P(\omega_j)
$$

$$
\frac{A_i}{|\mathbf{\Sigma}_i|} - \frac{A_j}{|\mathbf{\Sigma}_j|} + \ln\frac{|\mathbf{\Sigma}_i|}{|\mathbf{\Sigma}_j|} - 2\ln\frac{P(\omega_i)}{P(\omega_j)} = 0 \qquad (7.28)
$$

として求められます.

7-5 ／／ 【例題】（ケース 3）任意の Σ の場合

　前節で述べたように, 一般的には識別境界面は 2 次形式となり, どのような形になるのかは学習データに依存します. この節では, 具体的に学習データを決めて識別境界を求めてみます.

　例としては, 特徴空間が 1 次元の場合と 2 次元の場合を取り扱います. 分布パラメータの推定には最尤推定法を用いることにします. 計算の過程もすべて示しますので, 具体的な計算方法も理解できると思います.

7-5-1 【例題 1】特徴量が 1 次元の場合

　特徴空間が 1 次元の学習データから, 平均 μ_1, μ_2, 分散 σ_1^2, σ_2^2, 事前確率 $P(\omega_1)$, $P(\omega_2)$ を推定し, 識別境界を求めます.

　図 7.11 のような学習データが与えられたとしましょう. 具体的には,

$$
\omega_1 : \{x_i^{(\omega_1)}\} = \{-8,\ -7,\ -6,\ -2-\sqrt{2},\ -3,\ -1,\ -2+\sqrt{2},\ 2,\ 3,\ 4\}
$$
$$
\omega_2 : \{x_i^{(\omega_2)}\} = \{3,\ 5,\ 6,\ 7,\ 9\}
$$

のような値をもっています.

　クラス ω_1 用には $N_1 = 10$ 個の学習データ, クラス ω_2 用には $N_2 = 5$ 個の学習データがあるので, 事前確率は標本平均を用いて次のように推定します.

図 7.11 1 次元学習データ（例題 1）

$$P(\omega_1) = \frac{N_1}{N_1 + N_2} = \frac{2}{3} \tag{7.29}$$

$$P(\omega_2) = \frac{N_2}{N_1 + N_2} = \frac{1}{3} \tag{7.30}$$

次に，各クラスのクラス依存確率密度を正規分布でモデル化し，最尤推定を行います．まず，標本平均値を求めます．

$$
\begin{aligned}
\mu_1 &= \frac{1}{N_1} \sum_{i=1}^{N_1} x_i \\
&= \frac{1}{10}\left\{-8 + (-7) + (-6) + (-2 - \sqrt{2}) + (-3) + (-1) + (-2 + \sqrt{2}) + 2 + 3 + 4\right\} \\
&= \frac{1}{10} \cdot (-20) = -2
\end{aligned}
\tag{7.31}
$$

$$
\begin{aligned}
\mu_2 &= \frac{1}{N_2} \sum_{i=1}^{N_2} x_i \\
&= \frac{1}{5}(3 + 5 + 6 + 7 + 9) = \frac{1}{5} \cdot 30 = 6
\end{aligned}
\tag{7.32}
$$

次に，標本分散を求めます．

$$
\begin{aligned}
\sigma_1^2 &= \frac{1}{N_1} \sum_{i=1}^{N_1} (\mu_1 - x_i)^2 \\
&= \frac{1}{10}\big[\{-2 - (-8)\}^2 + \{-2 - (-7)\}^2 + \{-2 - (-6)\}^2 + \{-2 - (-2 - \sqrt{2})\}^2 \\
&\quad + \{-2 - (-3)\}^2 + \{-2 - (-1)\}^2 + \{-2 - (-2 + \sqrt{2})\}^2 + (-2 - 2)^2 \\
&\quad + (-2 - 3)^2 + (-2 - 4)^2\big] \\
&= \frac{1}{10}(36 + 25 + 16 + 2 + 1 + 1 + 2 + 16 + 25 + 36) \\
&= \frac{1}{10} \cdot 160 = 16
\end{aligned}
\tag{7.33}
$$

$$\sigma_2^2 = \frac{1}{N_2} \sum_{i=1}^{N_2} (\mu_2 - x_i)^2$$

$$= \frac{1}{5}\left\{(6-3)^2 + (6-5)^2 + (6-6)^2 + (6-7)^2 + (6-9)^2\right\}$$

$$= \frac{1}{5}(9+1+0+1+9) = \frac{1}{5}\cdot 20 = 4 \tag{7.34}$$

以上をまとめると，クラス ω_1 は $(\mu_1, \sigma_1^2) = (-2, 16)$ の正規分布により尤度 $p(x|\omega_1)$ が表現され，事前確率 $P(\omega_1) = 2/3$，クラス ω_2 は $(\mu_2, \sigma_2^2) = (6, 4)$ の正規分布により尤度 $p(x|\omega_2)$ が表現され，事前確率 $P(\omega_2) = 1/3$ であると推定されます．

この推定結果から $g_c(x)$ のグラフを書くと，図 7.12 のようになります．

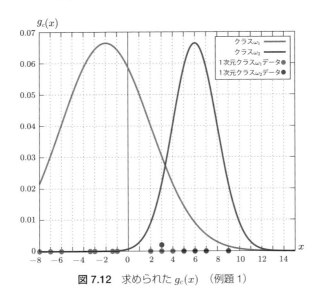

図 7.12 求められた $g_c(x)$ （例題1）

実際の識別境界を解析的に求めるために，これらの推定結果を式 (7.21) に代入します．

$$\frac{1}{\sigma_1^2}(x-\mu_1)^2 - \frac{1}{\sigma_2^2}(x-\mu_2)^2 = \ln\frac{\sigma_2^2 P(\omega_1)^2}{\sigma_1^2 P(\omega_2)^2}$$

$$\frac{1}{16}\{x-(-2)\}^2 - \frac{1}{4}(x-6)^2 = \ln\frac{4\cdot(2/3)^2}{16\cdot(1/3)^2}$$

$$(x+2)^2 - 4(x-6)^2 = 0$$

$$\left\{(x+2)+2(x-6)\right\}\left\{(x+2)-2(x-6)\right\} = 0$$

$$(3x-10)(-x+14) = 0 \tag{7.35}$$

よって，$x = \dfrac{10}{3}, 14$ が識別境界となることがわかります．

7-5-2 【例題 2】特徴量が 2 次元の場合（共分散が 0） Program

ここでは 2 次元特徴空間の学習データから，平均 $\boldsymbol{\mu}_1, \boldsymbol{\mu}_2$，分散共分散行列 $\boldsymbol{\Sigma}_1, \boldsymbol{\Sigma}_2$，事前確率 $P(\omega_1), P(\omega_2)$ を推定して識別境界面を求めてみます．

図 7.13 のような学習データが与えられたとします．具体的には，

$$\omega_1: \{\mathbf{x}_n^{(\omega_1)}\} = \left\{ \begin{pmatrix} 0 \\ 4\sqrt{2} \end{pmatrix}, \begin{pmatrix} 4 \\ 4\sqrt{2} \end{pmatrix}, \begin{pmatrix} 2 \\ 4\sqrt{2}-1 \end{pmatrix}, \begin{pmatrix} 2 \\ 4\sqrt{2}+1 \end{pmatrix} \right\}$$

$$\omega_2: \{\mathbf{x}_n^{(\omega_2)}\}$$

$$= \left\{ \begin{pmatrix} 0 \\ 0 \end{pmatrix}, \begin{pmatrix} 4 \\ 0 \end{pmatrix}, \begin{pmatrix} 2 \\ -1 \end{pmatrix}, \begin{pmatrix} 2 \\ 1 \end{pmatrix}, \begin{pmatrix} 2(1-\sqrt{3}) \\ 0 \end{pmatrix}, \begin{pmatrix} 2(1+\sqrt{3}) \\ 0 \end{pmatrix}, \begin{pmatrix} 2 \\ -\sqrt{3} \end{pmatrix}, \begin{pmatrix} 2 \\ \sqrt{3} \end{pmatrix} \right\}$$

のような値をもっています．

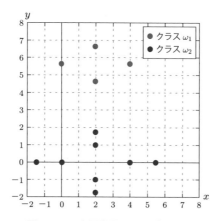

図 7.13　2 次元学習データ（例題 2）

クラス ω_1 用には $N_1 = 4$ 個の学習データ，クラス ω_2 用には $N_2 = 8$ 個の学習データがあるので，事前確率は次のように推定されます．

$$P(\omega_1) = \frac{N_1}{N_1 + N_2} = \frac{4}{12} = \frac{1}{3} \tag{7.36}$$

$$P(\omega_2) = \frac{N_2}{N_1 + N_2} = \frac{8}{12} = \frac{2}{3} \tag{7.37}$$

各クラスのクラス依存確率密度を正規分布でモデル化し，モデルパラメタの平均ベクトルと，分散共分散行列を最尤推定します．

まず，平均ベクトルを求めます．

$$\boldsymbol{\mu}_1 = \frac{1}{N_1}\sum_{n=1}^{N_1}\mathbf{x}_n$$

$$= \frac{1}{4}\left\{\begin{pmatrix} 0 \\ 4\sqrt{2} \end{pmatrix} + \begin{pmatrix} 4 \\ 4\sqrt{2} \end{pmatrix} + \begin{pmatrix} 2 \\ 4\sqrt{2}-1 \end{pmatrix} + \begin{pmatrix} 2 \\ 4\sqrt{2}+1 \end{pmatrix}\right\}$$

$$= \frac{1}{4}\begin{pmatrix} 8 \\ 16\sqrt{2} \end{pmatrix} = \begin{pmatrix} 2 \\ 4\sqrt{2} \end{pmatrix} \tag{7.38}$$

$$\boldsymbol{\mu}_2 = \frac{1}{N_2}\sum_{n=1}^{N_2}\mathbf{x}_n$$

$$= \frac{1}{8}\left\{\begin{pmatrix} 0 \\ 0 \end{pmatrix} + \begin{pmatrix} 4 \\ 0 \end{pmatrix} + \begin{pmatrix} 2 \\ -1 \end{pmatrix} + \begin{pmatrix} 2 \\ 1 \end{pmatrix}\right.$$

$$\left. + \begin{pmatrix} 2(1-\sqrt{3}) \\ 0 \end{pmatrix} + \begin{pmatrix} 2(1+\sqrt{3}) \\ 0 \end{pmatrix} + \begin{pmatrix} 2 \\ -\sqrt{3} \end{pmatrix} + \begin{pmatrix} 2 \\ \sqrt{3} \end{pmatrix}\right\}$$

$$= \frac{1}{8}\begin{pmatrix} 16 \\ 0 \end{pmatrix} = \begin{pmatrix} 2 \\ 0 \end{pmatrix} \tag{7.39}$$

次に，分散共分散行列を求めます．まず，クラス ω_1 の分散共分散行列 $\boldsymbol{\Sigma}_1$ の要素は

$$\sigma_{xx_1}^2 = \frac{1}{N_1}\sum_{n=1}^{N_1}(\mu_{x_1}-x_n)^2$$

$$= \frac{1}{4}\left\{(2-0)^2 + (2-4)^2 + (2-2)^2 + (2-2)^2\right\}$$

$$= \frac{1}{4}(4+4+0+0) = \frac{8}{4} = 2 \tag{7.40}$$

$$\sigma_{yy_1}^2 = \frac{1}{N_1}\sum_{n=1}^{N_1}(\mu_{y_1}-y_n)^2$$

$$= \frac{1}{4}\left[(4\sqrt{2}-4\sqrt{2})^2 + (4\sqrt{2}-4\sqrt{2})^2 + \{4\sqrt{2}-(4\sqrt{2}-1)\}^2 + \{4\sqrt{2}-(4\sqrt{2}+1)\}^2\right]$$

$$= \frac{1}{4}(0+0+1+1) = \frac{1}{4}\cdot 2 = \frac{1}{2} \tag{7.41}$$

$$\sigma_{xy_1}^2 = \frac{1}{N_1}\sum_{n=1}^{N_1}(\mu_{x_1}-x_n)(\mu_{y_1}-y_n)$$

$$= \frac{1}{4}\left[(2-0)(4\sqrt{2}-4\sqrt{2}) + (2-4)(4\sqrt{2}-4\sqrt{2})\right.$$

$$\left. + (2-2)\{4\sqrt{2}-(4\sqrt{2}-1)\} + (2-2)\{4\sqrt{2}-(4\sqrt{2}+1)\}\right]$$

$$= \frac{1}{4}(0 + 0 + 0 + 0) \; = \; \frac{0}{4} \; = \; 0 \tag{7.42}$$

$$\sigma^2_{yx_1} = \frac{1}{N_1} \sum_{n=1}^{N_1} (\mu_{y_1} - y_n)(\mu_{x_1} - x_n) = 0 \tag{7.43}$$

のように求められます．また，クラス ω_2 の分散共分散行列 $\boldsymbol{\Sigma}_2$ の要素は

$$\sigma^2_{xx_2} = \frac{1}{N_2} \sum_{n=1}^{N_2} (\mu_{x_2} - x_n)^2$$

$$= \frac{1}{8} \big[(2-0)^2 + (2-4)^2 + (2-2)^2 + (2-2)^2$$

$$+ \{2 - (2 - 2\sqrt{3})\}^2 + \{2 - (2 + 2\sqrt{3})\}^2 + (2-2)^2 + (2-2)^2 \big]$$

$$= \frac{1}{8}(4 + 4 + 0 + 0 + 12 + 12 + 0 + 0) = \frac{1}{8} \cdot 32 = 4 \tag{7.44}$$

$$\sigma^2_{yy_2} = \frac{1}{N_2} \sum_{n=1}^{N_2} (\mu_{y_2} - y_n)^2$$

$$= \frac{1}{8} \big[\{0 - (-1)\}^2 + (0 - 1)^2 + \{0 - (-\sqrt{3})\}^2 + (0 - \sqrt{3})^2 \big]$$

$$= \frac{1}{8}(1 + 1 + 3 + 3) = \frac{1}{8} \cdot 8 = 1 \tag{7.45}$$

$$\sigma^2_{xy_2} = \frac{1}{N_2} \sum_{n=1}^{N_2} (\mu_{x_2} - x_n)(\mu_{y_2} - y_n)$$

$$= \frac{1}{8} \big[(2-0)(0-0) + (2-4)(0-0) + (2-2)\{0-(-1)\} + (2-2)(0-1)$$

$$+ \{2 - (2 - 2\sqrt{3})\}(0-0) + \{2 - (2 + 2\sqrt{3})\}(0-0)$$

$$+ (2-2)\{0-(-\sqrt{3})\} + (2-2)(0-\sqrt{3}) \big]$$

$$= \frac{0}{8} = 0 \tag{7.46}$$

$$\sigma^2_{yx_2} = \frac{1}{N_2} \sum_{n=1}^{N_2} (\mu_{y_2} - y_n)(\mu_{x_2} - x_n) = 0 \tag{7.47}$$

のように求められます．

以上をまとめると，

$$\omega_1 \colon \boldsymbol{\mu}_1 = \begin{pmatrix} 2 \\ 4\sqrt{2} \end{pmatrix}, \quad \boldsymbol{\Sigma}_1 = \begin{pmatrix} 2 & 0 \\ 0 & \dfrac{1}{2} \end{pmatrix} \tag{7.48}$$

$$\omega_2: \boldsymbol{\mu}_2 = \begin{pmatrix} 2 \\ 0 \end{pmatrix}, \quad \boldsymbol{\Sigma}_2 = \begin{pmatrix} 4 & 0 \\ 0 & 1 \end{pmatrix} \tag{7.49}$$

のような正規分布が推定されます．これらを図示すると，図 7.14 のようになります．赤および黒で示した二つの分布の交わる部分が識別境界面です．

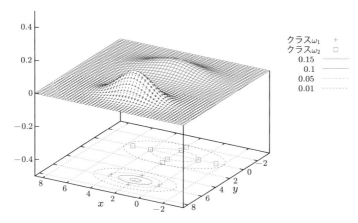

図 7.14　推定された尤度（例題 2）

では，識別境界面を求めてみます．

$$|\boldsymbol{\Sigma}_1| = \left(2 \cdot \frac{1}{2} \right) - 0 = 1 - 0 = 1 \tag{7.50}$$

$$|\boldsymbol{\Sigma}_2| = (4 \cdot 1) - 0 = 4 - 0 = 4 \tag{7.51}$$

であり，

$$\frac{A_1}{|\boldsymbol{\Sigma}_1|} = \frac{A_1}{1} = \left\{ \frac{1}{2}(x-2)^2 - (0+0)(x-2)(y-4\sqrt{2}) + 2(y-4\sqrt{2})^2 \right\}$$

$$= \frac{1}{2}(x-2)^2 + 2(y-4\sqrt{2})^2 \tag{7.52}$$

$$\frac{A_2}{|\boldsymbol{\Sigma}_2|} = \frac{A_2}{4} = \frac{1}{4}\left\{ (x-2)^2 - (0+0)(x-2)(y-0) + 4(y-0)^2 \right\}$$

$$= \frac{1}{4}(x-2)^2 + y^2 \tag{7.53}$$

$$\ln \frac{|\boldsymbol{\Sigma}_1|}{|\boldsymbol{\Sigma}_2|} = \ln \frac{1}{4} \tag{7.54}$$

$$\ln \frac{P(\omega_1)}{P(\omega_2)} = \ln \frac{1}{2} \tag{7.55}$$

なので，式 (7.28) は

$$\frac{1}{2}(x-2)^2 + 2(y-4\sqrt{2})^2 - \left\{\frac{1}{4}(x-2)^2 + y^2\right\} + \ln\frac{1}{4} - 2\ln\frac{1}{2} = 0$$

$$\frac{1}{4}(x-2)^2 + 2(y-4\sqrt{2})^2 - y^2 = 0$$

$$\frac{1}{4}(x-2)^2 + y^2 - 16\sqrt{2}\,y + 64 = 0$$

$$\frac{1}{4}(x-2)^2 + (y-8\sqrt{2})^2 = 64$$

$$\frac{(x-2)^2}{16^2} + \frac{(y-8\sqrt{2})^2}{8^2} = 1 \tag{7.56}$$

となり，境界面は楕円であることがわかりました．これを図示すると図 7.15，7.16 の
ようになります．

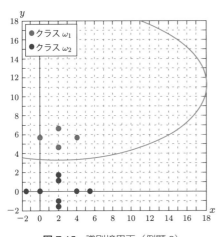

図 7.15　識別境界面（例題 2）

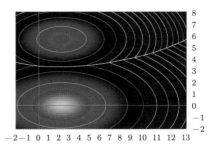

図 7.16　等確率密度線と識別境界面（例題 2）

7-5-3 【例題 3】特徴量が 2 次元の場合（共分散 $\neq$ 0）　Program

2 次元特徴空間の学習データから，平均 $\boldsymbol{\mu}_1$, $\boldsymbol{\mu}_2$，分散共分散行列 $\boldsymbol{\Sigma}_1$, $\boldsymbol{\Sigma}_2$，事前確率
$P(\omega_1)$, $P(\omega_2)$ を推定して識別境界面を求めてみます．

図 7.17 のような学習データが与えられたとします．具体的には，

$$\omega_1\colon \{\mathbf{x}_n^{(\omega_1)}\} = \left\{\begin{pmatrix} -2 \\ 0 \end{pmatrix}, \begin{pmatrix} 0 \\ 1 \end{pmatrix}, \begin{pmatrix} 0 \\ -1 \end{pmatrix}, \begin{pmatrix} 2 \\ 0 \end{pmatrix}\right\}$$

$$\omega_2\colon \{\mathbf{x}_n^{(\omega_2)}\} = \left\{\begin{pmatrix} 3 \\ 2 \end{pmatrix}, \begin{pmatrix} 4 \\ -1 \end{pmatrix}, \begin{pmatrix} 6 \\ 1 \end{pmatrix}, \begin{pmatrix} 7 \\ -2 \end{pmatrix}\right\}$$

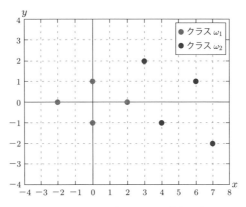

図 7.17 2 次元学習データ (例題 3)

のような値をもっています.

　クラス ω_1 用には $N_1 = 4$ 個の学習データ,クラス ω_2 用には $N_2 = 4$ 個の学習データがあるので,事前確率は次のように推定されます.

$$P(\omega_1) = \frac{N_1}{N_1 + N_2} = \frac{1}{2} \tag{7.57}$$

$$P(\omega_2) = \frac{N_2}{N_1 + N_2} = \frac{1}{2} \tag{7.58}$$

各クラスのクラス依存確率密度を正規分布でモデル化し,モデルパラメタの平均ベクトルと,分散共分散行列を最尤推定します.

　まず,平均ベクトルを求めます.

$$
\begin{aligned}
\boldsymbol{\mu}_1 &= \frac{1}{N_1} \sum_{n=1}^{N_1} \mathbf{x}_n \\
&= \frac{1}{4} \left\{ \begin{pmatrix} -2 \\ 0 \end{pmatrix} + \begin{pmatrix} 0 \\ 1 \end{pmatrix} + \begin{pmatrix} 0 \\ -1 \end{pmatrix} + \begin{pmatrix} 2 \\ 0 \end{pmatrix} \right\} = \frac{1}{4} \begin{pmatrix} 0 \\ 0 \end{pmatrix} = \begin{pmatrix} 0 \\ 0 \end{pmatrix} \tag{7.59}
\end{aligned}
$$

$$
\begin{aligned}
\boldsymbol{\mu}_2 &= \frac{1}{N_2} \sum_{n=1}^{N_2} \mathbf{x}_n \\
&= \frac{1}{4} \left\{ \begin{pmatrix} 3 \\ 2 \end{pmatrix} + \begin{pmatrix} 4 \\ -1 \end{pmatrix} + \begin{pmatrix} 6 \\ 1 \end{pmatrix} + \begin{pmatrix} 7 \\ -2 \end{pmatrix} \right\} = \frac{1}{4} \begin{pmatrix} 20 \\ 0 \end{pmatrix} = \begin{pmatrix} 5 \\ 0 \end{pmatrix} \tag{7.60}
\end{aligned}
$$

　次に,分散共分散行列を求めます.まず,クラス ω_1 の分散共分散行列 $\mathbf{\Sigma}_1$ の要素は

$$\sigma_{xx_1}^2 = \frac{1}{N_1} \sum_{n=1}^{N_1} (\mu_{x_1} - x_n)^2$$

$$= \frac{1}{4}\left[\{0-(-2)\}^2 + (0-0)^2 + (0-0)^2 + (0-2)^2\right]$$

$$= \frac{1}{4}(4+0+0+4) = \frac{1}{4}\cdot 8 = 2 \tag{7.61}$$

$$\sigma_{yy_1}^2 = \frac{1}{N_1}\sum_{n=1}^{N_1}(\mu_{y_1}-y_n)^2$$

$$= \frac{1}{4}\left[(0-0)^2 + (0-1)^2 + \{0-(-1)\}^2 + (0-0)^2\right]$$

$$= \frac{1}{4}(0+1+1+0) = \frac{1}{4}\cdot 2 = \frac{1}{2} \tag{7.62}$$

$$\sigma_{xy_1}^2 = \frac{1}{N_1}\sum_{n=1}^{N_1}(\mu_{x_1}-x_n)(\mu_{y_1}-y_n)$$

$$= \frac{1}{4}\left[\{0-(-2)\}(0-0) + (0-0)(0-1) + (0-0)\{0-(-1)\} + (0-2)(0-0)\right]$$

$$= 0 \tag{7.63}$$

$$\sigma_{yx_1}^2 = \frac{1}{N_1}\sum_{n=1}^{N_1}(\mu_{y_1}-y_n)(\mu_{x_1}-x_n) = 0 \tag{7.64}$$

のように求められます．また，クラス ω_2 の分散共分散行列 Σ_2 の要素は

$$\sigma_{xx_2}^2 = \frac{1}{N_2}\sum_{n=1}^{N_2}(\mu_{x_2}-x_n)^2$$

$$= \frac{1}{4}\left\{(5-3)^2 + (5-4)^2 + (5-6)^2 + (5-7)^2\right\}$$

$$= \frac{1}{4}(4+1+1+4) = \frac{5}{2} \tag{7.65}$$

$$\sigma_{yy_2}^2 = \frac{1}{N_2}\sum_{n=1}^{N_2}(\mu_{y_2}-y_n)^2$$

$$= \frac{1}{4}\left[(0-2)^2 + \{0-(-1)\}^2 + (0-1)^2 + \{0-(-2)\}^2\right]$$

$$= \frac{1}{4}(4+1+1+4) = \frac{5}{2} \tag{7.66}$$

$$\sigma_{xy_2}^2 = \frac{1}{N_2}\sum_{n=1}^{N_2}(\mu_{x_2}-x_n)(\mu_{y_2}-y_n)$$

$$= \frac{1}{4}\left[(5-3)(0-2) + (5-4)\{0-(-1)\} + (5-6)(0-1) + (5-7)\{0-(-2)\}\right]$$

$$= \frac{1}{4}(-4+1+1-4) = \frac{-6}{4} = -\frac{3}{2} \tag{7.67}$$

$$\sigma_{yx_2}^2 = \frac{1}{N_2} \sum_{n=1}^{N_2} (\mu_{y_2} - y_n)(\mu_{x_2} - x_n) = -\frac{3}{2} \tag{7.68}$$

のように求められます.

　以上をまとめると,

$$\omega_1 : \boldsymbol{\mu}_1 = \begin{pmatrix} 0 \\ 0 \end{pmatrix}, \quad \boldsymbol{\Sigma}_1 = \begin{pmatrix} 2 & 0 \\ 0 & \dfrac{1}{2} \end{pmatrix} \tag{7.69}$$

$$\omega_2 : \boldsymbol{\mu}_2 = \begin{pmatrix} 5 \\ 0 \end{pmatrix}, \quad \boldsymbol{\Sigma}_2 = \begin{pmatrix} \dfrac{5}{2} & -\dfrac{3}{2} \\ -\dfrac{3}{2} & \dfrac{5}{2} \end{pmatrix} \tag{7.70}$$

のような正規分布が推定されます. これらを図示すると, 図7.18のようになります. 赤および黒で示す二つの分布の交わる部分が識別境界面です.

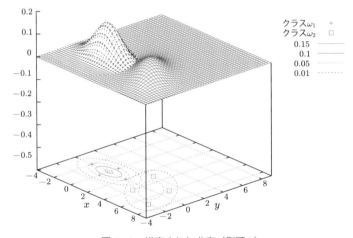

図 7.18 推定された尤度（例題3）

　では, 識別境界面を求めてみます.

$$|\boldsymbol{\Sigma}_1| = 2 \cdot \frac{1}{2} - 0 \cdot 0 = 1 \tag{7.71}$$

$$|\boldsymbol{\Sigma}_2| = \left(\frac{5}{2}\right)^2 - \left(-\frac{3}{2}\right)^2 = \frac{25 - 9}{4} = \frac{16}{4} = 4 \tag{7.72}$$

であり,

$$\frac{A_1}{|\boldsymbol{\Sigma}_1|} = A_1 = \frac{1}{2}(x-0)^2 + 2(y-0)^2 = \frac{1}{2}x^2 + 2y^2 \tag{7.73}$$

$$\frac{A_2}{|\boldsymbol{\Sigma}_2|} = \frac{A_2}{4} = \frac{1}{4}\left\{\frac{5}{2}(x-5)^2 - \left(-\frac{3}{2} - \frac{3}{2}\right)(x-5)y + \frac{5}{2}(y-0)^2\right\}$$

$$= \frac{5}{8}(x-5)^2 + \frac{3}{4}(x-5)y + \frac{5}{8}y^2 \tag{7.74}$$

$$\ln\frac{|\boldsymbol{\Sigma}_1|}{|\boldsymbol{\Sigma}_2|} = \ln\frac{1}{4} = -\ln 4 \tag{7.75}$$

$$\ln\frac{P(\omega_1)}{P(\omega_2)} = 0 \tag{7.76}$$

なので，式 (7.28) は

$$\frac{1}{2}x^2 + 2y^2 - \left\{\frac{5}{8}(x-5)^2 + \frac{3}{4}(x-5)y + \frac{5}{8}y^2\right\} - \ln 4 = 0$$

$$-4x^2 - 16y^2 + 5(x-5)^2 + 6(x-5)y + 5y^2 + 8\ln 4 = 0$$

$$5x^2 - 50x + 125 - 4x^2 + 6xy - 30y - 11y^2 + 8\ln 4 = 0$$

$$x^2 + 6xy - 11y^2 - 50x - 30y + 125 + 8\ln 4 = 0 \tag{7.77}$$

となり，境界面が求められました．式の形を見ると，境界面は双曲線になっていることがわかります．これを図示すると，図 7.19，7.20 のようになります．

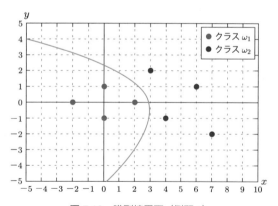

図 7.19　識別境界面（例題 3）

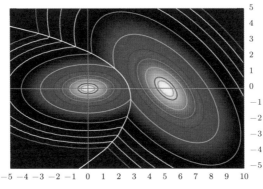

図 7.20 識別境界面と等確率密度線（例題 3）

Let's try! 7-3

決定境界面の導出

それぞれの分布が正規分布とみなせる二つのクラス ω_1, ω_2 があります．それぞれのクラスには図 7.21 に示すような四つのデータが属しているとき，この 2 クラスのカテゴリ境界を求め，図に示してください．ただし，事前確率は等しいと仮定します．データの具体的な座標は以下のとおりです．

$$\{\mathbf{x}_n^{(\omega_1)}\} = \left\{ \begin{pmatrix} 2 \\ 6 \end{pmatrix}, \begin{pmatrix} 3 \\ 4 \end{pmatrix}, \begin{pmatrix} 3 \\ 8 \end{pmatrix}, \begin{pmatrix} 4 \\ 6 \end{pmatrix} \right\}$$

$$\{\mathbf{x}_n^{(\omega_2)}\} = \left\{ \begin{pmatrix} 1 \\ -2 \end{pmatrix}, \begin{pmatrix} 3 \\ -4 \end{pmatrix}, \begin{pmatrix} 3 \\ 0 \end{pmatrix}, \begin{pmatrix} 5 \\ -2 \end{pmatrix} \right\}$$

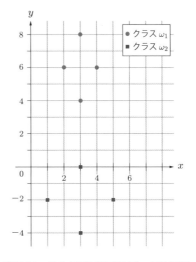

図 7.21 各クラスに属するデータの座標

● ヒント

与えられたデータより，

$$\begin{cases} \boldsymbol{\mu}_1 = \begin{pmatrix} 3 \\ 6 \end{pmatrix}, & \boldsymbol{\Sigma}_1 = \begin{pmatrix} \dfrac{1}{2} & 0 \\ 0 & 2 \end{pmatrix} \\[4mm] \boldsymbol{\mu}_2 = \begin{pmatrix} 3 \\ -2 \end{pmatrix}, & \boldsymbol{\Sigma}_2 = \begin{pmatrix} 2 & 0 \\ 0 & 2 \end{pmatrix} \end{cases}$$

が計算でき，逆行列は

$$\begin{cases} \boldsymbol{\Sigma}_1^{-1} = \begin{pmatrix} 2 & 0 \\ 0 & \dfrac{1}{2} \end{pmatrix} \\[6mm] \boldsymbol{\Sigma}_2^{-1} = \begin{pmatrix} \dfrac{1}{2} & 0 \\ 0 & \dfrac{1}{2} \end{pmatrix} \end{cases}$$

と計算できます．問題より，事前確率は

$$P(\omega_1) = P(\omega_2) = 0.5$$

なので，あとは，$g_1(\mathbf{x}) = g_2(\mathbf{x})$ とおいて計算すればよいですね．結果は，

$$x_2 = 0.1875x_1^2 - 1.125x_1 + 3.514\cdots$$

のような放物線になるはずです．

この章の **まとめ** 　理解できているかを再確認しましょう！

1. MAP 推定での識別関数 $g_c(\mathbf{x})$ は，

$$g_c(\mathbf{x}) = \ln p(\mathbf{x}|\omega_c) + \ln P(\omega_c)$$

であり，クラス依存確率密度 $p(\mathbf{x}|\omega_c)$ を正規分布でモデル化すると，

$$g_c(\mathbf{x}) = -\frac{1}{2}(\mathbf{x}-\boldsymbol{\mu}_c)^t \boldsymbol{\Sigma}_c^{-1}(\mathbf{x}-\boldsymbol{\mu}_c) - \frac{d}{2}\ln 2\pi - \frac{1}{2}\ln|\boldsymbol{\Sigma}_c| + \ln P(\omega_c)$$

と書ける。　⇨ p.152, 式 (7.2)

ここで，2 クラス ω_i, ω_j 間の識別境界面は，$g_i(\omega_i) = g_j(\omega_j)$ とおけば求められる。

2. （ケース 1）$\boldsymbol{\Sigma}_c = \sigma^2 \boldsymbol{I}$ の場合：識別境界面は，法線ベクトル $\boldsymbol{\alpha}$，点 $\mathbf{x}_0$ を通る**超平面** $\boldsymbol{\alpha}^t(\mathbf{x}-\mathbf{x}_0) = 0$ になる。
⇨ p.154, 式 (7.7) p.154, 式 (7.8) p.154, 式 (7.9)

$$\boldsymbol{\alpha} = \boldsymbol{\mu}_i - \boldsymbol{\mu}_j \quad \text{法線ベクトル}$$
$$\mathbf{x}_0 = \underbrace{\frac{1}{2}(\boldsymbol{\mu}_i + \boldsymbol{\mu}_j)}_{\text{中点}} - \underbrace{\frac{\sigma^2}{\|\boldsymbol{\mu}_i - \boldsymbol{\mu}_j\|^2}\ln\frac{P(\omega_i)}{P(\omega_j)}(\boldsymbol{\mu}_i - \boldsymbol{\mu}_j)}_{\text{バイアス（切片の役割）}}$$

3. （ケース 2）$\boldsymbol{\Sigma}_c = \boldsymbol{\Sigma}$ の場合：識別境界面は，法線ベクトル $\boldsymbol{\alpha}$，点 $\mathbf{x}_0$ を通る**超平面** $\boldsymbol{\alpha}^t(\mathbf{x}-\mathbf{x}_0) = 0$ になる。
⇨ p.157, 式 (7.12) p.157, 式 (7.13) p.157, 式 (7.14)

$$\boldsymbol{\alpha} = \boldsymbol{\Sigma}^{-1}(\boldsymbol{\mu}_i - \boldsymbol{\mu}_j)$$
$$\mathbf{x}_0 = \frac{1}{2}(\boldsymbol{\mu}_i + \boldsymbol{\mu}_j) - \frac{\ln(P(\omega_i)/P(\omega_j))}{(\boldsymbol{\mu}_i - \boldsymbol{\mu}_j)^t \boldsymbol{\Sigma}^{-1}(\boldsymbol{\mu}_i - \boldsymbol{\mu}_j)}(\boldsymbol{\mu}_i - \boldsymbol{\mu}_j)$$

4. （ケース 3）任意の $\boldsymbol{\Sigma}$ の場合：識別境界面は 2 次超曲面で，

$$\begin{cases} \text{二つの超平面の対} \\ \text{超球面，超楕円体} \\ \text{超放物面} \\ \text{超双曲面} \end{cases}$$

のいずれかになる。　⇨ p.159, 図 7.9 p.159, 図 7.10

Chapter 8 ニューラルネットワーク (feed forward 型)

この章で学ぶこと

第3章では単層のパーセプトロンに対しての学習方法を学んできましたが，ここでは，多層ニューラルネットワーク (neural network) について学習します．2-8 節で説明したように，多層ニューラルネットワークの学習法は，1986 年に Rumelhart, Hinton, Williams によって提案されました．この学習法は誤差逆伝播法 (back propagation) と呼ばれ，現在のニューラルネットワーク研究でも用いられている基礎になっています．この章では，第3章で学習した Widrow-Hoff の学習規則を始点に，誤差逆伝播法まで説明していきます．

8-1 線形識別関数とニューロン

feed forward 型ニューラルネットワークは，第2章で学んだ線形識別関数を用いた識別法を拡張したものと考えることができます．第2章で学んだ線形識別関数の式 (2.12) は，

$$g(\mathbf{x}_p) = \sum_{j=0}^{d} w_j \cdot x_j$$

であり，これを図示すると，図 8.1 のように描けます．

一方，これから学ぶニューラルネットワークでは，一つのニューロンが発火（活性化）するか否かを決める仕組みが追加されます．それは，識別関数の出力に対して**活性化関数** $f(\ )$ を掛けることで実現されます．ここで，ニューロンの出力値を g，識別関数の出力値を h とし，上記の識別関数の式を，$g(\mathbf{x}_p)$ から $h(\mathbf{x}_p)$ に置き換えて

$$h(\mathbf{x}_p) = \sum_{j=0}^{d} w_j \cdot x_j \tag{8.1}$$

とします．それを活性化関数 $f(\ )$ に通した結果を次式のようにニューロンの出力値 g とします．

$$g = f\big(h(\mathbf{x}_p)\big) \tag{8.2}$$

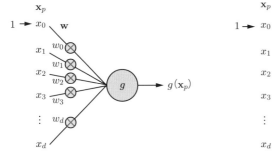

図 8.1　ニューロンとしての線形識別関数

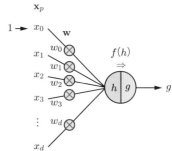

図 8.2　ニューラルネットワークの
ニューロンユニット

これを図示したものが図 8.2 です．線形識別関数の定数項を表現するために d 次元特徴ベクトルを 1 次元拡張したのを覚えていますか．それがこの図中の $x_0 = 1$ です．識別関数を**ニューロン**として捉える場合には，この $x_0 = 1$ を**バイアス**と呼びます．

8-2 // 活性化関数

　ニューロンユニットがもつ活性化関数 (activation function) にはさまざまなものが提案されていますが，よく用いられるものは単調増加する非線形関数です．代表的な関数としては，次式のような**シグモイド関数** (sigmoid function) があります．

$$f(u) = \frac{1}{1 + e^{-au}} \tag{8.3}$$

この式中の a は定数で，**ゲイン**と呼ばれ，$a = 1$ とした $f(u)$ を**標準シグモイド関数** (standard sigmoid function) といいます．また，このシグモイド関数は，ロジスティック関数の特殊ケースなので，**ロジスティックシグモイド関数** (logistic sigmoid function) と呼ばれたり，単に**ロジスティック関数** (logistic function) と呼ばれる場合もあります．この関数は図 8.3 に赤の点線で示すように，定義域は $(-\infty, \infty)$ であり，$(0, 1)$ を値域とします．

　このほかの活性化関数としては，**双曲線正接関数**があります．これは，

$$f(u) = \tanh(u) = \frac{e^u - e^{-u}}{e^u + e^{-u}} \tag{8.4}$$

と表され，シグモイド関数とよく似た性質をもつため，双曲線正接関数を含めてシグモイド関数と総称する場合もあります．ただし，双曲線正接関数は図 8.3 に緑の破線で示すように，値域が $(-1, 1)$ になります．

　いずれの関数も入力 u の絶対値が大きくなると出力が飽和し，一定値となる性質を

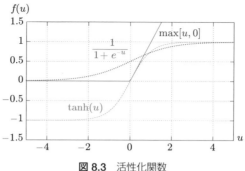

図 8.3　活性化関数

もちます．これらは，生物の神経細胞がもつ性質をモデル化したものです．

　一方，最近，これらの関数に代わり，**正規化線形関数** (rectified linear function) が
よく用いられるようになりました．この関数は，

$$f(u) = \max[u, 0] \tag{8.5}$$

で定義され，図 8.3 に青の実線で示すように $u \geq 0$ では線形関数，$u < 0$ では $f(u) = 0$
となる単純な関数です．単純なので計算量が小さく，さらに学習がより速く進み，結
果もよい場合が多いため，よく用いられています．シグモイド関数や双曲線正接関数
では，入力が大きいと出力が飽和してしまい，学習が収束してしまいますが，この関
数は線形なのでそれを防ぐことができます．なお，この活性化関数を用いたニューロ
ンユニットを**正規化線形ユニット** (ReLU: rectified linear unit) といいます．

　また，これらの活性化関数 $f(u)$ は一次微分可能†であり，微分すると以下のように
なります．

・シグモイド関数の導関数

$$f'(u) = af(u)\bigl(1 - f(u)\bigr) \tag{8.6}$$

・双曲線正接関数の導関数

$$f'(u) = 1 - \tanh^2(u) \tag{8.7}$$

・正規化線形関数の導関数

$$f'(u) = \begin{cases} 1 & (u \geq 0)^\dagger \\ 0 & (u < 0) \end{cases} \tag{8.8}$$

最後に，次式のような**恒等写像**もよく用いられます．

$$f(u) = u \tag{8.9}$$

---

†　厳密には ReLU は $u = 0$ で微分不可能ですが，$u = 0$ での微係数を 1 などと決めてしまうことで，微分
　可能として実際には扱っています．

これは活性化関数ではありませんが，これを活性化関数の代わりに用いると，活性化関数を用いないことと等価になります．例えば，前節の線形識別関数は，ニューロンユニットにこの恒等写像を用いた場合と考えることができます．

Let's try! 8-1

活性化関数の導関数

上に示した三つの活性化関数の導関数（式 (8.6)〜(8.8)）を導出してください．

8-3 ニューラルネットワーク(feed forward 型)の構造

ここで扱うニューラルネットワークは図 8.4 に示すように，複数のニューロンユニットを含む層を入力層から出力層まで並べたものです．パターンが入力される層を**入力層** (input layer)，クラスごとの識別結果を返す層を**出力層** (output layer) といい，その間に挟まれている層を**中間層** (internal layer)，もしくは**隠れ層** (hidden layer) といいます．

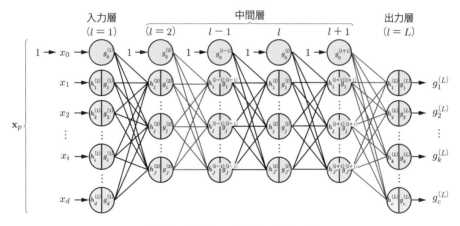

図 8.4 多層ニューラルネットワーク

このネットワークでは，信号の伝播は入力層から出力層へ向けて一方向 (feed forward) であり，フィードバックループは存在しません．

ニューロンユニット間の接続は隣接層間のみに存在し，基本的に隣接するすべてのユニットと接続をもちます．接続するリンクには重み w_{ji} が存在します．第 l 層の第 j 番目のニューロンの入力にかかる重みベクトルは $\mathbf{w}_j^{(l)} = \begin{pmatrix} w_{j0}^{(l)} & w_{j1}^{(l)} & \cdots & w_{jd}^{(l)} \end{pmatrix}$

と書くことができます.

　入力層のユニット数は入力ベクトルの次元数 d とバイアス用を合わせた $d+1$ で,
出力層のユニット数はクラス数 c であるのが一般的ですが, 中間層のユニット数は
各中間層ごとにさまざまな個数を決めることができます. また, 中間層の層数もさ
まざまに決めることができ, 中間層の層数が少ないものを**浅いニューラルネットワー
ク** (shallow neural network), 層数が多いものを**深いニューラルネットワーク** (deep
neural network) といいます. 中間層数やユニット数の最適な数は認識タスクに依存
するので, 実験的に決めることになります.

　また, この図のように全体で L 層のネットワークがある場合, 入力層のニューロン
はほとんどの場合, 特徴量をそのまま出力しているだけなので層数には数えず,「$L-1$
層のニューラルネットワーク」といいます.

8-4 // 誤差評価に基づくニューラルネットワークの学習

　第 3 章で学んだように, 線形識別関数を用いた識別器の学習は, あるパターン $\mathbf{x}_p$
を識別関数に代入したときの出力値の理想値を教師信号 b_{cp} として与え, 実際の出力
値 $g_c(\mathbf{x}_p)$ との誤差 ε_{cp} をできるだけ小さくすることが目標でした. これを図示すると
図 8.5 のように描けます. この図は識別関数 $g_c(\mathbf{x})$ で表現されるニューロンを並列に
並べたものとみなすことができ, 最も単純なニューラルネットワークといえます.

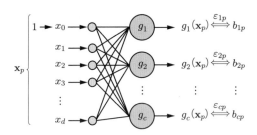

図 8.5　識別関数による多クラス識別器

　Widrow-Hoff の学習規則では, ある学習パターン $\mathbf{x}_p$ をすべての識別関数 $g_c(\mathbf{x})$,
$(c = 1, 2, \ldots, C)$ に入力して得られた値を教師信号 b_{cp} と比較し, その誤差を評価す
る評価関数 J_p を

$$J_p = \sum_{c=1}^{C} \varepsilon_{cp}^2 \tag{8.10}$$

のように定義しました. ニューラルネットワークの学習でもまったく同様に評価関数

J_p を定義します.

Widrow-Hoff の学習規則では, 学習すべきはクラスの個数 C 個分の重みベクトル $\mathbf{w}_c, (c = 1, 2, \ldots, C)$ であり, それを,

$$\mathbf{w}_c' = \mathbf{w}_c - \rho \frac{\partial J_p}{\partial \mathbf{w}_c} \tag{8.11}$$

のように, J_p の勾配ベクトル $-\partial J_p / \partial \mathbf{w}_c$ の方向に修正することで逐次的に求めていきました.

一方, ニューラルネットワークは, 図8.4 に示すように, 何層にもニューロンが接続され, 隣接する層間のニューロンが重みベクトル $\mathbf{w}_j^{(l)}$ で接続される構造をもつため, 求める重みベクトルはたくさんあります.

さらに, 入力層に近い重みベクトルを修正すると, その後ろの層にあるすべてのニューロンユニットに影響を与えるため, 重みベクトルの修正法は Widrow-Hoff のように簡単ではなく, 長い間その学習法が存在しませんでした.

8-5// 誤差逆伝播法

2-8 節で説明したように, 1986 年に Rumelhart（ラメルハート）, Hinton（ヒントン）, Williams（ウィリアムス）は, **誤差逆伝播法** (back propagation: BP) による多層ニューラルネットワークの学習方法を定式化しました.

以降, まず2層ニューラルネットワークを例にその学習方法について説明し, その後, 一般的な多層ニューラルネットワークの学習方法へと拡張します.

8-5-1 2層ニューラルネットワークの学習

ここでは, 図8.6 のような2層のニューラルネットワークを考えることにします. 入力層 $(l = 1)$ には $I + 1$ 個のニューロンを用意しますが, これは拡張特徴ベクトルの次元数 $d + 1$ と同じです. 入力層の各ニューロンでは,

$$f^{(1)}(u) = u \tag{8.12}$$

$$h_i^{(1)} = x_i, \quad (i = 1, 2, \ldots, I) \tag{8.13}$$

$$g_i^{(1)} = \begin{cases} 1, & (i = 0) \\ f^{(1)}(h_i^{(1)}) = x_i, & (i = 1, 2, \ldots, I) \end{cases} \tag{8.14}$$

のように, $f^{(1)}, h_i^{(1)}, g_i^{(1)}$ を定めます. すなわち, この層の出力 $g_i^{(1)}$ は入力信号 x_i そのものです.

次に, 中間層 $(l = 2)$ には $J + 1$ 個のニューロンを用意します. 中間層の各ニュー

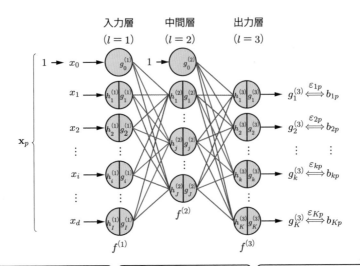

入力層

$$f^{(1)}(u) = u$$
$$h_i^{(1)} = x_i,$$
$$(i = 1, 2, ..., I)$$
$$g_i^{(1)} = \begin{cases} 1, & (i = 0) \\ f^{(1)}(h_i^{(1)}) = x_i, \\ & (i = 1, 2, ..., I) \end{cases}$$

中間層

$$f^{(2)}(u) = \frac{1}{1 + e^{-u}}$$
$$h_j^{(2)} = \sum_{i=0}^{I} w_{ji}^{(2)} g_i^{(1)},$$
$$(j = 1, 2, ..., J)$$
$$g_j^{(2)} = \begin{cases} 1, & (j = 0) \\ f^{(2)}(h_j^{(2)}), \\ & (j = 1, 2, ..., J) \end{cases}$$

出力層

$$f^{(3)}(u) = u$$
$$h_k^{(3)} = \sum_{j=0}^{J} w_{ki}^{(3)} g_i^{(2)},$$
$$(k = 1, 2, ..., K)$$
$$g_k^{(3)} = f^{(3)}(h_k^{(3)}) = h_k^{(3)},$$
$$(k = 1, 2, ..., K)$$

図 8.6 2 層ニューラルネットワーク

ロンでは，

$$f^{(2)}(u) = \frac{1}{1 + e^{-u}} \tag{8.15}$$

$$h_j^{(2)} = \sum_{i=0}^{I} w_{ji}^{(2)} g_i^{(1)}, \quad (j = 1, 2, \ldots, J) \tag{8.16}$$

$$g_j^{(2)} = \begin{cases} 1, & (j = 0) \\ f^{(2)}(h_j^{(2)}), & (j = 1, 2, \ldots, J) \end{cases} \tag{8.17}$$

のように，$f^{(2)}, h_j^{(2)}, g_j^{(2)}$ を定めます．

　最後に，出力層 $(l = 3)$ には K 個のニューロンを用意します．これはクラス数 C と同じ個数です．出力層の各ニューロンでは，

$$f^{(3)}(u) = u \tag{8.18}$$

$$h_k^{(3)} = \sum_{j=0}^{J} w_{kj}^{(3)} g_j^{(2)}, \quad (k = 1, 2, \ldots, K) \tag{8.19}$$

$$g_k^{(3)} = f^{(3)}(h_k^{(3)}) = h_k^{(3)}, \quad (k = 1, 2, \ldots, K) \tag{8.20}$$

のように，$f^{(3)}$, $h_k^{(3)}$, $g_k^{(3)}$ を定めます．

今，初期値として各層間の重み $w_{ji}^{(2)}$ と $w_{kj}^{(3)}$ を決めて，入力にパターン $\mathbf{x}_p$ を与えると，中間層ニューロンの出力 $g_j^{(2)}$ は，入力層からネットワークを順方向にたどると，式 (8.17)，(8.16)，(8.14) より

$$g_j^{(2)} = f^{(2)}(h_j^{(2)}) = f^{(2)}\left(\sum_{i=0}^{I} w_{ji}^{(2)} g_i^{(1)}\right) = f^{(2)}\left(\sum_{i=0}^{I} w_{ji}^{(2)} x_i\right) \tag{8.21}$$

と計算できます．この中間層の出力値 $g_j^{(2)}$ を用いて，さらにネットワークを順方向にたどると，式 (8.20)，(8.19) より，出力層ニューロンの出力 $g_k^{(3)}$ を次のように計算できます．

$$g_k^{(3)} = h_k^{(3)} = \sum_{j=0}^{J} w_{kj}^{(3)} g_j^{(2)} \tag{8.22}$$

これで，入力層 ⇒ 出力層の計算ができ，各層の g, h の値が求められました．

次に，このニューラルネットワークの出力 $g_k^{(3)}$ $(= h_k^{(3)})$ をパターン $\mathbf{x}_p$ の教師信号 b_{kp} と比較し，誤差の二乗和 J_p を求めます．

$$J_p = \sum_{k=1}^{K} \varepsilon_{kp}^2 = \sum_{k=1}^{K} (h_k^{(3)} - b_{kp})^2 \tag{8.23}$$

$$= \sum_{k=1}^{K} \left(\sum_{j=0}^{J} w_{kj}^{(3)} g_j^{(2)} - b_{kp}\right)^2 \tag{8.24}$$

Widrow-Hoff の学習規則と同様，各層の重み $w_{ji}^{(2)}$ と $w_{kj}^{(3)}$ を修正して，J_p を最小化することを考えます．すなわち，$\partial J_p / \partial w_{kj}^{(3)}$ と $\partial J_p / \partial w_{ji}^{(2)}$ を求めることができれば，最急降下法を用いて

$$\mathbf{w}_k^{\prime(3)} = \mathbf{w}_k^{(3)} - \rho \frac{\partial J_p}{\partial \mathbf{w}_k^{(3)}}, \quad (k = 1, 2, \ldots, K) \tag{8.25}$$

$$\mathbf{w}_j^{\prime(2)} = \mathbf{w}_j^{(2)} - \rho \frac{\partial J_p}{\partial \mathbf{w}_j^{(2)}}, \quad (j = 1, 2, \ldots, J) \tag{8.26}$$

のように重みベクトルを修正すればよいわけです．

では，出力層ユニットの勾配ベクトル $\partial J_p / \partial \mathbf{w}_k^{(3)}$ から実際に求めます．これの要素は，式 (8.24) より簡単に求められ，

$$\frac{\partial J_p}{\partial w_{kj}^{(3)}} = 2(w_{kj}^{(3)} g_j^{(2)} - b_{kp}) \cdot g_j^{(2)} \tag{8.27}$$

のようになります．右辺の変数はすべて既知ですので，勾配ベクトル $\partial J_p / \partial \mathbf{w}_k^{(3)}$ の各要素

$$\frac{\partial J_p}{\partial \mathbf{w}_k^{(3)}} = \left(\frac{\partial J_p}{\partial w_{k0}^{(3)}} \quad \frac{\partial J_p}{\partial w_{k1}^{(3)}} \quad \frac{\partial J_p}{\partial w_{k2}^{(3)}} \quad \cdots \quad \frac{\partial J_p}{\partial w_{kJ}^{(3)}} \right)^t, \quad (k = 1, 2, \ldots, K) \quad (8.28)$$

をすべて求めることができます．

次に，中間層ユニットの勾配ベクトル $\partial J_p / \partial \mathbf{w}_j^{(2)}$ を求めます．図 8.7 を参照しながら，読み進めてください．

$$\frac{\partial J_p}{\partial \mathbf{w}_j^{(2)}} = \left(\frac{\partial J_p}{\partial w_{j0}^{(2)}} \quad \frac{\partial J_p}{\partial w_{j1}^{(2)}} \quad \frac{\partial J_p}{\partial w_{j2}^{(2)}} \quad \cdots \quad \frac{\partial J_p}{\partial w_{jI}^{(2)}} \right)^t, \quad (j = 1, 2, \ldots, J) \quad (8.29)$$

のように，求めたいのは入力層と中間層の間の重み $w_{ji}^{(2)}$ を動かしたときの出力誤差の

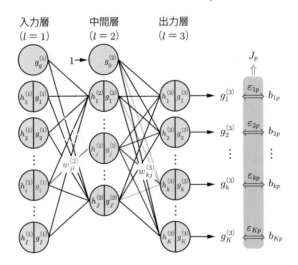

図 8.7 中間層の勾配の算出手順

二乗和 J_p への影響です。重み $w_{ji}^{(2)}$ を動かすとまず $h_j^{(2)}$ が変化するので，$h_j^{(2)}$ を用いて

$$\frac{\partial J_p}{\partial w_{ji}^{(2)}} = \underline{\frac{\partial J_p}{\partial h_j^{(2)}}} \cdot \underline{\frac{\partial h_j^{(2)}}{\partial w_{ji}^{(2)}}} \tag{8.30}$$

と変形すると，右辺の ___ は，式 (8.16) より $h_j^{(2)} = \sum_{i=0}^{I} w_{ji}^{(2)} g_i^{(1)}$ でしたので，

$$\frac{\partial h_j^{(2)}}{\partial w_{ji}^{(2)}} = g_i^{(1)} \tag{8.31}$$

と求められます。これで，中間層の $h_j^{(2)}$ がどの程度変化するのかがわかりました。

中間層の $h_j^{(2)}$ の変化は，出力層の $h_k^{(3)}$ すべてに影響を及ぼし，この $h_k^{(3)}$ がネットワークの出力を変化させ，最終的に評価関数 J_p の値に影響を及ぼします。そこで，この $h_k^{(3)}$ を用いて，式 (8.30) の右辺の ___ を書き換えると，

$$\frac{\partial J_p}{\partial h_j^{(2)}} = \sum_{k=1}^{K} \frac{\partial J_p}{\partial h_k^{(3)}} \cdot \frac{\partial h_k^{(3)}}{\partial h_j^{(2)}} \tag{8.32}$$

と変形できます。この式の は式 (8.23) を用いると

$$\frac{\partial J_p}{\partial h_k^{(3)}} = \frac{\partial}{\partial h_k^{(3)}} \sum_{k=1}^{K} (h_k^{(3)} - b_{kp})^2 = 2(h_k^{(3)} - b_{kp}) \tag{8.33}$$

と求められます。また， は式 (8.17) と式 (8.18) より

$$h_k^{(3)} = \sum_{j=0}^{J} w_{kj}^{(3)} g_j^{(2)} = \sum_{j=0}^{J} w_{kj}^{(3)} f(h_j^{(2)}) \tag{8.34}$$

のように書けるので，

$$\frac{\partial h_k^{(3)}}{\partial h_j^{(2)}} = w_{kj}^{(3)} f'(h_j^{(2)}) \tag{8.35}$$

と求められます。よって，最終的に式 (8.30) は，式 (8.31), (8.33), (8.35) を用いて，

$$\frac{\partial J_p}{\partial w_{ji}^{(2)}} = \left\{ \sum_{k=1}^{K} 2(h_k^{(3)} - b_{kp}) \cdot w_{kj}^{(3)} f'(h_j^{(2)}) \right\} g_i^{(1)}$$

$$= 2g_i^{(1)} \cdot f'(h_j^{(2)}) \sum_{k=1}^{K} w_{kj}^{(3)} (h_k^{(3)} - b_{kp}) \tag{8.36}$$

と書けることがわかりました。この式の右辺の変数はすべて既知ですので，中間層の重みの勾配ベクトル $\partial J_p / \partial \mathbf{w}_j^{(2)}$ の全要素を求めることができます。

以上のように，学習パターン $\mathbf{x}_p$ が与えられたとき，出力層ニューロンの各勾配ベクトル $\partial J_p / \partial \mathbf{w}_k^{(3)}$ と中間層ニューロンの各勾配ベクトル $\partial J_p / \partial \mathbf{w}_j^{(2)}$ は，それぞれ式 (8.27)

と式 (8.36) で求めることができるので，式 (8.25), (8.26) を用いて，すべてのニューロンユニットの重みベクトルを出力誤差の二乗和が最小になる方向に修正していくことが可能です．

8-5-2　多層ニューラルネットワークの学習

多層ニューラルネットワークは図 8.4 で示したように，中間層が多層になったものなので，今まで説明してきた 2 層ニューラルネットワークの中間層の重みに関する計算を一般化することを考えます．

まず，式 (8.30) を第 l 層の重み $w_{ji}^{(l)}$ についての式とみなすと，

$$\frac{\partial J_p}{\partial w_{ji}^{(l)}} = \frac{\partial J_p}{\partial h_j^{(l)}} \cdot \underline{\frac{\partial h_j^{(l)}}{\partial w_{ji}^{(l)}}} \tag{8.37}$$

と書けます．ここで，この式の右辺の ＿＿ は，第 l 層，第 j 番目のニューロン中の $h_j^{(l)}$ が出力二乗誤差の総和 J_p に及ぼす影響であり，それは，このニューロンの出力 $g_j^{(l)}$ を通じ，第 $l+1$ 層の各ニューロンの総入力 $h_k^{(l+1)}$ を変化させることによってのみ生じることがわかります．言い換えれば，第 l 層，第 j 番目のニューロン中の $h_j^{(l)}$ が変化すると，その変化は必ず第 $l+1$ 層の各ニューロンを通過して，出力層に伝播されるということです．したがって，全 $h_k^{(l+1)}$ を媒介として，式 (8.37) の右辺の ＿＿ は

$$\frac{\partial J_p}{\partial h_j^{(l)}} = \sum_{k=1}^{K} \frac{\partial J_p}{\partial h_k^{(l+1)}} \cdot \frac{\partial h_k^{(l+1)}}{\partial h_j^{(l)}} \quad 【式 (8.32) の拡張】 \tag{8.38}$$

のように分解できます．この式を見ると，左辺と右辺に J_p の h_j での微分が含まれます．そこで，

$$\delta_j^{(l)} = \frac{\partial J_p}{\partial h_j^{(l)}} \tag{8.39}$$

とおくと，式 (8.38) は

$$\delta_j^{(l)} = \sum_{k=1}^{K} \delta_k^{(l+1)} \cdot \frac{\partial h_k^{(l+1)}}{\partial h_j^{(l)}} \tag{8.40}$$

と表すことができます．以降，$\delta_j^{(l)}$ を**デルタ**と呼ぶことにします．

さて，この式 (8.40) の ▢ について考えます．この項は第 $l+1$ 層と第 l 層の h（入力の総和）に関するもので，その層間の変換を書いてみると，

$$h_k^{(l+1)} = \sum_{j=0}^{J} w_{kj}^{(l+1)} g_j^{(l)} = \sum_{j=0}^{J} w_{kj}^{(l+1)} f(h_j^{(l)}) \quad 【式 (8.34) の拡張】 \tag{8.41}$$

のようになるので,

$$\frac{\partial h_k^{(l+1)}}{\partial h_j^{(l)}} = w_{kj}^{(l+1)} f'(h_j^{(l)}) \quad \text{【式 (8.35) の拡張】} \tag{8.42}$$

となります.

これより, 式 (8.40) は, 次のように書き直すことができます.

$$\delta_j^{(l)} = \sum_{k=1}^{K} \delta_k^{(l+1)} \cdot \left(w_{kj}^{(l+1)} f'(h_j^{(l)}) \right) \tag{8.43}$$

この式は第 l 層の $\delta_j^{(l)}$ が, その 1 層出力寄りの第 $l+1$ 層の $\delta_k^{(l+1)}$ から求められることを意味しています.

すなわち, 図 8.8 のように, 出力層 (第 L 層) の各ニューロンでの $\delta_k^{(L)}$ が求められれば, 順次, 入力層方向に向かって $\delta_j^{(l)}$ を計算することができます. このとき, デルタは出力層から入力層に向かう逆方向に伝播されるので, この学習法には**誤差逆伝播法** (back propagation: BP) という名前がつきました.

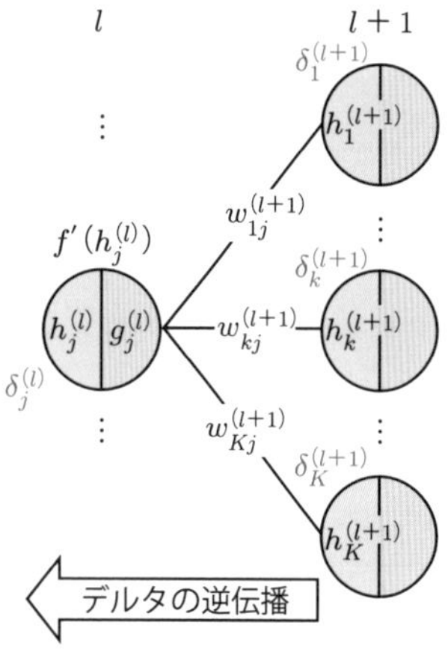

この式 (8.43) には $f'(h_j^{(l)})$ がありますが,

$$g_j^{(l)} = f(h_j^{(l)})$$

図 8.8 デルタの逆伝播

のようにニューロンの出力 $g_j^{(l)}$ とニューロンへの総入力 $h_j^{(l)}$ との関係を活性化関数 f が決定しています. 活性化関数は 8-2 節で示したようにさまざまな種類がありますので, その各々について考えてみましょう.

- **シグモイド関数** の導関数は式 (8.6) のようになるので, $f'(h_j^{(l)})$ は以下のように求められます.

$$f'(h_j^{(l)}) = a \cdot f(h_j^{(l)})(1 - f(h_j^{(l)})) = a \cdot g_j^{(l)}(1 - g_j^{(l)}) \tag{8.44}$$

- **双曲線正接関数** の導関数は式 (8.7) のようになるので, $f'(h_j^{(l)})$ は以下のように求められます.

$$f'(h_j^{(l)}) = 1 - \tanh^2(h_j^{(l)}) = 1 - (g_j^{(l)})^2 \tag{8.45}$$

- **正規化線形関数** の導関数は式 (8.8) のようになるので, $f'(h_j^{(l)})$ は以下のように求められます.

$$f'(h_j^{(l)}) = \begin{cases} 1 & (h_j^{(l)} \geq 0) \\ 0 & (h_j^{(l)} < 0) \end{cases} \tag{8.46}$$

さて，式 (8.37) の ＿＿ については議論が終わったので，＿＿ について考えてみましょう．これは，第 l 層と第 $l-1$ 層の間の関係式

$$h_j^{(l)} = \sum_{i=0}^{I} w_{ji}^{(l)} g_i^{(l-1)} \quad 【式 (8.16) の拡張】 \tag{8.47}$$

を用いれば，

$$\frac{\partial h_j^{(l)}}{\partial w_{ji}^{(l)}} = g_i^{(l-1)} \quad 【式 (8.31) の拡張】 \tag{8.48}$$

と簡単に求められます．

最終的に，第 l 中間層の第 j 番目のニューロンがもつ重み $w_{ji}^{(l)}$ の変化が，出力の評価関数 J_p に及ぼす影響を表す式 (8.37) は，

$$\frac{\partial J_p}{\partial w_{ji}^{(l)}} = \delta_j^{(l)} \cdot g_i^{(l-1)} \tag{8.49}$$

のように非常にシンプルな形で表せます．

第 l 中間層の第 j 番目のニューロンが，第 $l-1$ 中間層の第 i 番目のニューロンの出力 $g_i^{(l-1)}$ から受ける影響の度合いを示すのが重み $w_{ji}^{(l)}$ です．式 (8.49) は，その重みの変化が出力の評価関数 J_p に及ぼす影響は，単に第 $l-1$ 中間層の第 i 番目のニューロンの出力 $g_i^{(l-1)}$ にデルタを乗じるだけで求められることを示しています．

この方法で $\partial J_p/\partial w_{ji}^{(l)}$ を求めたら，最急降下法を用いて

$$w_{ji}'^{(l)} = w_{ji}^{(l)} - \rho \frac{\partial J_p}{\partial w_{ji}^{(l)}} \tag{8.50}$$

のように重み $w_{ji}^{(l)}$ を更新していけばよいわけです．

さて，上述のように逆伝播の計算をするには，まず，出力層でのデルタ $\delta_k^{(L)}$ を求める必要があります．

$$\delta_k^{(L)} = \frac{\partial J_p}{\partial h_k^{(L)}} \tag{8.51}$$

ですので直接的に求めます．例えば，出力層の活性化関数が恒等写像の場合には，

$$g_k^{(L)} = h_k^{(L)}$$

なので，J_p の定義式は，

$$J_p = \sum_{k=1}^{K} \varepsilon_{kp}^2 = \sum_{k=1}^{K} (g_k^{(L)} - b_{kp})^2 = \sum_{k=1}^{K} (h_k^{(L)} - b_{kp})^2 \tag{8.52}$$

となります．よって，

$$\delta_k^{(L)} = \frac{\partial J_p}{\partial h_k^{(L)}} = 2(h_k^{(L)} - b_{kp}) = 2(g_k^{(L)} - b_{kp}) \tag{8.53}$$

のように書け，順伝播（入力層から出力層に向かう方向の伝播）の結果を用いて計算することができます．

最後に，この BP の学習アルゴリズムを示します．

誤差逆伝播法による学習アルゴリズム

1. すべての層 l の重みベクトル $\mathbf{w}_l$ の初期値をすべてのニューロンに対して定める．
2. ある学習パターン $\mathbf{x}_p$ に対し，順伝播で，各層のすべてのニューロンについて $h_i^{(l)}$, $g_i^{(l)}$ を求める $(l = 1, 2, \ldots, L)$.
3. 順伝播の計算結果より，$\delta_k^{(L)}$, $(k = 1, 2, \ldots, K)$ を求める．　　　【式 (8.51)】
4. 逆伝播で $\delta_k^{(l+1)}$ より $\delta_j^{(l)}$ を計算する $(l = L-1, L-2, \ldots, 3, 2)$.　【式 (8.43)】
5. $\delta_j^{(l)}$ を用いて，各重み $w_{ji}^{(l)}$ に関する評価関数の導関数を計算する．【式 (8.49)】
6. 求めた評価関数の導関数を使い，重み $w_{ji}^{(l)}$ を漸化式を用いて更新する．

　　　　　　　　　　　　　　　　　　　　　　　　　　　　　　【式 (8.50)】
7. すべての学習パターンに対し，Step 2 以下を繰り返す．
8. 評価関数 J_p を求め，値が収束していないなら Step 2 に戻る．　【式 (8.52)】

8-6 問題に応じた活性化関数と評価関数

ニューラルネットワークはさまざまな問題で利用可能ですが，問題の種別によって適する活性化関数や評価関数が異なります．以下に説明する回帰問題，2 クラス認識問題，多クラス認識問題についてのサンプルプログラムも用意しましたので，理解を深めるために利用してください Program ．

8-6-1 回帰問題

回帰問題は，学習データが適合する関数を推定する問題です．この場合，出力層の活性化関数には，活性化関数の値域が推定すべき関数の値域と一致するものを選択するのが得策です．例えば，推定すべき関数が $(-1, 1)$ の値域をもつのであれば，出力層の活性化関数には双曲線正接関数が適しているでしょうし，$(-\infty, \infty)$ の値域をもつのであれば，恒等写像が適しているといえます．

このように出力層の活性化関数を選択したうえで，学習データの出力が教師信号に近づくようにネットワークを学習することになりますが，その際の評価関数 J_p としては二乗誤差を用いるのが妥当です．これは，Widrow-Hoff の学習規則でも用いてきた

もので，出力層のニューロンユニット数 K に対するネットワークの出力を $g_k^{(L)}$，教師信号を b_{kp} とすると，次のように表せます.

$$J_p = \sum_{k=1}^{K} \varepsilon_{kp}^2 = \sum_{k=1}^{K} (g_k^{(L)} - b_{kp})^2 \tag{8.54}$$

8-6-2 2クラス認識問題

これは，今までの例題でもよく用いてきた性別の識別のように，男性 ω_0 であれば"0"，女性 ω_1 であれば"1"のような出力を目的とする場合です.

2クラス問題では，出力層のニューロンユニット数は1ですみます.

このような場合の定式化はいくつか考えられます. 一つは，前項で説明したような方法です. この場合の出力は $\{0, 1\}$ のいずれかなので，出力層の活性化関数にシグモイド関数を選び，二乗誤差を評価尺度としてもよいでしょう.

●事後確率最大化基準による評価関数，活性化関数の選択

ここではもう一つ，事後確率最大化（MAP）基準を用いた定式化を説明します.

あるパターン $\mathbf{x}_p$ を識別器に入力した際，それが女性 ω_1 である事後確率 $P(\omega_1|\mathbf{x}_p)$ を計算して，それが 0.5 よりも大きければ女性，そうでなければ男性 ω_0 と識別することにします.

今，識別器はニューラルネットワークですから，ニューラルネットワーク全体を確率モデルとみなし，ネットワークの重み $\mathbf{w}$ を調整することで，モデルの出力値 ω が与える事後確率分布 $P(\omega|\mathbf{x}, \mathbf{w}), (0 \leq \omega \leq 1)$ が全学習データ $\mathbf{x}$ が与える分布と最もよく整合するようにします.

具体的には最尤推定で重み $\mathbf{w}$ を推定します. 事後分布 $P(\omega|\mathbf{x})$ は，べき乗の性質を使うと，

$$P(\omega|\mathbf{x}) = P(\omega_0|\mathbf{x})^{(1-\omega)} P(\omega_1|\mathbf{x})^{\omega} \tag{8.55}$$

のように表現できます. ネットワークの出力 $\omega = g^{(L)}$ は入力 $\mathbf{x}$ とネットワークのパラメタ $\mathbf{w}$ で決まるので，$g(\mathbf{x}, \mathbf{w})$ と書くことにすると，$P(\omega_0|\mathbf{x}, \mathbf{w}) = g(\mathbf{x}, \mathbf{w})$ なので，$P(\omega_1|\mathbf{x}, \mathbf{w}) = 1 - g(\mathbf{x}, \mathbf{w})$ と書けます.

最尤推定はこのモデルのもとで，$\mathbf{w}$ に関する尤度 $L(\mathbf{w})$ を求め，それを最大化するような $\mathbf{w}$ を選ぶものでした. 全学習データ $\mathbf{X} = \begin{pmatrix} \mathbf{x}_1 & \mathbf{x}_2 & \cdots & \mathbf{x}_p & \cdots & \mathbf{x}_N \end{pmatrix}^t$ と，その教師データ $\mathbf{b} = \begin{pmatrix} b_1 & b_2 & \cdots & b_p & \cdots & b_N \end{pmatrix}^t, (b_p \in \{\omega_0 = 0, \omega_1 = 1\})$ を用いて，尤度 $L(\mathbf{w})$ は式 (8.55) より

$$L(\mathbf{w}) = \prod_{p=1}^{N} P(b_p|\mathbf{x}_p, \mathbf{w})$$

$$= \prod_{p=1}^{N} g(\mathbf{x}_p, \mathbf{w})^{b_p} \left(1 - g(\mathbf{x}_p, \mathbf{w})\right)^{(1-b_p)} \tag{8.56}$$

と書けます．対数をとっても大小関係は変わりませんので，対数尤度を求めると，

$$\ln L(\mathbf{w}) = \sum_{p=1}^{N} \left\{ b_p \ln g(\mathbf{x}_p, \mathbf{w}) + (1 - b_p) \ln(1 - g(\mathbf{x}_p, \mathbf{w})) \right\} \tag{8.57}$$

を最大化する問題となります．ここで，符号を反転すると最小化問題になるので，これ（を $(1/N)$ 倍したもの）を評価関数 J とします．

$$J = -\frac{1}{N} \sum_{p=1}^{N} \left\{ b_p \ln g(\mathbf{x}_p, \mathbf{w}) + (1 - b_p) \ln(1 - g(\mathbf{x}_p, \mathbf{w})) \right\} = \frac{1}{N} \sum_{p=1}^{N} J_p \quad (8.58)$$

$$J_p = -\left\{ b_p \ln g(\mathbf{x}_p, \mathbf{w}) + (1 - b_p) \ln(1 - g(\mathbf{x}_p, \mathbf{w})) \right\}$$

この関数 J は 2 クラスの**交叉エントロピー** (cross entropy) と呼ばれます．

以上より，ネットワークを確率モデルとみなして事後確率最大化基準で重み $\mathbf{w}$ を求めることと，交叉エントロピーを評価関数 J にして評価関数を最小にするように重み $\mathbf{w}$ を求めることは等価であることがわかりました．

また，事後確率 $P(\omega_0|\mathbf{x})$ はベイズの定理から考えると，

$$P(\omega_0|\mathbf{x}) = \frac{P(\mathbf{x}|\omega_0)P(\omega_0)}{P(\mathbf{x}|\omega_0)P(\omega_0) + P(\mathbf{x}|\omega_1)P(\omega_1)} = \frac{P(\omega_0, \mathbf{x})}{P(\omega_0, \mathbf{x}) + P(\omega_1, \mathbf{x})} \tag{8.59}$$

であり，この式に出てくる同時確率 $P(\omega_k, \mathbf{x})$ の対数をとったものを l_k とおきます．すると，

$$\ln P(\omega_0, \mathbf{x}) = l_0 \iff P(\omega_0, \mathbf{x}) = e^{l_0}$$

$$\ln P(\omega_1, \mathbf{x}) = l_1 \iff P(\omega_1, \mathbf{x}) = e^{l_1}$$

となり，ここで，$u = l_0 - l_1$ とおくと，

$$e^u = e^{l_0 - l_1} = \frac{e^{l_0}}{e^{l_1}}$$

と書けます．これらの関係を用いて式 (8.59) を書き直すと，以下のようになります．

$$P(\omega_0|\mathbf{x}) = \frac{P(\omega_0, \mathbf{x})}{P(\omega_0, \mathbf{x}) + P(\omega_1, \mathbf{x})}$$

$$= \frac{e^{l_0}}{e^{l_0} + e^{l_1}} = \frac{e^{l_0}/e^{l_1}}{(e^{l_0}/e^{l_1}) + 1}$$

$$= \frac{e^u}{1 + e^u} = \frac{1}{(1/e^u) + 1} = \frac{1}{1 + e^{-u}}$$

この式の右辺はシグモイド関数なので，2 クラスの対数同時確率の差をシグモイド関数に通せば事後確率が求められることを示しています．よって，事後確率最大化の観点に立ってみると，出力層の活性化関数にシグモイド関数を用いるのが妥当なことがわかりました．

8-6-3　多クラス認識問題

　2 クラス認識の場合と同様，ここでは事後確率最大化基準に基づき設計をしてみましょう．

　多クラスを識別するので，出力層のニューロンユニット数 K はクラス数 C と同じにします．活性化関数はソフトマックス関数を用います．この関数は特殊で，今までのようにニューロンユニットごとに決まる活性化関数とは異なり，全出力層のニューロンユニットが情報を交換しあうことによって関数値が決まります．ソフトマックス関数は，第 L 層の出力層の入力の総和 $h_k^{(L)}, (k = 1, 2, \ldots, K)$ を用いて，次のように書けます．

$$g_k^{(L)} = \frac{\exp(h_k^{(L)})}{\sum_{n=1}^{K} \exp(h_n^{(L)})} \tag{8.60}$$

この関数は，値域が $(0, 1)$ なので，ニューラルネットワークの出力値が確率を表すものと解釈します．今，出力はクラス数分ありますので，第 k 番目の出力ユニットの出力 $g_k^{(L)}$ がクラス ω_k への適合確率を表すものとします．すなわち，入力 $\mathbf{x}_p$ に対するクラス ω_k への適合確率は，事後確率を用いて $P(\omega_k | \mathbf{x}_p) = g_k^{(L)}, (k = 1, 2, \ldots, K)$ と考えるわけです．ここで，ネットワークの出力 $g_k^{(L)}$ は入力 $\mathbf{x}_p$ とネットワークのパラメタ $\mathbf{w}$ で決まるので，$g_k(\mathbf{x}_p, \mathbf{w})$ と書くことにします．

　教師信号は

$$\mathbf{b}_p = \left(\begin{array}{ccccc} b_{1p} & b_{2p} & \cdots & b_{kp} & \cdots & b_{Kp} \end{array} \right)^t$$

でしたので，事後分布は

$$P(\mathbf{b}_p | \mathbf{x}_p) = \prod_{k=1}^{K} P(\omega_k | \mathbf{x}_p)^{b_{kp}} \tag{8.61}$$

と書けます．

　よって，学習データに対する $\mathbf{w}$ の尤度は

$$L(\mathbf{w}) = \prod_{p=1}^{N} P(b_p | \mathbf{x}_p, \mathbf{w})$$

$$= \prod_{p=1}^{N} \prod_{k=1}^{K} P(\omega_k | \mathbf{x}_p)^{b_{kp}} = \prod_{p=1}^{N} \prod_{k=1}^{K} g_k(\mathbf{x}_p, \mathbf{w})^{b_{kp}} \tag{8.62}$$

と書けます. 前項と同様, この尤度の対数をとり符号を反転したものを評価関数 J とすると, 次のように書けます.

$$J = -\frac{1}{N} \sum_{p=1}^{N} \sum_{k=1}^{K} b_{kp} \ln g_k(\mathbf{x}_p, \mathbf{w}) = \frac{1}{N} \sum_{p=1}^{N} J_p \tag{8.63}$$

$$J_p = -\sum_{k=1}^{K} b_{kp} \ln g_k(\mathbf{x}_p, \mathbf{w}) \tag{8.64}$$

この関数 J も**交叉エントロピー** (cross entropy) と呼ばれます.

以上より, 多クラスの認識に対しても, ネットワークを確率モデルとみなして事後確率最大化基準で重み $\mathbf{w}$ を求めることと, 交叉エントロピーを評価関数 J にして評価関数を最小にするように重み $\mathbf{w}$ を求めることは等価であることがわかりました.

なお, ここではソフトマックス関数を出力層の活性化関数に選び, その出力を確率とみなしていますが, これは以下のように説明できます.

まず, クラス ω_k の事後確率は, 条件付き確率の定義から

$$P(\omega_k|\mathbf{x}) = \frac{P(\omega_k, \mathbf{x})}{\sum_{k=1}^{K} P(\omega_k, \mathbf{x})} \tag{8.65}$$

なので,

$$u_k = \ln P(\omega_k, \mathbf{x}) \tag{8.66}$$

とおくと,

$$P(\omega_k|\mathbf{x}) = \frac{\exp(u_k)}{\sum_{k=1}^{K} \exp(u_k)} \tag{8.67}$$

のように書け, これがソフトマックス関数になっています. すなわち, 対数事後確率 u_k をソフトマックス関数に通すと事後確率になることがわかったので, 事後確率最大化という観点からみると, 出力層にソフトマックス関数を用いるのが妥当であることがわかりました.

8-6-4 出力層のデルタにおける活性化関数と評価関数の組み合わせ

出力層のデルタ $\delta_k^{(L)}$ は, 式 (8.51) で示したように, J_p を出力層の $h_k^{(L)}$ で偏微分したものですが, J_p はネットワークの出力 $g_k^{(L)}$ と教師信号 b_{kp} で書かれているので直接偏微分できません. よって, 以下のように積の形に分解します.

$$\delta_k^{(L)} = \frac{\partial J_p}{\partial h_k^{(L)}} = \frac{\partial J_p}{\partial g_k^{(L)}} \cdot \frac{\partial g_k^{(L)}}{\partial h_k^{(L)}} = \frac{\partial J_p}{\partial g_k^{(L)}} \cdot f'(h_k^{(L)}) \tag{8.68}$$

この右辺の $\partial J_p / \partial g_k^{(L)}$ が評価関数によって定まり, $f'(h_k^{(L)})$ が活性化関数によって定まります. ここまで述べてきたように, 問題の種類によって誤差の評価関数は異なり

ました．具体的には，回帰問題には二乗誤差を，2 クラス認識や多クラス認識には交叉エントロピーを用いるのが一般的です．これに対し，出力層の活性化関数にはさまざまなものが利用可能ですが，その中でよく用いられる活性化関数と評価関数の組み合わせがあります．その組み合わせで出力層のデルタ $\delta_k^{(L)}$ を計算すると，すべて，ネットワークの出力 $g_k^{(L)}$ と教師信号 b_{kp} との差分というシンプルな形式になります．では，個々の事例について説明していきます．

●回帰問題：（二乗誤差 ＋ 恒等写像）

　回帰問題で，評価関数に二乗誤差を用い，活性化関数に恒等写像を用いる場合を考えます．活性化関数 $f(h_k^{(L)})$ は恒等写像なので，$g_k^{(L)} = h_k^{(L)}$ であり，

$$\frac{\partial g_k^{(L)}}{\partial h_k^{(L)}} = f'(h_k^{(L)}) = 1$$

です．評価関数 J_p の導関数は

$$\frac{\partial J_p}{\partial g_k^{(L)}} = \frac{\partial}{\partial g_k^{(L)}} \sum_{k=1}^{K} (g_k^{(L)} - b_{kp})^2 = 2(g_k^{(L)} - b_{kp})$$

となります．よって，出力層のデルタは，

$$\delta_k^{(L)} = \frac{\partial J_p}{\partial g_k^{(L)}} \cdot f'(h_k^{(L)}) = 2(g_k^{(L)} - b_{kp})$$

のようにシンプルな形になります．

● 2 クラス認識問題：（交叉エントロピー ＋ シグモイド関数）

　2 クラス認識問題で，評価関数に交叉エントロピーを用い，活性化関数にシグモイド関数を用いる場合を考えます．2 クラス問題なので当然出力層のユニットの数 $K = 1$ で，出力層のデルタも $\delta^{(L)}$ 一つです．2 クラスの交叉エントロピーは前述の式 (8.58) でしたので，その導関数は

$$\frac{\partial J_p}{\partial g^{(L)}} = -\frac{\partial}{\partial g^{(L)}} \left\{ b_p \ln g^{(L)} + (1 - b_p) \ln(1 - g^{(L)}) \right\} = -\frac{b_p}{g^{(L)}} + \frac{1 - b_p}{1 - g^{(L)}}$$

となります．シグモイド関数の導関数は，式 (8.6) でしたので，活性化関数 $f(h^{(L)})$ の導関数は，

$$f'(h^{(L)}) = \frac{\partial}{\partial h^{(L)}} \left(\frac{1}{1 + e^{-h^{(L)}}} \right) = g^{(L)}(1 - g^{(L)})$$

となります．これらより，出力層のデルタを計算すると，

$$\delta^{(L)} = \frac{\partial J_p}{\partial g^{(L)}} \cdot f'(h^{(L)})$$

$$= \left(-\frac{b_p}{g^{(L)}} + \frac{1 - b_p}{1 - g^{(L)}} \right) \cdot g^{(L)}(1 - g^{(L)})$$

$$= -b_p(1 - g^{(L)}) + (1 - b_p)g^{(L)}$$

$$= -b_p + b_p g^{(L)} + g^{(L)} - b_p g^{(L)} = g^{(L)} - b_p$$

のように，これもまたシンプルな形になります．

●多クラス認識問題：（交叉エントロピー＋ソフトマックス関数）

多クラス問題で，評価関数に交叉エントロピーを用い，活性化関数にソフトマックス関数を用いる場合を考えます．ソフトマックス関数は，

$$g_k^{(L)} = \frac{\exp(h_k^{(L)})}{\sum_{n=1}^{K} \exp(h_n^{(L)})}$$

のように出力層の出力群 $g_k^{(L)}, (k = 1, 2, \ldots, K)$ すべてを用いるので，特定の k 番目の出力層ユニットのデルタの式が他のユニットの出力から影響を受けます．この影響で，出力層のデルタも

$$\delta_k^{(L)} = \frac{\partial J_p}{\partial h_k^{(L)}} = \sum_{n=1}^{K} \left(\frac{\partial J_p}{\partial g_n^{(L)}} \cdot \frac{\partial g_n^{(L)}}{\partial h_k^{(L)}} \right) \tag{8.69}$$

のように，全出力層の出力 $g_n^{(L)}$ が入る形になります．評価関数 J_p は交叉エントロピーなので，式 (8.64) より，その導関数は

$$\frac{\partial J_p}{\partial g_n^{(L)}} = \frac{\partial}{\partial g_n^{(L)}} \left(-\sum_{k=1}^{K} b_{kp} \ln g_k^{(L)} \right) = -\frac{b_{np}}{g_n^{(L)}}$$

となります．

活性化関数であるソフトマックス関数の分母を次のように $H^{(L)}$ とおいて，この関数の導関数を場合分けして求めていきます．

$$g_k^{(L)} = \frac{\exp(h_k^{(L)})}{\sum_{n=1}^{K} \exp(h_n^{(L)})} = \frac{\exp(h_k^{(L)})}{H^{(L)}}$$

(i) $n = k$ の場合：

$$\frac{\partial g_n^{(L)}}{\partial h_k^{(L)}} = \frac{\exp(h_k^{(L)}) \cdot H^{(L)} - \exp(h_k^{(L)}) \cdot \exp(h_k^{(L)})}{(H^{(L)})^2}$$

$$= \frac{\exp(h_k^{(L)})}{H^{(L)}} - \left(\frac{\exp(h_k^{(L)})}{H^{(L)}} \right)^2$$

$$= g_k^{(L)} - (g_k^{(L)})^2 = g_k^{(L)}(1 - g_k^{(L)}) \tag{8.70}$$

(ii) $n \neq k$ の場合：

$$\frac{\partial g_n^{(L)}}{\partial h_k^{(L)}} = \frac{0 \cdot H^{(L)} - \exp(h_n^{(L)}) \cdot \exp(h_k^{(L)})}{(H^{(L)})^2}$$

$$= -\frac{\exp(h_n^{(L)})}{H^{(L)}} \cdot \frac{\exp(h_k^{(L)})}{H^{(L)}} = -g_n^{(L)} \cdot g_k^{(L)} \tag{8.71}$$

以上より，式 (8.69) の出力層のデルタは，

$$
\begin{aligned}
\delta_k^{(L)} &= \frac{\partial J_p}{\partial h_k^{(L)}} \\
&= \sum_{n=1}^{K} \left(\frac{\partial J_p}{\partial g_n^{(L)}} \cdot \frac{\partial g_n^{(L)}}{\partial h_k^{(L)}} \right) \\
&= \sum_{n \neq k} \left\{ -\frac{b_{np}}{g_n^{(L)}} \cdot (-g_n^{(L)} \cdot g_k^{(L)}) \right\} - \frac{b_{np}}{g_n^{(L)}} g_k^{(L)} (1 - g_k^{(L)}) \\
&= \sum_{n \neq k} b_{np} g_k^{(L)} - b_{kp}(1 - g_k^{(L)}) = (1 - b_{kp}) g_k^{(L)} - b_{kp} + b_{kp} g_k^{(L)} \\
&= g_k^{(L)} - b_{kp} g_k^{(L)} - b_{kp} + b_{kp} g_k^{(L)} = g_k^{(L)} - b_{kp}
\end{aligned}
$$

のようにシンプルな形になります．

　以上のように評価関数に対し，特定の活性化関数を選択すると，出力層のデルタは非常にシンプルな形になるので，これらの評価関数と活性化関数の組み合わせはよく用いられます．当然ですが，これらの組み合わせ以外の場合には，式 (8.68) に従い，評価関数と活性化関数のそれぞれの導関数の積を計算したものが出力層のデルタですので，気をつけましょう．

Let's try! ▬▬▬▬▬▬▬▬▬▬▬▬ 8-2

回帰問題における出力層のデルタ

　回帰問題において，評価関数は二乗誤差を用いることとした場合，活性化関数をシグモイド関数とすると，出力層のデルタは

$$\delta_k^{(L)} = 2(g_k^{(L)} - b_{kp}) \cdot g_k^{(L)}(1 - g_k^{(L)})$$

となります．また，活性化関数を双曲線正接関数にすると，出力層のデルタは

$$\delta_k^{(L)} = 2(g_k^{(L)} - b_{kp})(1 - (g_k^{(L)})^2)$$

となります．これらの式を導出してください．

8-7 勾配消失問題

　多層ニューラルネットワークの学習を BP を用いて実行すると，入力層に近いニューロンの重み $w_{ji}^{(l)}$ がうまく更新できず学習が困難になります．これは，2 層程度の浅いネットワークではあまり生じませんが，それよりも深いネットワークでは頻繁に生じる深刻な問題です．

　では，なぜ，深いネットワークでは BP による重み更新がうまく動作しないのでしょうか．今まで説明してきたように，ニューラルネットワークの順伝播計算は，活性化関数という非線形変換を用いることが特徴です．この結果，例えばシグモイド関数の場合，入力値がいかなる大きさであっても出力は常に $(0, 1)$ の範囲に制約され，発散することはありません．

　しかし，BP によるデルタの逆伝播は，式 (8.43) で求めたように線形変換です．線形変換を何度繰り返しても線形変換ですので，式 (8.43) を用いて，出力層から入力層に向かってデルタを更新していくと，デルタの値は各層を伝播するうちに急速に大きくなって発散したり，急速に減衰して 0 になったりしてしまいます．デルタが 0 になると，式 (8.49) で示した勾配が 0 になってしまい，式 (8.50) による重み w の更新が行われず学習が停止してしまうという問題が生じます．これを**勾配消失問題** (vanishing gradient problem) といいます．

　この問題のため，深いニューラルネットワークを BP で学習することは困難で，もっぱら浅いネットワークに用いられてきました．しかし，最近，この問題を解決できるアーキテクチャや学習テクニックが提案され，多層ニューラルネットワークも BP で学習可能になってきました．

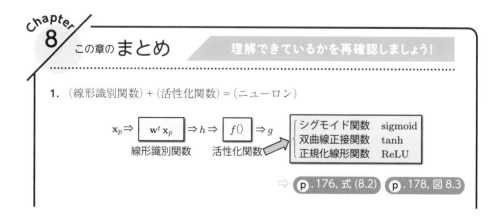

Chapter
8 この章の **まとめ**　　　　　理解できているかを再確認しましょう！

1.（線形識別関数）＋（活性化関数）＝（ニューロン）

$\mathbf{x}_p \Rightarrow \boxed{\mathbf{w}^t \mathbf{x}_p} \Rightarrow h \Rightarrow \boxed{f()} \Rightarrow g$

　　　　線形識別関数　　　　活性化関数

シグモイド関数　sigmoid
双曲線正接関数　tanh
正規化線形関数　ReLU

⇒ 🅟 .176, 式 (8.2)　　🅟 .178, 図 8.3

2. 2層ニューラルネットワークでの信号の順伝播

・入力層

$$f^{(1)}(u) = u$$

$$h_i^{(1)} = x_i, \quad (i = 1, 2, \ldots, I)$$

$$g_i^{(1)} = \begin{cases} 1, & (i = 0) \\ f^{(1)}(h_i^{(1)}) = x_i, \\ & (i = 1, 2, \ldots, I) \end{cases}$$

・中間層

$$f^{(2)}(u) = \frac{1}{1 + e^{-u}}$$

$$h_j^{(2)} = \sum_{i=0}^{I} w_{ji}^{(2)} g_i^{(1)}, \quad (j = 1, 2, \ldots, J)$$

$$g_j^{(2)} = \begin{cases} 1, & (j = 0) \\ f^{(2)}(h_j^{(2)}), & (j = 1, 2, \ldots, J) \end{cases}$$

・出力層

$$f^{(3)}(u) = u$$

$$h_k^{(3)} = \sum_{j=0}^{J} w_{kj}^{(3)} g_j^{(2)}, \quad (k = 1, 2, \ldots, K)$$

$$g_k^{(3)} = f^{(3)}(h_k^{(3)}) = h_k^{(3)}, \quad (k = 1, 2, \ldots, K)$$

⇨ **p** .182, 図 8.6

3. 誤差逆伝播法による 2 層ニューラルネットワークの学習

$$\mathbf{w}_k'^{(3)} = \mathbf{w}_k^{(3)} - \rho \frac{\partial J_p}{\partial \mathbf{w}_k^{(3)}}, \quad (k = 1, 2, \ldots, K)$$

$$\mathbf{w}_j'^{(2)} = \mathbf{w}_j^{(2)} - \rho \frac{\partial J_p}{\partial \mathbf{w}_j^{(2)}}, \quad (j = 1, 2, \ldots, J)$$

⇨ **p** .183, 式 (8.25)　**p** .183, 式 (8.26)

4. 出力層ユニットの勾配

$$\frac{\partial J_p}{\partial w_{kj}^{(3)}} = 2(w_{kj}^{(3)} g_j^{(2)} - b_{kp}) \cdot g_j^{(2)}$$

⇨ **p** .183, 式 (8.27)

5. 中間層ユニットの勾配

式 (8.30)

$$\frac{\partial J_p}{\partial w_{ji}^{(2)}} = \frac{\partial J_p}{\partial h_j^{(2)}} \cdot \frac{\partial h_j^{(2)}}{\partial w_{ji}^{(2)}}$$

$$h_j^{(2)} = \sum_{i=0}^{I} w_{ji}^{(2)} g_i^{(1)}$$

$$\| \qquad \qquad \|$$

$$J_p = \sum_{k=1}^{K} \frac{\partial J_p}{\partial h_k^{(3)}} \cdot \frac{\partial h_k^{(3)}}{\partial h_j^{(2)}} \qquad g_i^{(1)}$$

$$\sum_{k=1}^{K} (h_k^{(3)} - b_{kp})^2 \Rightarrow \| \qquad \| \qquad \Leftarrow \quad h_k^{(3)} = \sum_{j=0}^{J} w_{kj}^{(3)} f(h_j^{(2)})$$

$$2(h_k^{(3)} - b_{kp}) \quad w_{kj}^{(3)} f'(h_j^{(2)})$$

⇨ **p**.184, 図 8.7

6. 誤差逆伝播法による学習アルゴリズム
学習すべき重み $w_{ji}^{(l)}$ の微小変化が J_p に与える影響はデルタ $\delta_j^{(l)}$ を用いて書ける.
デルタは出力層からの逆伝播で求められる. ⇨ **p**.189 のアルゴリズム

7. 回帰問題に用いる活性化関数と評価関数
出力層の活性化関数には,目標とする関数と値域が一致するものを選択する.値域が $(-1, 1)$ ならば tanh 関数,$(-\infty, \infty)$ なら恒等写像.評価関数には二乗誤差を用いる. ⇨ **p**.189, 8-6-1 項

8. クラス認識問題に用いる活性化関数と評価関数
ネットワークを確率モデルとみなして MAP 基準で学習することと,評価関数に交叉エントロピー,活性化関数にシグモイド関数(2 クラス認識)またはソフトマックス関数(多クラス認識)を用いて学習することは等価.
⇨ **p**.190, 8-6-2 項 **p**.192, 8-6-3 項

9. 出力層のデルタが $g_k^{(L)} - b_{kp}$ というシンプルな形になる.以下の活性化関数と評価関数の組み合わせがよく用いられる. ⇨ **p**.193, 8-6-4 項

問題	活性化関数	評価関数
回帰	恒等写像	二乗誤差
2 クラス認識	シグモイド	交叉エントロピー
多クラス認識	ソフトマックス	交叉エントロピー

10. 深いネットワークを BP で学習しようとすると,**勾配消失問題**が生じて学習が進まない. ⇨ **p**.197, 8-7 節

サポートベクトルマシン

この章で学ぶこと

　本章では，線形識別器の代表格としてサポートベクトルマシン (support vector machine: SVM) を取り上げます．サポートベクトルマシンでは，「マージン」という概念を導入し，訓練サンプルから「マージン最大化」という基準で識別器を学習させることで，未学習データに対して高い識別性能（汎化性能）を得ようとします．

　基本的概念は古く，1960 年代に Vapnik らが考案した optimal separating hyperplane を起源としています．そして，1990 年代になってカーネル学習法と組み合わせた非線形の識別手法へと拡張され，飛躍的に汎化能力が高まったのを契機に盛んに研究されるようになりました．

　本章では，線形識別器の問題点を，マージン最大化やカーネルトリックというテクニックがどのように解決したのかを中心に説明していきます．

9-1 マージンとサポートベクトル

　今まで学習してきたように，線形識別器の基本的アイデアは，二つのクラスに属する N 件のデータ $\mathbf{x}_n, (n = 1, 2, \ldots, N)$ を，$g(\mathbf{x}) = \mathbf{w}^t \mathbf{x} + w_0$ という線形識別関数を用いて，$\mathbf{w}^t \mathbf{x} + w_0 = 0$ という超平面を境界として二つに分離するということでした．前章までに，その境界面の決定法（$\mathbf{w}$，w_0 の決定法）をいくつか学習してきました．

　最初に学習したのがパーセプトロンの学習法です．この方法の問題点は，線形分離可能なデータでないと学習ができないことでした．その原因は，パーセプトロンが誤り訂正学習であることにあります．学習データをうまく識別できない場合のみ識別器を修正するので，学習データが線形分離できない場合には学習が収束しないのです．また，図 9.1 のように，学習データを識別できるようになった瞬間に学習が停止してしまうのも問題です．

　その次に学習した Widrow-Hoff の学習規則では，評価関数という概念を導入することで，線形分離不可能なデータに関しても学習を可能にしました．実はこの学習方法

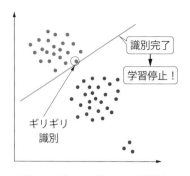

図 9.1 パーセプトロンの問題点

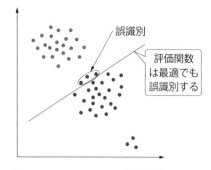

図 9.2 Widrow-Hoff の学習規則の問題点

にも問題点があります．それは，図 9.2 のようにデータの分布に偏りがある場合，特に図の右下のように外れ値が存在する場合に適切な識別面を決定できないという点です．これらの問題を解決しようというのが，「**マージン**」と「**サポートベクトル**」という概念です．

学習データ集合が線形分離可能であるとしても，一般には学習データを誤りなく識別できるパラメタ $\mathbf{w}$, w_0 は無限種類存在し，一意には定まりません．図 9.1 のような識別面も一つの解ではありますが，学習サンプルをすれすれに通るのではなく，なるべく余裕をもって分けるような識別面のほうが未知のデータに対してうまく識別ができそうです（このように，識別能力が高いことを汎化能力が高いといいます）．この余裕を表現する量として，識別面と最も近い学習データ（最低，クラスの個数あります）との距離を用いることにし，この量を**マージン**と呼びます．例えば，図 9.3 (a) のような識別面に対してはマージンが小さく，同図 (b) のような識別面に対してはマージンが大きいことがわかります．このマージンが大きいほどその識別器は汎化能力が

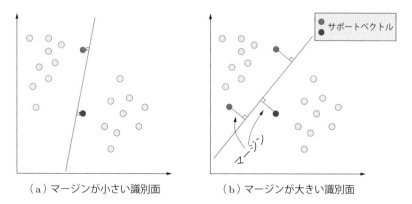

（a）マージンが小さい識別面　　　（b）マージンが大きい識別面

図 9.3 マージンの大きさ

高そうなので，マージンを最大化するように識別面を定めようというのが，サポートベクトルマシンの基本的な考え方です．

　マージンは識別面から最も近い学習データによって定まるので，それ以外の学習データは識別面の決定には関与していません．よって，図 9.2 に示した Widrow-Hoff の学習規則での問題のように，外れ値があったとしても識別面の決定に悪影響を及ぼさないという特長があります．

　マージンを最大化するのに関与している学習データ（学習ベクトル）を**サポートベクトル**といいます．これがサポートベクトルマシンの名前の由来です．

9-2 マージン最大化

　2 クラス識別問題に対して用意された N 件の学習データ $\mathbf{x}_n, (n = 1, 2, \ldots, N)$ を用いて，識別関数

$$g(\mathbf{x}) = \mathbf{w}^t \mathbf{x} + w_0 \tag{9.1}$$

を定めるパラメタ $\mathbf{w}, w_0$ を，マージン最大化という考えで求めていきます．学習データには教師ラベル $t_n \in \{-1, 1\}$ が振られていて，$t_n = 1$ である学習データ $\mathbf{x}_n$（正例）に対しては識別関数値 $g(\mathbf{x}_n) > 0$，$t_n = -1$ である $\mathbf{x}_n$（負例）に対しては $g(\mathbf{x}_n) < 0$ となるように識別関数 $g(\mathbf{x})$ を学習します．教師ラベル t_n は二つのクラスを識別できる値であれば何でもよいのですが，$t_n \in \{-1, 1\}$ とすると，

$$t_n g(\mathbf{x}_n) > 0 \tag{9.2}$$

が必ず成立し，以降の定式化が簡単になるのでこのようにおきます．

　さて，識別境界面 $g(\mathbf{x}) = 0$ と学習データ $\mathbf{x}_n$ との距離 r_n は

$$r_n = \frac{|g(\mathbf{x}_n)|}{\|\mathbf{w}\|} \tag{9.3}$$

で求められます．$t_n g(\mathbf{x}_n)$ は必ず正であり，しかも $|t_n| = 1$ であることに着目すれば，$|g(\mathbf{x}_n)|$ は $t_n g(\mathbf{x}_n)$ と書けるので，

$$r_n = \frac{|g(\mathbf{x}_n)|}{\|\mathbf{w}\|} = \frac{t_n g(\mathbf{x}_n)}{\|\mathbf{w}\|} = \frac{t_n (\mathbf{w}^t \mathbf{x}_n + w_0)}{\|\mathbf{w}\|} \tag{9.4}$$

となります．さて，この距離 r_n が最小になるデータ $\mathbf{x}_n$ がサポートベクトルの候補です．その最小の距離は，

$$\min_n \left[\frac{t_n (\mathbf{w}^t \mathbf{x}_n + w_0)}{\|\mathbf{w}\|} \right] \tag{9.5}$$

と書けます．そして，この距離が最も大きくなるように $\mathbf{w}, w_0$ を調整して境界面 $g(\mathbf{x}) = 0$ を決めようとしているので，

$$\operatorname*{argmax}_{\mathbf{w}, w_0} \left[\frac{1}{\|\mathbf{w}\|} \min_n \left[t_n (\mathbf{w}^t \mathbf{x}_n + w_0) \right] \right] \tag{9.6}$$

が解くべき問題になります.

9-3 非線形識別関数

　ここまではクラス境界面は線形でしたが,線形分離不可能な場合が一般的なので,ここでは非線形な基底関数 $\mathbf{x}' = \varphi(\mathbf{x})$ を準備することで,

$$g(\mathbf{x}) = \mathbf{w}^t \varphi(\mathbf{x}) + w_0 = \mathbf{w}^t \mathbf{x}' + w_0 = 0 \tag{9.7}$$

を境界面とすることを考えます.これは,データ $\mathbf{x}$ を非線形変換した $\mathbf{x}'$ により張られる空間で線形識別を行うという発想です.この際,$\mathbf{x}$ と $\mathbf{x}'$ の次元数は同じである必要はありません.図 9.4 でそのイメージを示すと,図中左の空間では線形識別できなくとも,図中右の高次元空間では線形識別(超平面による識別)ができるようになる(可能性がある)という発想です.そのような都合のよい関数 $\varphi(\mathbf{x})$ はすぐに見つかるものではありませんが,この発想によって,解決できる問題の幅が広がるのは間違いないでしょう.どのように $\mathbf{w}, w_0$ を決定するのかというと,線形の場合と議論はまったく同じで,

$$\operatorname*{argmax}_{\mathbf{w}, w_0} \left[\frac{1}{\|\mathbf{w}\|} \min_n \left[t_n (\mathbf{w}^t \varphi(\mathbf{x}_n) + w_0) \right] \right] \tag{9.8}$$

を満たす $\mathbf{w}, w_0$ を求めるということになります.通常の線形識別の場合は,$\varphi(\mathbf{x}) = \mathbf{x}$ と何も変換をしなかったとみなせばよいので,以下,この式を用いて議論を進めます.

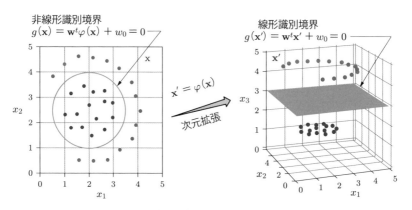

図 9.4 高次元空間への写像のイメージ

9-4 問題の単純化

今求めようとしている $\mathbf{w}, w_0$ をそれぞれ α 倍してみても，距離 r_n は

$$r_n = \frac{t_n(\alpha\mathbf{w}^t\varphi(\mathbf{x}_n) + \alpha w_0)}{\|\alpha\mathbf{w}\|} = \frac{\alpha t_n(\mathbf{w}^t\varphi(\mathbf{x}_n) + w_0)}{\alpha\|\mathbf{w}\|} = \frac{t_n(\mathbf{w}^t\varphi(\mathbf{x}_n) + w_0)}{\|\mathbf{w}\|}$$

と約分され同じ値になります．すなわち $\mathbf{w}, w_0$ を適当に定数倍しても最適化問題に影響はなく，変更が自由にできます．そこで，境界に最も近い点 $\mathbf{x}^*$ に対して

$$t^*(\mathbf{w}^t\varphi(\mathbf{x}^*) + w_0) = 1 \tag{9.9}$$

となるように定数倍された $\mathbf{w}, w_0$ で議論することにします．ところで，マージン最大化を行ったときには，この境界に最も近い点 $\mathbf{x}^*$ はそれぞれのクラスにあるはずです．具体的には，上の等式で $t^* = \pm 1$ なので，図 9.5 に示すように，その各クラスに対応する $\mathbf{x}^+, \mathbf{x}^-$ なるサポートベクトルが存在し，

$$\begin{cases} g(\mathbf{x}^+) = \mathbf{w}^t\varphi(\mathbf{x}^+) + w_0 = 1 \\ g(\mathbf{x}^-) = \mathbf{w}^t\varphi(\mathbf{x}^-) + w_0 = -1 \end{cases}$$

のように，識別関数値は ± 1 の値をもちます．そうすると，境界に最も近い点が上記の値になっているのですから，それ以外の点も含めたすべての点について

$$t_n(\mathbf{w}^t\varphi(\mathbf{x}_n) + w_0) \geq 1 \tag{9.10}$$

が成り立ちます．当然，最も近い点のみで等号が成り立ちます．この様子も図 9.5 に示します．

このように定数倍を介したことで，式 (9.8) に示す識別関数のマージン最大化問題は，

$$\underset{\mathbf{w}, w_0}{\operatorname{argmax}}\left[\frac{1}{\|\mathbf{w}\|}\min_n\left[t_n(\mathbf{w}^t\varphi(\mathbf{x}_n) + w_0)\right]\right] = \underset{\mathbf{w}, w_0}{\operatorname{argmax}}\left[\frac{1}{\|\mathbf{w}\|}\right] \tag{9.11}$$

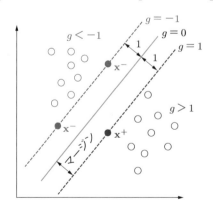

図 9.5 マージンと識別関数値

のように，単純に $1/\|\mathbf{w}\|$ の最大化問題になります．$1/\|\mathbf{w}\|$ を最大化するのは $\|\mathbf{w}\|$ の最小化と同じで，さらに 2 乗して $1/2$ 倍し，

$$\underset{\mathbf{w},w_0}{\operatorname{argmin}}\left[\frac{1}{2}\|\mathbf{w}\|^2\right] \tag{9.12}$$

としても同じです．

以上をまとめると，マージンを最大にする識別面を求めるには，式 (9.10) の制約条件のもとで，式 (9.12) を満たす $\mathbf{w}, w_0$ を求めればよいということになります．このような問題を主問題と呼びます．これは最適化の手法である二次計画法 (quadratic programming) によって解くことができます．一見バイアスパラメタ w_0 は最適化問題から消去されたかに見えますが，実際はそうではなく，制約条件から間接的に w_0 は決定されます．

9-5 // SVM の解法

●ラグランジュ関数とその双対表現

前節で導いた制約付き最適化問題を解くために，**ラグランジュの未定乗数法**がよく用いられます．制約条件は学習データの件数分存在するので，各々ラグランジュ乗数 $a_n \geq 0, (n = 1, 2, \ldots, N)$ を導入すると，次のラグランジュ関数が得られます（詳しくは 9-10 節で説明します）．

$$L(\mathbf{w}, w_0, \mathbf{a}) = \frac{1}{2}\|\mathbf{w}\|^2 - \sum_{n=1}^{N} a_n \left\{ t_n(\mathbf{w}^t \varphi(\mathbf{x}_n) + w_0) - 1 \right\} \tag{9.13}$$

ただし，$\mathbf{a}$ は，ラグランジュ乗数を $\mathbf{a} = (a_1, a_2, \ldots, a_N)$ のように並べてベクトルにしたものです．

このラグランジュ関数 $L(\mathbf{w}, w_0, \mathbf{a})$ の停留点の $\mathbf{w}, w_0$ を求めるためには，$\mathbf{w}$ と w_0 それぞれについて微分して 0 とおいた式が条件式になり，それぞれ以下のように得られます．

$$\mathbf{w} = \sum_{n=1}^{N} a_n t_n \varphi(\mathbf{x}_n) \tag{9.14}$$

$$0 = \sum_{n=1}^{N} a_n t_n \tag{9.15}$$

これを式 (9.13) のラグランジュ関数に代入します．

$L(\mathbf{w}, w_0, \mathbf{a})$

$$= \frac{1}{2}\|\mathbf{w}\|^2 - \sum_{n=1}^{N}\left(a_n t_n \mathbf{w}^t \varphi(\mathbf{x}_n) + a_n t_n w_0 - a_n\right)$$

$$= \frac{1}{2}\mathbf{w}^t\mathbf{w} - \sum_{m=1}^{N} a_m t_m \mathbf{w}^t \varphi(\mathbf{x}_m) - w_0 \sum_{n=1}^{N} a_n t_n + \sum_{n=1}^{N} a_n$$

$$= \frac{1}{2}\mathbf{w}^t\mathbf{w} - \sum_{m=1}^{N}\left\{a_m t_m \left(\sum_{n=1}^{N} a_n t_n \varphi(\mathbf{x}_n)^t\right)\varphi(\mathbf{x}_m)\right\} - 0 + \sum_{n=1}^{N} a_n$$

$$= \frac{1}{2}\mathbf{w}^t\mathbf{w} - \sum_{n=1}^{N}\sum_{m=1}^{N} a_n a_m t_n t_m \varphi(\mathbf{x}_n)^t \varphi(\mathbf{x}_m) + \sum_{n=1}^{N} a_n$$

$$= \frac{1}{2}\sum_{n=1}^{N} a_n t_n \varphi(\mathbf{x}_n)^t \sum_{m=1}^{N} a_m t_m \varphi(\mathbf{x}_m) - \sum_{n=1}^{N}\sum_{m=1}^{N} a_n a_m t_n t_m \varphi(\mathbf{x}_n)^t \varphi(\mathbf{x}_m) + \sum_{n=1}^{N} a_n$$

$$= \frac{1}{2}\sum_{n=1}^{N}\sum_{m=1}^{N} a_n a_m t_n t_m \varphi(\mathbf{x}_n)^t \varphi(\mathbf{x}_m) - \sum_{m=1}^{N}\sum_{n=1}^{N} a_n a_m t_n t_m \varphi(\mathbf{x}_n)^t \varphi(\mathbf{x}_m) + \sum_{n=1}^{N} a_n$$

$$= \sum_{n=1}^{N} a_n - \frac{1}{2}\sum_{n=1}^{N}\sum_{m=1}^{N} a_n a_m t_n t_m \varphi(\mathbf{x}_n)^t \varphi(\mathbf{x}_m)$$

このように，$\mathbf{w}$ と w_0 は消去されるので，ラグランジュ関数は $L(\mathbf{a})$ と書けます．

ここで，基底関数 $\varphi(\mathbf{x})$ の内積 $\varphi(\mathbf{x}_n)^t \varphi(\mathbf{x}_m)$ の部分を関数 $k(\mathbf{x}_n, \mathbf{x}_m)$ とおくと，ラグランジュ関数は最終的に

$$L(\mathbf{a}) = \sum_{n=1}^{N} a_n - \frac{1}{2}\sum_{n=1}^{N}\sum_{m=1}^{N} a_n a_m t_n t_m k(\mathbf{x}_n, \mathbf{x}_m) \tag{9.16}$$

と書けます．これを $L(\mathbf{w}, w_0, \mathbf{a})$ の**双対表現** (dual representation) といいます．最適化理論において主問題から得られた双対問題を解くことは，主問題を解くことと等価であることが双対定理で証明されています．

●双対問題を解いて a を求める

主問題の最小化を解くことと双対問題の最大化を解くことは等価であることが知られているので，双対表現を用いてマージン最大となる識別面を求めるには，式 (9.15) より，

$$\begin{cases} a_n \geq 0 \\ \sum_{n=1}^{N} a_n t_n = 0 \end{cases} \tag{9.17}$$

という制約条件のもと，式 (9.16) の最大化問題を解けばよいことになります．

さて，この問題も再び二次計画法になっていますが，果たして主問題と双対問題の
どちらを解くほうがよいのでしょうか．一般に，M 個の変数をもつ二次計画問題を解
くには $O(M^3)$ の時間がかかることが知られています．主問題は D 次元空間の $\mathbf{w}, w_0$
を推定するのに対し，双対問題では学習データの個数である N 個の a_n を推定します．
したがって，特徴量の次元数 D が学習データ件数 N より小さい場合には，双対問題
に変換することは不利に思えます．線形識別関数に関していえば確かにそのとおりで
す．一方，非線形識別を行うために基底関数 $\mathbf{x}' = \varphi(\mathbf{x})$ を導入すると，$\mathbf{x}'$ の次元数は
$\mathbf{x}$ の次元数 D より大きくすることができ，図 9.4 で示したように高次元空間では線形
分離できる可能性があります．たとえば次節で説明するカーネル法の場合では無限次
元になることもあるので，双対問題を解くほうが有利なのです．

●主問題の $\mathbf{w}$ と w_0 を求める

この双対問題を二次計画法で解いて，$\mathbf{a}$ を求めたら，$\mathbf{w}$ は式 (9.14) より

$$\mathbf{w} = \sum_{n=1}^{N} a_n t_n \varphi(\mathbf{x}_n)$$

と書けます．これを元々の識別関数の式に代入して $\mathbf{w}$ を消去すると，

$$g(\mathbf{x}) = \mathbf{w}^t \varphi(\mathbf{x}) + w_0 = \sum_{n=1}^{N} a_n t_n \varphi(\mathbf{x}_n)^t \varphi(\mathbf{x}) + w_0 = \sum_{n=1}^{N} a_n t_n k(\mathbf{x}_n, \mathbf{x}) + w_0$$

$$(9.18)$$

のように，$\mathbf{a}$ を用いて書くことができます．この式中に残る w_0 を求める方法は単純で
す．そもそもサポートベクトルマシンは正例のサポートベクトルに対して $g = 1$ とな
るように学習させ，負例のサポートベクトルに対して $g = -1$ となるように学習させ
るものなので，例えば一つの正例サポートベクトル $\mathbf{x}^+$ を識別関数 $g(\mathbf{x})$ に適用して，

$$1 = \sum_{n=1}^{N} a_n t_n k(\mathbf{x}_n, \mathbf{x}^+) + w_0 \qquad (9.19)$$

という方程式を解けば w_0 が求められます．

理論的には任意のサポートベクトルを用いれば w_0 は求められますが，数値計算上
の誤差の影響を減らすために，すべてのサポートベクトルを用いて平均をとる方法も
あります．

サポートベクトルは $t_n g(\mathbf{x}_n) = 1$ を満たすので，それに式 (9.18) を代入すると

$$t_n \left(\sum_{m=1}^{N} a_m t_m k(\mathbf{x}_n, \mathbf{x}_m) + w_0 \right) = 1 \qquad (9.20)$$

を満たします．この式の両辺に t_n を掛け，$t_n^2 = 1$ であることを利用すると，

$$\sum_{m=1}^{N} a_m t_m k(\mathbf{x}_n, \mathbf{x}_m) + w_0 = t_n$$

と書けるので，

$$w_0 = t_n - \sum_{m=1}^{N} a_m t_m k(\mathbf{x}_n, \mathbf{x}_m)$$

と求められます．サポートベクトルの本数が N_s とすると，w_0 は

$$w_0 = \frac{1}{N_s} \sum_{n \in S} \left(t_n - \sum_{m=1}^{N} a_m t_m k(\mathbf{x}_n, \mathbf{x}_m) \right) \tag{9.21}$$

のように平均として書けます．ここで，S はサポートベクトルの添え字からなる集合です．

　以上のように双対問題で $\mathbf{a}$ を決定したあと，$\mathbf{w}, w_0$ を求めれば $g(\mathbf{x}) = \mathbf{w}^t \varphi(\mathbf{x}) + w_0$ が確定するので，未知のデータ $\mathbf{x}'$ については，式 $g(\mathbf{x}')$ の符号を調べれば識別ができるわけです．

●逐次解法で $\mathbf{a}$ を求める

　では，実際に式 (9.16) を解いてみます．まず，要素がすべて 1 の N 次元ベクトル $\mathbf{1}$，教師信号と学習データから作られる行列 $\mathbf{H}$，教師信号ベクトル $\mathbf{t}$ を以下のように定めます．

$$\mathbf{1} = \begin{pmatrix} 1 & 1 & \cdots & 1 \end{pmatrix}^t \tag{9.22}$$

$$\mathbf{H} = \begin{pmatrix} H_{nm} = t_n t_m k(\mathbf{x}_n, \mathbf{x}_m) \end{pmatrix} \tag{9.23}$$

$$\mathbf{t} = \begin{pmatrix} t_1 & t_2 & \cdots & t_N \end{pmatrix}^t \tag{9.24}$$

すると，式 (9.16) のラグランジュ関数と，その制約式 (9.17) は，

$$L(\mathbf{a}) = \mathbf{a}^t \mathbf{1} - \frac{1}{2} \mathbf{a}^t \mathbf{H} \mathbf{a} \tag{9.25}$$

$$\mathbf{a}^t \mathbf{t} = 0 \tag{9.26}$$

と書けます．式 (9.17) の制約条件も忘れないようにしましょう．

　制約条件の式 (9.26) に未定乗数 β を掛けて，ラグランジュ関数に追加します．すると，式 (9.25) は，

$$\begin{aligned} L(\mathbf{a}) &= \mathbf{a}^t \mathbf{1} - \frac{1}{2} \mathbf{a}^t \mathbf{H} \mathbf{a} - \beta \frac{1}{2} \|\mathbf{a}^t \mathbf{t}\|^2 \\ &= \mathbf{a}^t \mathbf{1} - \frac{1}{2} \mathbf{a}^t \mathbf{H} \mathbf{a} - \beta \frac{1}{2} \mathbf{a}^t \mathbf{t} \mathbf{t}^t \mathbf{a} \end{aligned} \tag{9.27}$$

のように書き換えられます．これを最急降下法で解くことにします．求めるのは $\mathbf{a}$ と β で，その更新式は，式 (9.27) を偏微分して

$$
\begin{cases}
\mathbf{a}' = \mathbf{a} + \eta_a \dfrac{\partial L(\mathbf{a})}{\partial \mathbf{a}} & \text{(9.28a)} \\[3mm]
\beta' = \beta + \eta_\beta \dfrac{\partial L(\mathbf{a})}{\partial \beta} & \text{(9.28b)}
\end{cases}
$$

のように書けます．ここで，η_a, η_β は実験的に定める定数です．式 (9.28a) 中の偏導関数は，数学の公式

$$
\frac{\partial}{\partial \mathbf{a}} \mathbf{a}^t \mathbf{B} \mathbf{a} = (\mathbf{B} + \mathbf{B}^t) \mathbf{a}
$$

を用いると，式 (9.27) より

$$
\begin{aligned}
\frac{\partial L(\mathbf{a})}{\partial \mathbf{a}} &= \mathbf{1} - \frac{1}{2}(\mathbf{H} + \mathbf{H}^t)\mathbf{a} - \beta \frac{1}{2}\{\mathbf{t}\mathbf{t}^t + (\mathbf{t}\mathbf{t}^t)^t\}\mathbf{a} \\
&= \mathbf{1} - \mathbf{H}\mathbf{a} - \beta \frac{1}{2}(\mathbf{t}\mathbf{t}^t + \mathbf{t}\mathbf{t}^t)\mathbf{a} = \mathbf{1} - \mathbf{H}\mathbf{a} - \beta \mathbf{t}\mathbf{t}^t \mathbf{a}
\end{aligned} \tag{9.29}
$$

となります．一応要素でも書いておくと，以下のようになります．

$$
\frac{\partial L(\mathbf{a})}{\partial a_n} = \left(1 - \sum_{m=1}^{N} a_m t_n t_m k(\mathbf{x}_n, \mathbf{x}_m) - \beta \sum_{m=1}^{N} a_m t_n t_m\right) \tag{9.30}
$$

一方，式 (9.28b) 中の β に関しての微分は簡単で，

$$
\frac{\partial L(\mathbf{a})}{\partial \beta} = \frac{1}{2}(\mathbf{a}^t \mathbf{t})^2 \tag{9.31}
$$

と書けます．以上をまとめると，更新式は以下のようになります．

$$
\mathbf{a}' = \mathbf{a} + \eta_a \frac{\partial L(\mathbf{a})}{\partial \mathbf{a}} = \mathbf{a} + \eta_a(\mathbf{1} - \mathbf{H}\mathbf{a} - \beta \mathbf{t}\mathbf{t}^t \mathbf{a}) \tag{9.32}
$$

$$
\beta' = \beta + \eta_\beta \frac{\partial L(\mathbf{a})}{\partial \beta} = \beta + \eta_\beta \frac{1}{2}(\mathbf{a}^t \mathbf{t})^2 \tag{9.33}
$$

ただし，式 (9.17) を満たす必要があるので，この更新式で $a_n' < 0$ になったら，$a_n' = 0$ に強制的に変更します．

以上により，$\mathbf{a}$ を求めることができます Program ．

9-6 カーネル法による非線形 SVM の解法

上記のように，マージンを最大化する識別面を求めるには，式 (9.13)

$$L(\mathbf{w}, w_0, \mathbf{a}) = \frac{1}{2}\|\mathbf{w}\|^2 - \sum_{n=1}^{N} a_n \left\{ t_n(\mathbf{w}^t \varphi(\mathbf{x}_n) + w_0) - 1 \right\}$$

で $\mathbf{w}$, w_0 を求める方法と，その双対問題の式 (9.16)

$$L(\mathbf{a}) = \sum_{n=1}^{N} a_n - \frac{1}{2} \sum_{n=1}^{N} \sum_{m=1}^{N} a_n a_m t_n t_m k(\mathbf{x}_n, \mathbf{x}_m)$$

で $\mathbf{a}$ を求める方法とがありました．主問題と双対問題の違いは，変数 $\mathbf{w}$, w_0 が $\mathbf{a}$ に変わっただけでなく，非線形空間へ変換する基底関数 $\varphi(\mathbf{x})$ が，双対問題では関数同士の内積

$$k(\mathbf{x}_n, \mathbf{x}_m) = \varphi(\mathbf{x}_n)^t \varphi(\mathbf{x}_m) \tag{9.34}$$

に変わっています．この基底関数同士の内積をとる関数 $k(\mathbf{x}_n, \mathbf{x}_m)$ を**カーネル関数** (kernel function) と呼びます．

非線形 SVM は，元の $\mathbf{x}$ の D 次元空間では線形分離できなくとも，基底関数 $\varphi(\mathbf{x})$ を用いて $\mathbf{x}$ をより高次元の空間に変換して，その高次元空間で線形識別を可能にしようと目論む方法なのですが，一般に，基底関数 $\varphi(\mathbf{x})$ としてどのような関数を用いればよいのかは不明です．

しかし，双対表現の式を見ると，基底関数 $\varphi(\mathbf{x})$ は陽には存在しません．存在するのはカーネル関数のみです．すなわち，双対表現を用いれば，基底関数 $\varphi(\mathbf{x})$ の内積形であるカーネル関数さえ定義されていれば，非線形 SVM を解くことができます．基底関数 $\varphi(\mathbf{x})$ の具体的な形は知る必要がないのです．

このように基底関数 $\varphi(\mathbf{x})$ で高次元空間を直接扱わずとも，カーネル関数 $k(\mathbf{x}_n, \mathbf{x}_m)$ のみを通じて高次元空間での問題を扱えるので，このテクニックは**カーネルトリック** (kernel trick) とか**カーネル置換** (kernel substitution) といわれます．また，カーネルトリックを利用して問題を解く方法を**カーネル法**といいます．カーネル法を用いると，時には無限次元の高次元特徴空間を間接的に扱うこともできるようになります．

関数同士の内積がどのような形式の関数になるのかは，さまざまな形式が知られていますが，代表的なものは以下の 4 種類です．

1. 線形関数 (linear function)

$$k(\mathbf{x}_n, \mathbf{x}_m) = \mathbf{x}_n^t \mathbf{x}_m$$

2. 多項式関数 (polynomial function)

$$k(\mathbf{x}_n, \mathbf{x}_m) = (\gamma \mathbf{x}_n^t \mathbf{x}_m + r)^d, \quad (\gamma \geq 0)$$

3. 動径基底関数 (radial basis function：RBF)

$$k(\mathbf{x}_n, \mathbf{x}_m) = \exp\left(-\gamma \|\mathbf{x}_n - \mathbf{x}_m\|^2\right), \quad (\gamma \geq 0)$$

4. シグモイド関数 (sigmoid function)

$$k(\mathbf{x}_n, \mathbf{x}_m) = \tanh(\gamma \mathbf{x}_n^t \mathbf{x}_m + r)$$

ここで，γ, r, d はカーネル関数を決定するパラメタです．どのカーネル関数を用いるか，カーネルパラメタ値をいくつにするかは問題ごとに異なりますので，実験的に定めることになります．

●カーネル関数から基底関数を求める

では，ここで一つ例題を取り上げましょう．ここではデータは $\mathbf{x} = (x, y)$ の 2 次元，基底関数 $\varphi(\mathbf{x})$ の内積は 2 次多項式カーネルで $d = 2, r = 1, \gamma = 1$ とします．すると，カーネル関数は以下のように書け，それを変形していくと

$$
\begin{aligned}
k(\mathbf{x}_n, \mathbf{x}_m) &= (\mathbf{x}_n^t \mathbf{x}_m + 1)^2 \\
&= (x_n x_m + y_n y_m + 1)^2 \\
&= (x_n x_m)^2 + (y_n y_m)^2 + 2x_n x_m y_n y_m + 2x_n x_m + 2y_n y_m + 1 \\
&= \underbrace{\left(x_n^2 \ \ y_n^2 \ \ \sqrt{2}\,x_n y_n \ \ \sqrt{2}\,x_n \ \ \sqrt{2}\,y_n \ \ 1 \right)}_{\mathbf{x}_n''} \underbrace{\left(x_m^2 \ \ y_m^2 \ \ \sqrt{2}\,x_m y_m \ \ \sqrt{2}\,x_m \ \ \sqrt{2}\,y_m \ \ 1 \right)^t}_{\mathbf{x}_m''} \\
&= \mathbf{x}_n'^t \mathbf{x}_m'
\end{aligned}
$$

のように書けます．これは二つのベクトルの内積の式なので，

$$\mathbf{x}' = \varphi(\mathbf{x}) = \left(x^2 \quad y^2 \quad \sqrt{2}\,xy \quad \sqrt{2}\,x \quad \sqrt{2}\,y \quad 1 \right)^t \tag{9.35}$$

と書け，このカーネル関数 $k(\mathbf{x}, \mathbf{x}')$ の基底関数 $\varphi(\mathbf{x})$ が確かに存在することがわかりました．また，基底関数 $\varphi(\mathbf{x})$ で射影された $\mathbf{x}'$ が属するのは 5 次元空間（6 番目の要素は定数 1）であることもわかりました．

●サポートベクトルのみの記憶

このようにカーネル法を用いて双対問題の $\mathbf{a}$ を決定したあと，未知データに対して識別を行う場合には，一般的には基底関数 $\varphi(\mathbf{x})$ は未知なので，前述のような高次元空間での線形識別関数の $\mathbf{w}, w_0$ を求める方法は使えません．そこで，式 (9.18) のように識別関数を変形し，

$$g(\mathbf{x}) = \sum_{n=1}^{N} a_n t_n k(\mathbf{x}_n, \mathbf{x}) + w_0$$

を用いて未知データの識別をします．しかし，この式を見ると，$\mathbf{x}$ は今識別したい未知のデータですから，$k(\mathbf{x}_n, \mathbf{x})$ を予め計算しておくことはできず，識別時にすべての学習データ $\mathbf{x}_n$ が必要になってしまうことがわかります．

さてここで，この問題を解決することができる新しい知見を説明します．一般に，複数の制約条件付き最適問題の最適値が満たす条件が存在し，それは**カルーシュ‐キューン‐タッカー (KKT) 条件**として知られています．ちなみに，この条件は Kuhn と Tucker による論文で示されたのですが，のちに Karush が等価な条件を既に示していたことが判明したため，Karush–Kuhn–Tucker 条件（KKT 条件）と呼ばれています．

KKT 条件

今，N 個の制約条件 $h_n(\mathbf{x}) \geq 0, (n = 1, 2, \ldots, N)$ のもとで，目的関数 $f(\mathbf{x})$ を最小化するとき，$\mathbf{x}^*$ が極小解ならば，ある $(a_1, a_2, \ldots, a_N)$ が存在して，以下の式を満たす．

$$\nabla f(\mathbf{x}^*) - \sum_{n=1}^{N} a_n \nabla h_n(\mathbf{x}^*) = 0$$

$$a_n h_n(\mathbf{x}^*) = 0, \quad (n = 1, 2, \ldots, N)$$

$$h_n(\mathbf{x}^*) \geq 0, \quad (n = 1, 2, \ldots, N)$$

$$a_n \geq 0, \quad (n = 1, 2, \ldots, N)$$

KKT 条件については 9-10-4 項で詳しく説明しますが，この条件式では，

$$a_n h_n(\mathbf{x}^*) = 0$$

を満たすといっているので，各 n について，a_n, $h_n(\mathbf{x}^*)$ の少なくとも一方が 0 となることを意味しています．これは**相補性条件**と呼ばれます．$h_n(\mathbf{x}^*) = 0$，すなわち式 (9.13) における $t_n(\mathbf{w}^t \varphi(\mathbf{x}_n) + w_0) - 1 = 0$ を満たすのはサポートベクトルのみなので，それ以外の学習データに対しては $a_n = 0$ となるわけです．よって，カーネル法では，すべての学習データを記憶しておく必要はなく，サポートベクトルのみ記憶しておけばよいことがわかります．ここで，サポートベクトルの添え字からなる集合を S とおくと，識別関数 $g(\mathbf{x})$ は

$$g(\mathbf{x}) = \sum_{n=1}^{N} a_n t_n k(\mathbf{x}_n, \mathbf{x}) + w_0 = \sum_{n \in S} a_n t_n k(\mathbf{x}_n, \mathbf{x}) + w_0 \tag{9.36}$$

とサポートベクトルのみを用いた式で書けます．またサポートベクトルの本数を N_s とすると，w_0 も

$$w_0 = \frac{1}{N_s} \sum_{n \in S} \left(t_n - \sum_{m=1}^{N} a_m t_m k(\mathbf{x}_n, \mathbf{x}_m) \right) = \frac{1}{N_s} \sum_{n \in S} \left(t_n - \sum_{m \in S} a_m t_m k(\mathbf{x}_n, \mathbf{x}_m) \right) \tag{9.37}$$

とサポートベクトルのみを用いた式で書けるので，実際の計算時はサポートベクトルのみを記憶しておけばよいことがわかります．

9-7// SVM の例題

　では実際にいくつかの例題で SVM を構築してみましょう．実際には 9-5 節（逐次解法で **a** を求める）で説明したように，多くの学習データの中からサポートベクトルが逐次的に求められます．ここでは簡単のために，学習データを厳選し，ほぼすべてがサポートベクトルになるような例題を考えます．

9-7-1　【例題 1】線形識別

　学習データ $\{\mathbf{x}_n, t_n\}$ は

$$\{\mathbf{x}_1, t_1\} = \left\{ \begin{pmatrix} -1 \\ -1 \end{pmatrix}, -1 \right\}$$

$$\{\mathbf{x}_2, t_2\} = \left\{ \begin{pmatrix} 1 \\ 1 \end{pmatrix}, 1 \right\}$$

の二つにします．これを図示すると図 9.6 のようになります．これに対するサポートベクトルマシンを構築

図 9.6　学習データ

しましょう．各クラス 1 データですから，この二つのデータがサポートベクトルです．マージン最大化という観点からすれば，この問題に対する識別境界は，（線形ならば）図 9.7 のような，原点を通る傾き -1 の直線になるでしょう．もしもマージン最大化という観点を理解していなければ，図 9.8 のように，ほかにも無数に分け方は存在します．

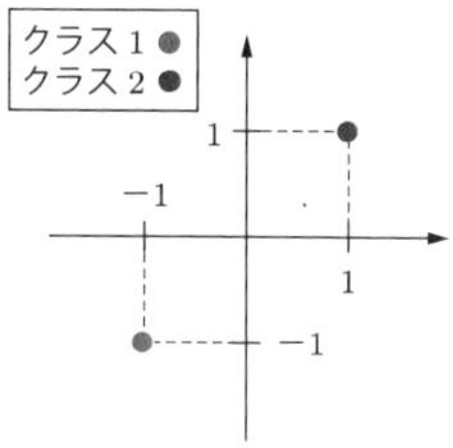

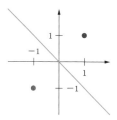

図 9.7　マージン最大化による識別境界

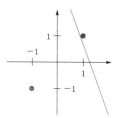

図 9.8　適当な識別境界

●カーネル関数

　この例題は線形分離可能なので，カーネル関数は，9-6 節で示したいくつかの関数の中で最も単純な線形関数 $k(\mathbf{x}_i, \mathbf{x}_j) = \mathbf{x}_i^t \mathbf{x}_j$ でよいことがわかります．

●ラグランジュ関数

最適化問題は,

$$a_n \geq 0, \quad \sum_{n=1}^{N} a_n t_n = 0$$

という条件のもと,

$$\underset{\mathbf{a}}{\operatorname{argmax}} \, L(\mathbf{a}) = \underset{\mathbf{a}}{\operatorname{argmax}} \left[\sum_{n=1}^{N} a_n - \frac{1}{2} \sum_{n=1}^{N} \sum_{m=1}^{N} a_n a_m t_n t_m k(\mathbf{x}_n, \mathbf{x}_m) \right] \quad (9.38)$$

を解けばよいので, まず訓練データを目的関数 (最大化問題の中身) へ代入します.

$$\begin{aligned}
L(\mathbf{a}) &= \sum_{n=1}^{N} a_n - \frac{1}{2} \sum_{n=1}^{N} \sum_{m=1}^{N} a_n a_m t_n t_m k(\mathbf{x}_n, \mathbf{x}_m) \\
&= \sum_{n=1}^{2} a_n - \frac{1}{2} \sum_{n=1}^{2} \sum_{m=1}^{N} a_n a_m t_n t_m k(\mathbf{x}_n, \mathbf{x}_m) \\
&= a_1 + a_2 - \frac{1}{2} (a_1 a_1 t_1 t_1 \mathbf{x}_1^t \mathbf{x}_1 + a_1 a_2 t_1 t_2 \mathbf{x}_1^t \mathbf{x}_2 + a_2 a_1 t_2 t_1 \mathbf{x}_2^t \mathbf{x}_1 \\
&\qquad\qquad + a_2 a_2 t_2 t_2 \mathbf{x}_2^t \mathbf{x}_2)
\end{aligned}$$

この式へ

$$\{\mathbf{x}_1, t_1\} = \left\{ \begin{pmatrix} -1 \\ -1 \end{pmatrix}, -1 \right\}, \quad \{\mathbf{x}_2, t_2\} = \left\{ \begin{pmatrix} 1 \\ 1 \end{pmatrix}, 1 \right\}$$

を代入すると,

$$\begin{aligned}
L(\mathbf{a}) &= a_1 + a_2 - \frac{1}{2} \left(2a_1^2 + 2a_1 a_2 + 2a_2 a_1 + 2a_2^2 \right) \\
&= a_1 + a_2 - a_1^2 - 2a_2 a_1 - a_2^2
\end{aligned}$$

と目的関数が得られます (この目的関数を以後 $L(a_1, a_2)$ と書きます). 次に, a_1, a_2 を調整して値を最大にします.

●制約条件 $\sum a_n t_n = 0$ の考慮

制約条件を使うと,

$$\sum_{n=1}^{2} a_n t_n = 0 \iff -a_1 + a_2 = 0 \iff a_1 = a_2$$

という関係を満たす必要が出てきます. この制約を目的関数 $L(a_1, a_2)$ へ代入することで,

$$L(a_1, a_2) = L(a_1) = 2a_1 - 4a_1^2$$

が得られます. これを a_1 について最大化すればよく, a_1 で微分して 0 とおくと,

$$\frac{d}{da_1} L(a_1) = 2 - 8a_1 = 0 \Longleftrightarrow a_1 = \frac{1}{4}$$

と求められます. さらに, 制約条件から

$$a_2 = a_1 = \frac{1}{4}$$

と求められ, もう一つの制約条件も確認しておくと, $a_1, a_2 \geq 0$ なので, 満たしています.

● w_0 **を求める**

w_0 を計算するために, 正例のデータ $\mathbf{x}^+ = \mathbf{x}_2 = \begin{pmatrix} 1 & 1 \end{pmatrix}^t$ を使って, $g(\mathbf{x}_2) = 1$ を出力するようにさせます. すると,

$$1 = \sum_{n=1}^{N} a_n t_n k(\mathbf{x}^+, \mathbf{x}_n) + w_0 \Longleftrightarrow 1 = \sum_{n=1}^{2} a_n t_n k(\mathbf{x}^+, \mathbf{x}_n) + w_0$$

$$\Longleftrightarrow 1 = a_1 t_1 (\mathbf{x}^+)^t \mathbf{x}_1 + a_2 t_2 (\mathbf{x}^+)^t \mathbf{x}_2 + w_0$$

$$\Longleftrightarrow 1 = \frac{1}{4}(-1)(-2) + \frac{1}{4} \cdot 1 \cdot 2 + w_0$$

$$\Longleftrightarrow 1 = 1 + w_0$$

$$\Longleftrightarrow w_0 = 0$$

のように w_0 が求められます.

●**主問題の w を求める**

主問題の $\mathbf{w}$ を明示的に求めたい場合は, 式 (9.14) を用います.

$$\mathbf{w} = \sum_{n=1}^{N} a_n t_n \varphi(\mathbf{x}_n)$$

$$= \frac{1}{4}(-1) \begin{pmatrix} -1 \\ -1 \end{pmatrix} + \frac{1}{4} \cdot 1 \cdot \begin{pmatrix} 1 \\ 1 \end{pmatrix} = \begin{pmatrix} \frac{1}{2} \\ \frac{1}{2} \end{pmatrix}$$

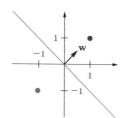

図 9.9 求められた識別境界

このベクトル $\mathbf{w}$ は境界直線の法線ベクトルで $w_0 = 0$ も求められているので, 識別境界は図 9.9 のように描くことができ, マージン最大の境界が求められていることが確認できます.

●未知データの識別

識別器は以下の形でした.

$$g(\mathbf{x}) = \sum_{n=1}^{N} a_n t_n k(\mathbf{x}, \mathbf{x}_n) + w_0$$

この式で, $\mathbf{x}$ が未知データで $\mathbf{x}_n$ は学習データです. 今, $\mathbf{x} = \begin{pmatrix} -1 & 0 \end{pmatrix}^t$ という未知データを識別してみましょう. これは図9.10から負例に識別されるこ

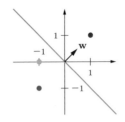

図 9.10　未知データの識別

とが明らかにわかりますので, $g(\mathbf{x})$ が実際負の値をとるのかを確かめてみるということになります.

識別器のパラメタ

$$a_1 = \frac{1}{4}, \quad a_2 = \frac{1}{4}, \quad w_0 = 0$$

と学習データ $\mathbf{x}_n$ とより, 上記識別器 $g(\mathbf{x})$ は定まるので, 未知データ

$$\mathbf{x} = \begin{pmatrix} -1 \\ 0 \end{pmatrix}$$

を識別器に代入します. すると,

$$\begin{aligned}
g(\mathbf{x}) &= \sum_{n=1}^{N} a_n t_n k(\mathbf{x}, \mathbf{x}_n) + w_0 \\
&= \sum_{n=1}^{2} a_n t_n k(\mathbf{x}, \mathbf{x}_n) \\
&= \frac{1}{4}(-1)\begin{pmatrix} -1 & 0 \end{pmatrix}\begin{pmatrix} -1 \\ -1 \end{pmatrix} + \frac{1}{4} \cdot 1 \cdot \begin{pmatrix} -1 & 0 \end{pmatrix}\begin{pmatrix} 1 \\ 1 \end{pmatrix} \\
&= -\frac{1}{4} - \frac{1}{4} = -\frac{1}{2} < 0
\end{aligned}$$

と求められ, 確かに負例であると識別できました.

9-7-2 【例題 2】非線形識別（識別境界が円）

線形分離不可能なデータをカーネル法で解きます．学習データ $\{\mathbf{x}_n, t_n\}$ は図 9.11 のような 4 点です．

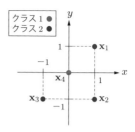

図 9.11 学習データ

$$\{\mathbf{x}_1, t_1\} = \left\{ \begin{pmatrix} 1 & 1 \end{pmatrix}^t, 1 \right\}$$

$$\{\mathbf{x}_2, t_2\} = \left\{ \begin{pmatrix} 1 & -1 \end{pmatrix}^t, 1 \right\}$$

$$\{\mathbf{x}_3, t_3\} = \left\{ \begin{pmatrix} -1 & -1 \end{pmatrix}^t, 1 \right\}$$

$$\{\mathbf{x}_4, t_4\} = \left\{ \begin{pmatrix} 0 & 0 \end{pmatrix}^t, -1 \right\}$$

この 2 クラスを識別するサポートベクトルマシンを構築しましょう．

通常はたくさんの学習データがあるのですが，それでは計算が大変なので，ここではサポートベクトルのみが与えられたとしましょう．

●カーネル関数

図から明らかなように線形分離できませんので，非線形カーネルを考えます．今回は

$$k(\mathbf{x}_i, \mathbf{x}_j) = (\mathbf{x}_i^t \mathbf{x}_j)^2$$

という 2 次の多項式カーネルを用いることにします．

この非線形カーネルはどのような基底関数 $\mathbf{x}' = \varphi(\mathbf{x})$ の内積を表しているのでしょうか．今，$\mathbf{x} = \begin{pmatrix} x & y \end{pmatrix}^t$ とすると，

$$k(\mathbf{x}_i, \mathbf{x}_j) = (\mathbf{x}_i^t \mathbf{x}_j)^2 = \left\{ \begin{pmatrix} x_i & y_i \end{pmatrix} \begin{pmatrix} x_j \\ y_j \end{pmatrix} \right\}^2$$

$$= (x_i x_j + y_i y_j)^2 = x_i^2 x_j^2 + 2 x_i y_i x_j y_j + y_i^2 y_j^2$$

$$= \begin{pmatrix} x_i^2 & \sqrt{2}\, x_i y_i & y_i^2 \end{pmatrix} \begin{pmatrix} x_j^2 \\ \sqrt{2}\, x_j y_j \\ y_j^2 \end{pmatrix} = \varphi(\mathbf{x}_i')^t \varphi(\mathbf{x}_j')$$

なので，$\varphi(\mathbf{x})$ は 2 次元の $\mathbf{x} = \begin{pmatrix} x & y \end{pmatrix}^t$ を 3 次元の $\mathbf{x}' = \begin{pmatrix} x^2 & \sqrt{2}xy & y^2 \end{pmatrix}^t$ に変換する関数であることがわかります．

●ラグランジュ関数

最適化問題は，

$$a_n \geq 0, \quad \sum_{n=1}^{N} a_n t_n = 0$$

という制約条件のもと

$$\underset{\mathbf{a}}{\mathrm{argmax}}\, L(\mathbf{a}) = \underset{\mathbf{a}}{\mathrm{argmax}} \left[\sum_{n=1}^{N} a_n - \frac{1}{2} \sum_{n=1}^{N} \sum_{m=1}^{N} a_n a_m t_n t_m k(\mathbf{x}_n, \mathbf{x}_m) \right]$$

を解けばよいのですが，そこで必要となるカーネル関数値をまず求めておきます．

$$k(\mathbf{x}_1, \mathbf{x}_1) = \left\{ \begin{pmatrix} 1 & 1 \end{pmatrix} \begin{pmatrix} 1 \\ 1 \end{pmatrix} \right\}^2 = 4 \qquad k(\mathbf{x}_3, \mathbf{x}_1) = \left\{ \begin{pmatrix} -1 & -1 \end{pmatrix} \begin{pmatrix} 1 \\ 1 \end{pmatrix} \right\}^2 = 4$$

$$k(\mathbf{x}_1, \mathbf{x}_2) = 0 \qquad\qquad\qquad\qquad k(\mathbf{x}_3, \mathbf{x}_2) = 0$$

$$k(\mathbf{x}_1, \mathbf{x}_3) = \left\{ \begin{pmatrix} 1 & 1 \end{pmatrix} \begin{pmatrix} -1 \\ -1 \end{pmatrix} \right\}^2 = 4 \qquad k(\mathbf{x}_3, \mathbf{x}_3) = \left\{ \begin{pmatrix} -1 & -1 \end{pmatrix} \begin{pmatrix} -1 \\ -1 \end{pmatrix} \right\}^2 = 4$$

$$k(\mathbf{x}_1, \mathbf{x}_4) = 0 \qquad\qquad\qquad\qquad k(\mathbf{x}_3, \mathbf{x}_4) = 0$$

$$k(\mathbf{x}_2, \mathbf{x}_1) = 0 \qquad\qquad\qquad\qquad\quad k(\mathbf{x}_4, \mathbf{x}_1) = 0$$

$$k(\mathbf{x}_2, \mathbf{x}_2) = \left\{ \begin{pmatrix} 1 & -1 \end{pmatrix} \begin{pmatrix} 1 \\ -1 \end{pmatrix} \right\}^2 = 4 \qquad \begin{aligned} k(\mathbf{x}_4, \mathbf{x}_2) = 0 \\ k(\mathbf{x}_4, \mathbf{x}_3) = 0 \end{aligned}$$

$$k(\mathbf{x}_2, \mathbf{x}_3) = 0 \qquad\qquad\qquad\qquad\quad k(\mathbf{x}_4, \mathbf{x}_4) = 0$$

$$k(\mathbf{x}_2, \mathbf{x}_4) = 0$$

これを用いて $L(\mathbf{a})$ を計算します．

$$\begin{aligned}
L(\mathbf{a}) &= \sum_{n=1}^{N} a_n - \frac{1}{2} \sum_{n=1}^{N} \sum_{m=1}^{N} a_n a_m t_n t_m k(\mathbf{x}_n, \mathbf{x}_m) \\
&= a_1 + a_2 + a_3 + a_4 - \frac{1}{2} \big(a_1 a_1 t_1 t_1 k(\mathbf{x}_1, \mathbf{x}_1) + a_1 a_3 t_1 t_3 k(\mathbf{x}_1, \mathbf{x}_3) \\
&\quad + a_2 a_2 t_2 t_2 k(\mathbf{x}_2, \mathbf{x}_2) + a_3 a_1 t_3 t_1 k(\mathbf{x}_3, \mathbf{x}_1) + a_3 a_3 t_3 t_3 k(\mathbf{x}_3, \mathbf{x}_3) \big) \\
&= a_1 + a_2 + a_3 + a_4 - \frac{1}{2} \big(4a_1^2 + 4a_1 a_3 + 4a_2^2 + 4a_3 a_1 + 4a_3^2 \big) \\
&= a_1 + a_2 + a_3 + a_4 - 2 \big(a_1^2 + a_2^2 + a_3^2 + 2a_1 a_3 \big)
\end{aligned}$$

このように目的関数が得られました（目的関数を以後 $L(a_1, a_2, a_3, a_4)$ と書きます）．

次に，a_1, a_2, a_3, a_4 を調整して値を最大にします．

●制約条件 $\sum a_n t_n = 0$ の考慮

制約条件を使うと，

$$\sum_{n=1}^{4} a_n t_n = 0 \iff a_1 + a_2 + a_3 - a_4 = 0 \iff a_4 = a_1 + a_2 + a_3$$

という関係を満たす必要が出てきます. この制約を目的関数 $L(a_1, a_2, a_3, a_4)$ へ代入することで,

$$L(a_1, a_2, a_3, a_4) = L(a_1, a_2, a_3) = 2(a_1 + a_2 + a_3) - 2(a_1^2 + a_2^2 + a_3^2 + 2a_1 a_3)$$

が得られます. これを a_1, a_2, a_3 について最大化するのですが, 係数は取り除いて,

$$L(a_1, a_2, a_3) = a_1 + a_2 + a_3 - (a_1^2 + a_2^2 + a_3^2 + 2a_1 a_3)$$

の最大化を考えます. a_1, a_2, a_3 で偏微分して 0 とおくと,

$$\frac{\partial L}{\partial a_1} = 1 - 2(a_1 + a_3) = 0 \iff a_1 + a_3 = \frac{1}{2}$$

$$\frac{\partial L}{\partial a_2} = 1 - 2a_2 = 0 \iff a_2 = \frac{1}{2}$$

$$\frac{\partial L}{\partial a_3} = 1 - 2(a_1 + a_3) = 0 \iff a_1 + a_3 = \frac{1}{2}$$

と求められます. さらに, 制約条件から

$$a_4 = a_1 + a_2 + a_3 = (a_1 + a_3) + a_2 = \frac{1}{2} + \frac{1}{2} = 1$$

と求められます.

● w_0 **を求める**

w_0 を計算するためには正例のデータ $\mathbf{x}^+ = \mathbf{x}_1 = \begin{pmatrix} 1 & 1 \end{pmatrix}^t$ を使って, $g(\mathbf{x}_1) = 1$ を出力するようにさせます. すると,

$$1 = \sum_{n=1}^{N} a_n t_n k(\mathbf{x}^+, \mathbf{x}_n) + w_0$$

$$\iff 1 = \sum_{n=1}^{4} a_n t_n k(\mathbf{x}^+, \mathbf{x}_n) + w_0$$

$$\iff 1 = a_1 t_1 k(\mathbf{x}_1, \mathbf{x}_1) + a_2 t_2 k(\mathbf{x}_1, \mathbf{x}_2) + a_3 t_3 k(\mathbf{x}_1, \mathbf{x}_3) + a_4 t_4 k(\mathbf{x}_1, \mathbf{x}_4) + w_0$$

$$\iff 1 = 4a_1 + 0 + 4a_3 + 0 + w_0$$

$$\iff w_0 = 1 - 4a_1 - 4a_3 = 1 - 4(a_1 + a_3) = 1 - 4 \cdot \frac{1}{2}$$

$$\iff w_0 = -1$$

のように w_0 が求められます.

●主問題の $\mathbf{w}$ を求める

$\varphi(\mathbf{x})$ は 2 次元の $\mathbf{x} = \begin{pmatrix} x & y \end{pmatrix}^t$ を 3 次元の

$$\mathbf{x}' = \begin{pmatrix} x' & y' & z' \end{pmatrix}^t = \begin{pmatrix} x^2 & \sqrt{2}\,xy & y^2 \end{pmatrix}^t$$

に変換する関数でしたので，学習データ 4 点を 3 次元空間に写像すると，

$$\mathbf{x}_1' = \varphi(\mathbf{x}_1) = \begin{pmatrix} 1 \\ \sqrt{2} \\ 1 \end{pmatrix}, \quad \mathbf{x}_2' = \varphi(\mathbf{x}_2) = \begin{pmatrix} 1 \\ -\sqrt{2} \\ 1 \end{pmatrix},$$

$$\mathbf{x}_3' = \varphi(\mathbf{x}_3) = \begin{pmatrix} 1 \\ \sqrt{2} \\ 1 \end{pmatrix}, \quad \mathbf{x}_4' = \varphi(\mathbf{x}_4) = \begin{pmatrix} 0 \\ 0 \\ 0 \end{pmatrix}$$

のようになります．主問題の $\mathbf{w}$ は，式 (9.14) より

$$\mathbf{w} = \sum_{n=1}^{N} a_n t_n \varphi(\mathbf{x}_n)$$

なので，上の 4 点を代入すると，

$$\begin{aligned}
\mathbf{w} &= \sum_{n=1}^{4} a_n t_n \varphi(\mathbf{x}_n) \\
&= a_1 \begin{pmatrix} 1 \\ \sqrt{2} \\ 1 \end{pmatrix} + a_2 \begin{pmatrix} 1 \\ -\sqrt{2} \\ 1 \end{pmatrix} + a_3 \begin{pmatrix} 1 \\ \sqrt{2} \\ 1 \end{pmatrix} + a_4 \begin{pmatrix} 0 \\ 0 \\ 0 \end{pmatrix} \\
&= (a_1 + a_3) \begin{pmatrix} 1 \\ \sqrt{2} \\ 1 \end{pmatrix} + a_2 \begin{pmatrix} 1 \\ -\sqrt{2} \\ 1 \end{pmatrix} \\
&= \frac{1}{2} \begin{pmatrix} 1 \\ \sqrt{2} \\ 1 \end{pmatrix} + \frac{1}{2} \begin{pmatrix} 1 \\ -\sqrt{2} \\ 1 \end{pmatrix} = \frac{1}{2} \begin{pmatrix} 2 \\ 0 \\ 2 \end{pmatrix} = \begin{pmatrix} 1 \\ 0 \\ 1 \end{pmatrix}
\end{aligned}$$

となり $\mathbf{w}$ が求められます．カーネル法で拡張した 3 次元空間では，識別関数 $g(\mathbf{x})$ は

$$g(\mathbf{x}) = \mathbf{w}^t \varphi(\mathbf{x}) + w_0 = \mathbf{w}^t \mathbf{x}' + w_0 = \begin{pmatrix} 1 & 0 & 1 \end{pmatrix} \begin{pmatrix} x' \\ y' \\ z' \end{pmatrix} - 1 = x' + z' - 1$$

であるので，その識別面は $x' + z' - 1 = 0$ という平面になります．これを図示すると図 9.12 のようになり，線形分離できていることがわかります．

また，元の空間での識別境界面も求めてみます．

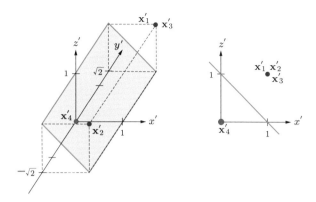

図 9.12 3 次元空間での識別面

$$\mathbf{x}' = \begin{pmatrix} x' & y' & z' \end{pmatrix}^t = \begin{pmatrix} x^2 & \sqrt{2}\,xy & y^2 \end{pmatrix}^t \text{ でしたので,}$$

$$g(\mathbf{x}) = \mathbf{w}^t\varphi(\mathbf{x}) + w_0 = \begin{pmatrix} 1 & 0 & 1 \end{pmatrix}\begin{pmatrix} x^2 \\ \sqrt{2}\,xy \\ y^2 \end{pmatrix} + w_0 = x^2 + y^2 - 1$$

と書け,識別境界面 $g(\mathbf{x}) = 0$ は,

$$x^2 + y^2 = 1$$

のような円になります.図示すると
図 9.13 のようになり,非線形な識別
境界面で,うまくクラスを分離できて
いるのがわかります.

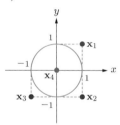

図 9.13 主問題の空間での識別境界面

9-7-3 【例題 3】非線形識別(識別境界が楕円)

　線形分離不可能なデータをカーネル
法で解きます.学習データ $\{\mathbf{x}_n, t_n\}$ は
図 9.14 のような 4 点です.

$$\{\mathbf{x}_1, t_1\} = \left\{ \begin{pmatrix} -1 & 1 \end{pmatrix}^t, 1 \right\}$$

$$\{\mathbf{x}_2, t_2\} = \left\{ \begin{pmatrix} 2 & 2 \end{pmatrix}^t, 1 \right\}$$

$$\{\mathbf{x}_3, t_3\} = \left\{ \begin{pmatrix} 1 & -1 \end{pmatrix}^t, 1 \right\}$$

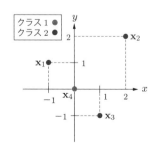

図 9.14 学習データ

$$\{\mathbf{x}_4, t_4\} = \left\{ \begin{pmatrix} 0 & 0 \end{pmatrix}^t, -1 \right\}$$

この2クラスを識別するサポートベクトルマシンを構築しましょう.

●カーネル関数

図から明らかなように線形分離できませんので,非線形カーネルを考えます.今回は,

$$k(\mathbf{x}_i, \mathbf{x}_j) = (\mathbf{x}_i^t \mathbf{x}_j)^2$$

という2次の多項式カーネルを用いることにします.

●ラグランジュ関数

最適化問題は,

$$a_n \geq 0, \quad \sum_{n=1}^{N} a_n t_n = 0$$

という制約条件のもと

$$\underset{\mathbf{a}}{\mathrm{argmax}}\, L(\mathbf{a}) = \underset{\mathbf{a}}{\mathrm{argmax}} \left[\sum_{n=1}^{N} a_n - \frac{1}{2} \sum_{n=1}^{N} \sum_{m=1}^{N} a_n a_m t_n t_m k(\mathbf{x}_n, \mathbf{x}_m) \right]$$

を解けばよいのですが,そこで必要となるカーネル関数値をまず求めておきます.

$$k(\mathbf{x}_1, \mathbf{x}_1) = \left\{ \begin{pmatrix} -1 & 1 \end{pmatrix} \begin{pmatrix} -1 \\ 1 \end{pmatrix} \right\}^2 = 4 \qquad k(\mathbf{x}_3, \mathbf{x}_1) = \left\{ \begin{pmatrix} 1 & -1 \end{pmatrix} \begin{pmatrix} -1 \\ 1 \end{pmatrix} \right\}^2 = 4$$

$$k(\mathbf{x}_1, \mathbf{x}_2) = 0$$
$$k(\mathbf{x}_3, \mathbf{x}_2) = 0$$

$$k(\mathbf{x}_1, \mathbf{x}_3) = \left\{ \begin{pmatrix} -1 & 1 \end{pmatrix} \begin{pmatrix} 1 \\ -1 \end{pmatrix} \right\}^2 = 4 \qquad k(\mathbf{x}_3, \mathbf{x}_3) = \left\{ \begin{pmatrix} 1 & -1 \end{pmatrix} \begin{pmatrix} 1 \\ -1 \end{pmatrix} \right\}^2 = 4$$

$$k(\mathbf{x}_1, \mathbf{x}_4) = 0$$
$$k(\mathbf{x}_3, \mathbf{x}_4) = 0$$

$$k(\mathbf{x}_2, \mathbf{x}_1) = 0$$
$$k(\mathbf{x}_4, \mathbf{x}_1) = 0$$

$$k(\mathbf{x}_2, \mathbf{x}_2) = \left\{ \begin{pmatrix} 2 & 2 \end{pmatrix} \begin{pmatrix} 2 \\ 2 \end{pmatrix} \right\}^2 = 64 \qquad k(\mathbf{x}_4, \mathbf{x}_2) = 0$$

$$k(\mathbf{x}_4, \mathbf{x}_3) = 0$$

$$k(\mathbf{x}_2, \mathbf{x}_3) = 0$$
$$k(\mathbf{x}_4, \mathbf{x}_4) = 0$$

$$k(\mathbf{x}_2, \mathbf{x}_4) = 0$$

これを用いて $L(\mathbf{a})$ を計算します.

$$L(\mathbf{a}) = \sum_{n=1}^{N} a_n - \frac{1}{2} \sum_{n=1}^{N} \sum_{m=1}^{N} a_n a_m t_n t_m k(\mathbf{x}_n, \mathbf{x}_m)$$

$$= a_1 + a_2 + a_3 + a_4 - \frac{1}{2} \big(a_1 a_1 t_1 t_1 k(\mathbf{x}_1, \mathbf{x}_1) + a_1 a_3 t_1 t_3 k(\mathbf{x}_1, \mathbf{x}_3)$$

$$+ a_2 a_2 t_2 t_2 k(\mathbf{x}_2, \mathbf{x}_2) + a_3 a_1 t_3 t_1 k(\mathbf{x}_3, \mathbf{x}_1) + a_3 a_3 t_3 t_3 k(\mathbf{x}_3, \mathbf{x}_3))$$

$$= a_1 + a_2 + a_3 + a_4 - \frac{1}{2} \left(4a_1^2 + 4a_1 a_3 + 64a_2^2 + 4a_3 a_1 + 4a_3^2 \right)$$

$$= a_1 + a_2 + a_3 + a_4 - 2 \left(a_1^2 + 2a_1 a_3 + 16a_2^2 + a_3^2 \right)$$

このように目的関数が得られました（目的関数を以後 $L(a_1, a_2, a_3, a_4)$ と書きます）．

次に，a_1, a_2, a_3, a_4 を調整して値を最大にします．

● 制約条件 $\sum a_n t_n = 0$ の考慮

制約条件を使うと，

$$\sum_{n=1}^{4} a_n t_n = 0 \iff a_1 + a_2 + a_3 - a_4 = 0 \iff a_4 = a_1 + a_2 + a_3$$

という関係を満たす必要が出てきます．この制約を目的関数 $L(a_1, a_2, a_3, a_4)$ へ代入することで，

$$L(a_1, a_2, a_3, a_4) = L(a_1, a_2, a_3) = 2(a_1 + a_2 + a_3) - 2(a_1^2 + 16a_2^2 + a_3^2 + 2a_1 a_3)$$
$$= 2(a_1 + a_2 + a_3) - 2\left\{ (a_1 + a_3)^2 + 16a_2^2 \right\}$$

が得られ，この式の最大化を考えます．a_1, a_2, a_3 で偏微分して 0 とおくと，

$$\frac{\partial L}{\partial a_1} = 2 - 4(a_1 + a_3) = 0 \iff a_1 + a_3 = \frac{1}{2}$$

$$\frac{\partial L}{\partial a_2} = 2 - 64a_2 = 0 \iff a_2 = \frac{1}{32}$$

$$\frac{\partial L}{\partial a_3} = 2 - 4(a_1 + a_3) = 0 \iff a_1 + a_3 = \frac{1}{2}$$

と求められます．さらに，制約条件から

$$a_4 = a_1 + a_2 + a_3 = (a_1 + a_3) + a_2 = \frac{1}{2} + \frac{1}{32} = \frac{17}{32}$$

と求められます．

● w_0 を求める

w_0 を計算するためには正例のデータ $\mathbf{x}^+ = \mathbf{x}_1 = \begin{pmatrix} -1 & 1 \end{pmatrix}^t$ を使って，$g(\mathbf{x}_1) = 1$ を出力するようにさせます．すると，

$$1 = \sum_{n=1}^{N} a_n t_n k(\mathbf{x}^+, \mathbf{x}_n) + w_0$$

$$\iff 1 = \sum_{n=1}^{4} a_n t_n k(\mathbf{x}^+, \mathbf{x}_n) + w_0$$

$$\iff 1 = a_1 t_1 k(\mathbf{x}_1, \mathbf{x}_1) + a_2 t_2 k(\mathbf{x}_1, \mathbf{x}_2) + a_3 t_3 k(\mathbf{x}_1, \mathbf{x}_3) + a_4 t_4 k(\mathbf{x}_1, \mathbf{x}_4) + w_0$$

$$\Longleftrightarrow 1 = 4a_1 + 0 + 4a_3 + 0 + w_0$$
$$\Longleftrightarrow w_0 = 1 - 4a_1 - 4a_3 = 1 - 4(a_1 + a_3) = 1 - 2$$
$$\Longleftrightarrow w_0 = -1$$

のように w_0 が求められます.

●主問題の w を求める

$\varphi(\mathbf{x})$ は 2 次元の $\mathbf{x} = \begin{pmatrix} x & y \end{pmatrix}^t$ を 3 次元の

$$\mathbf{x}' = \begin{pmatrix} x' & y' & z' \end{pmatrix}^t = \begin{pmatrix} x^2 & \sqrt{2}\,xy & y^2 \end{pmatrix}^t$$

に変換する関数でしたので, 学習データ 4 点を 3 次元空間に写像すると,

$$\mathbf{x}_1' = \varphi(\mathbf{x}_1) = \begin{pmatrix} 1 \\ -\sqrt{2} \\ 1 \end{pmatrix}, \quad \mathbf{x}_2' = \varphi(\mathbf{x}_2) = \begin{pmatrix} 4 \\ 4\sqrt{2} \\ 4 \end{pmatrix}$$

$$\mathbf{x}_3' = \varphi(\mathbf{x}_3) = \begin{pmatrix} 1 \\ -\sqrt{2} \\ 1 \end{pmatrix}, \quad \mathbf{x}_4' = \varphi(\mathbf{x}_4) = \begin{pmatrix} 0 \\ 0 \\ 0 \end{pmatrix}$$

のようになります. 主問題の $\mathbf{w}$ は, 式 (9.14) より

$$\mathbf{w} = \sum_{n=1}^{N} a_n t_n \varphi(\mathbf{x}_n)$$

なので, 上の 4 点を代入すると,

$$\mathbf{w} = \sum_{n=1}^{4} a_n t_n \varphi(\mathbf{x}_n)$$

$$= a_1 \begin{pmatrix} 1 \\ -\sqrt{2} \\ 1 \end{pmatrix} + a_2 \begin{pmatrix} 4 \\ 4\sqrt{2} \\ 4 \end{pmatrix} + a_3 \begin{pmatrix} 1 \\ -\sqrt{2} \\ 1 \end{pmatrix} + a_4 \begin{pmatrix} 0 \\ 0 \\ 0 \end{pmatrix}$$

$$= (a_1 + a_3) \begin{pmatrix} 1 \\ -\sqrt{2} \\ 1 \end{pmatrix} + a_2 \begin{pmatrix} 1 \\ 4\sqrt{2} \\ 1 \end{pmatrix} = \frac{1}{2} \begin{pmatrix} 1 \\ -\sqrt{2} \\ 1 \end{pmatrix} + \frac{1}{32} \begin{pmatrix} 4 \\ 4\sqrt{2} \\ 4 \end{pmatrix}$$

$$= \begin{pmatrix} \dfrac{1}{2} \\ -\dfrac{\sqrt{2}}{2} \\ \dfrac{1}{2} \end{pmatrix} + \begin{pmatrix} \dfrac{1}{8} \\ \dfrac{\sqrt{2}}{8} \\ \dfrac{1}{8} \end{pmatrix} = \begin{pmatrix} \dfrac{5}{8} \\ -\dfrac{3\sqrt{2}}{8} \\ \dfrac{5}{8} \end{pmatrix}$$

となり, $\mathbf{w}$ が求められました.

カーネル法で拡張した 3 次元空間では，識別関数 $g(\mathbf{x})$ は

$$g(\mathbf{x}) = \mathbf{w}^t \varphi(\mathbf{x}) + w_0 = \mathbf{w}^t \mathbf{x}' + w_0 = \begin{pmatrix} \dfrac{5}{8} & -\dfrac{3\sqrt{2}}{8} & \dfrac{5}{8} \end{pmatrix} \begin{pmatrix} x' \\ y' \\ z' \end{pmatrix} - 1$$

$$= \frac{5}{8}\, x' - \frac{3\sqrt{2}}{8}\, y' + \frac{5}{8}\, z' - 1$$

$$= \frac{1}{8} \left(5x' - 3\sqrt{2}\, y' + 5z' - 8 \right)$$

であるので，その識別面は $5x' - 3\sqrt{2}\, y' + 5z' - 8 = 0$ という平面になります．これを図示すると図 9.15 のようになり，線形分離できていることがわかります．

　また，元の空間での識別境界面も求めてみます．

$\mathbf{x}' = \begin{pmatrix} x' & y' & z' \end{pmatrix}^t = \begin{pmatrix} x^2 & \sqrt{2}\, xy & y^2 \end{pmatrix}^t$ でしたので，

$$g(\mathbf{x}) = \mathbf{w}^t \varphi(\mathbf{x}) + w_0 = \begin{pmatrix} \dfrac{5}{8} & -\dfrac{3\sqrt{2}}{8} & \dfrac{5}{8} \end{pmatrix} \begin{pmatrix} x^2 \\ \sqrt{2}\, xy \\ y^2 \end{pmatrix} + w_0$$

$$= \frac{1}{8}(5x^2 - 6xy + 5y^2) - 1$$

と書け，識別境界面 $g(\mathbf{x}) = 0$ は，

$$5x^2 - 6xy + 5y^2 - 8 = 0$$

のような楕円になります．図示すると図 9.16 のようになり，非線形な識別境界面で，うまくクラスを分離できているのがわかります．

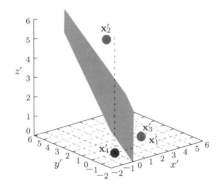

図 9.15　3 次元空間での識別面

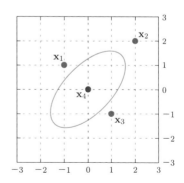

図 9.16　主問題の空間での識別境界面

Let's try !   9-1

SVM による識別器の学習と識別（線形カーネル）

学習データ $\{\mathbf{x}_n, t_n\}$ は

$$\{\mathbf{x}_1, t_1\} = \left\{ \left(-1 \quad -1 \right)^t, -1 \right\}$$

$$\{\mathbf{x}_2, t_2\} = \left\{ \left(1 \quad 1 \right)^t, 1 \right\}$$

$$\{\mathbf{x}_3, t_3\} = \left\{ \left(2 \quad 0 \right)^t, 1 \right\}$$

の三つとします．$\mathbf{x}_1$ はクラス ω_1，$\mathbf{x}_2$, $\mathbf{x}_3$ はクラス ω_2 に属するデータです．これを図示すると図 9.17 のようになります．この学習データを用いてサポートベクトルマシンを構築しましょう．

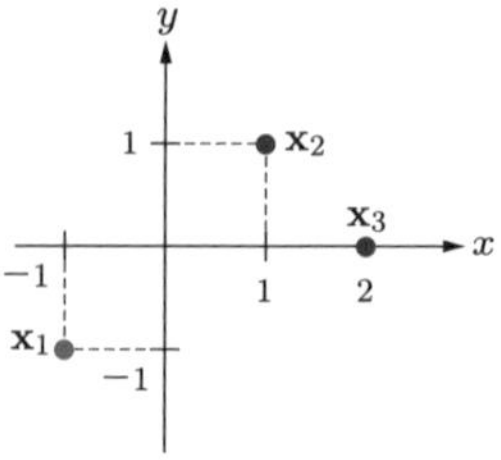

図 9.17 学習データ

　この問題は 9-7-1 項で取り上げた例題に一つのデータ $\mathbf{x}_3$ を加えたものです．線形分離可能ですから，カーネルには線形カーネル $k(\mathbf{x}_i, \mathbf{x}_j) = \mathbf{x}_i^t \mathbf{x}_j$ を用います．

(1) ラグランジュ関数 $L(\mathbf{a})$ を求めてください．

(2) ラグランジュ乗数 $\mathbf{a} = \left(a_1 \quad a_2 \quad a_3 \right)^t$ を求めてください．

(3) $\mathbf{a}$ を見て，サポートベクトルがどれか，サポートベクトルではないデータがどれかを答えてください．

(4) 識別境界の式を求めて，図示してください．

(5) 未知データ $\mathbf{x}_a = \left(2 \quad 1 \right)^t$ と $\mathbf{x}_b = \left(-2 \quad -2 \right)^t$ を識別して，ω_1, ω_2 のどちらのクラスに推定されるかを答えてください．

Let's try !   9-2

SVM による識別器の学習（非線形カーネル [1]）

学習データ $\{\mathbf{x}_n, t_n\}$ は

$$\{\mathbf{x}_1, t_1\} = \left\{ \left(0 \quad 1 \right)^t, 1 \right\}$$

$$\{\mathbf{x}_2, t_2\} = \left\{ \left(1 \quad 0 \right)^t, 1 \right\}$$

$$\{\mathbf{x}_3, t_3\} = \left\{ \left(0 \quad -1 \right)^t, 1 \right\}$$

$$\{\mathbf{x}_4, t_4\} = \left\{ \left(0 \quad 0 \right)^t, -1 \right\}$$

のような 4 点とします．図示すると，図 9.18 のように線形分離不可能なので，カーネル

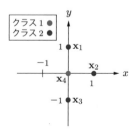

図 9.18 学習データ

法で解くことにします.

　用いる非線形カーネルは，$k(\mathbf{x}_i, \mathbf{x}_j) = (\mathbf{x}_i^t \mathbf{x}_j)^2$ とし，

(1) カーネル関数で拡張した空間での学習データを求めてください.

(2) 拡張した空間での識別境界面を求め，学習データ点と共に図示してください.

(3) 主問題の空間での識別境界面を求め，図示してください.

Let's try! 9-3

SVM による識別器の学習（非線形カーネル [2]）

　学習データ $\{\mathbf{x}_n, t_n\}$ は

$$\{\mathbf{x}_1, t_1\} = \left\{ \begin{pmatrix} 0 & 1 \end{pmatrix}^t, 1 \right\}$$

$$\{\mathbf{x}_2, t_2\} = \left\{ \begin{pmatrix} 2 & 0 \end{pmatrix}^t, 1 \right\}$$

$$\{\mathbf{x}_3, t_3\} = \left\{ \begin{pmatrix} 0 & -1 \end{pmatrix}^t, 1 \right\}$$

$$\{\mathbf{x}_4, t_4\} = \left\{ \begin{pmatrix} 0 & 0 \end{pmatrix}^t, -1 \right\}$$

のような 4 点とします．図示すると図 9.19
のように線形分離不可能なので，カーネル
法で解くことにします.

　用いる非線形カーネルは，$k(\mathbf{x}_i, \mathbf{x}_j) = (\mathbf{x}_i^t \mathbf{x}_j)^2$ とし，

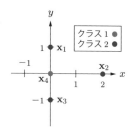

図 9.19 学習データ

(1) カーネル関数で拡張した空間での学習データを求めてください.

(2) 拡張した空間での識別境界面を求め，学習データ点と共に図示してください.

(3) 主問題の空間での識別境界面を求め，図示してください.

9-8 ソフトマージン SVM

●マージン制約を緩和する

　ここまでは，学習データ $\mathbf{x}$ が $\mathbf{x}' = \varphi(\mathbf{x})$ により写像された先の特徴空間において線
形分離可能で，そこから得られる SVM は元の特徴空間において学習データを完全に
分離できると仮定してきました．しかし，実際の問題では，クラスを完全に表現可能
な特徴量は必ずしも存在しません．そもそもクラスは人間が定めたものであり，それ
を数理的に表現した特徴量に不完全な場合があるのは理解できると思います．そのよ
うな場合，学習データを完全に分離するように強引に解を求めたとしても，その解が

汎化能力に優れているとは限りません．このような状況に対応するため，一部の学習
データの誤識別を許すように SVM を修正します．

　今までの SVM ではマージン $1/\|\mathbf{w}\|$ を最大にするような境界面を探してきましたが，
その条件を緩め，多少の識別誤りを許すようにします．具体的には，マージン $1/\|\mathbf{w}\|$
を最大としながら，図 9.20 に示すように，いくつかの学習データが破線で示した超平
面で挟まれる領域に入ってしまうのを許すようにします．

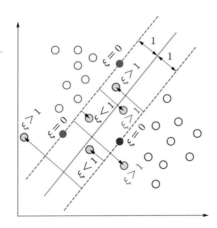

図 9.20　ソフトマージン

　学習データ $\mathbf{x}_n$ が反対側のクラスの領域にどの程度入り込んだかの距離を，パラメタ
$\xi_n\ (\geq 0)$ を用いて $\xi_n/\|\mathbf{w}\|$ と表すことにします．このパラメタを**スラック変数** (slack
variable) といいます．スラック変数は学習データごとに定義される変数で，

$$\xi_n = |t_n - g(\mathbf{x}_n)| \tag{9.39}$$

と定義されます．これは，図中の破線で表されているマージン境界からの距離を表し
ています．例えば，マージン境界上にあるデータに対しては $\xi_i = 0$，識別境界面上に
あるデータに対しては $\xi_i = 1$ となります．識別境界面を超えて反対側のクラスの領域
に入ったデータ，すなわち誤識別されるデータに対しては $\xi_i > 1$ となります．これと
は逆にマージン境界の外側にあり，そもそも識別境界面の決定には無縁のデータ（図
中白抜き点）に対しては，式 (9.39) を適用せず，$\xi_i = 0$ とします．

　通常の SVM では，全学習データが教師信号と同じ符号をもつように識別関数 $g(\mathbf{x}_n)$
を決めるので，

$$t_n g(\mathbf{x}_n) \geq 1, \quad (n = 1, 2, \ldots, N)$$

が識別関数の満たす条件でした．この条件をスラック変数を用いて，

$$t_n g(\mathbf{x}_n) \geq 1 - \xi_n, \quad (n = 1, 2, \ldots, N), \quad \text{ただし } \xi_n \geq 0 \tag{9.40}$$

と変更します．このように ξ_n を導入することで条件を緩めて，できるなら $0 < \xi_n < 1$ の範囲で ξ_n を定めて正しく識別はできる（$t_n g(\mathbf{x}_n) > 0$）ようにします．それがかなわない場合には $\xi_n > 1$ と定め，$1 - \xi_n < 0$，すなわち学習データ $\mathbf{x}_n$ と教師データ t_n が異符号で，誤識別してしまうような $g(\mathbf{x}_n)$ でもよいとします．

このようにマージン制約を緩和した条件を**ソフトマージン** (soft margin) と呼び，今までの厳密なマージンを，これと対比して**ハードマージン** (hard margin) と呼びます．さて，このようなソフトマージンに緩和した条件で識別関数を推定したいのですが，スラック変数 ξ_n はできるだけ小さいほうがよいことが，上記の説明からわかると思います．よって，「できるだけ大きなマージンをもち，かつ，できるだけ小さなスラック変数をもつ」ように，次を満たす（目的関数を最小化する）識別関数を決めればよいことがわかります．

$$\operatorname*{argmin}_{\mathbf{w}, w_0, \boldsymbol{\xi}} \left[C \sum_{n=1}^{N} \xi_n + \frac{1}{2} \|\mathbf{w}\|^2 \right] \tag{9.41}$$

ここで $C > 0$ は，設計者が定めるパラメタです．C を大きくすると，ξ_n を小さくすることをより優先することになり，$C = \infty$ とすれば，ハードマージン SVM と等しくなります．プログラムを用意しましたので実際に確かめてみましょう Program．

以上をまとめると，ソフトマージン制約で識別関数を求めるには，式 (9.40) の制約のもと，式 (9.41) を満たす $\mathbf{w}, w_0$ を求めればよいことになります．

●ソフトマージン SVM の解法

この最小化問題のラグランジュ関数は，スラック変数を $\boldsymbol{\xi} = (\xi_1, \xi_2, \ldots, \xi_N)$ のように書くことにすれば，

$$L(\mathbf{w}, w_0, \boldsymbol{\xi}, \mathbf{a}, \mathbf{b}) = \frac{1}{2} \|\mathbf{w}\|^2 + C \sum_{n=1}^{N} \xi_n - \sum_{n=1}^{N} a_n \big(t_n g(\mathbf{x}_n) - 1 + \xi_n \big) - \sum_{n=1}^{N} b_n \xi_n$$
$$\tag{9.42}$$

と表されます．ここで，$\mathbf{a} = (a_1, a_2, \ldots, a_N)$ と $\mathbf{b} = (b_1, b_2, \ldots, b_N)$ はラグランジュ乗数で，対応する KKT 条件は以下のように与えられます．

$$\begin{cases} a_n & \geq 0 & \tag{9.43} \\ t_n g(\mathbf{x}_n) - 1 + \xi_n & \geq 0 & \tag{9.44} \\ a_n \big(t_n g(\mathbf{x}_n) - 1 + \xi_n \big) & = 0 & \tag{9.45} \end{cases}$$

$$\begin{cases} b_n & \geq 0 & \tag{9.46} \\ \xi_n & \geq 0 & \tag{9.47} \\ b_n \xi_n & = 0 & \tag{9.48} \end{cases}$$

識別関数は $g(\mathbf{x}) = \mathbf{w}^t \varphi(\mathbf{x}) + w_0$ と書けるので，$\mathbf{w}, w_0, \boldsymbol{\xi}$ についての停留条件を変形すると，

$$\frac{\partial L}{\partial \mathbf{w}} = 0 \Longrightarrow \mathbf{w} = \sum_{n=1}^{N} a_n t_n \varphi(\mathbf{x}_n) \tag{9.49}$$

$$\frac{\partial L}{\partial w_0} = 0 \Longrightarrow \sum_{n=1}^{N} a_n t_n = 0 \tag{9.50}$$

$$\frac{\partial L}{\partial \xi_n} = 0 \Longrightarrow a_n = C - b_n \tag{9.51}$$

となります．この結果をラグランジュ関数に代入すると，双対形式のラグランジュ関数が以下のように得られます．

$$L(\mathbf{a}) = \sum_{n=1}^{N} a_n - \frac{1}{2} a_n a_m t_n t_m k(\mathbf{x}_n, \mathbf{x}_m) \tag{9.52}$$

この式は，式 (9.16) のハードマージンの場合とまったく同じになりましたが，以下に述べるように制約条件が異なります．

上記 KKT 条件より，$a_n \geq 0, b_n \geq 0$ なので，停留条件 $a_n = C - b_n$ から b_n を消去して，$0 \leq a_n \leq C$ と書けます．よって，ソフトマージン制約で識別面を求めるには，

$$\begin{cases} 0 \leq a_n \leq C \\ \displaystyle\sum_{n=1}^{N} a_n t_n = 0 \end{cases} \tag{9.53}$$

という制約条件のもとで，式 (9.52) の最大化問題を解けばよいことになります．

この問題は，ハードマージン SVM の式 (9.17) と比較すると N 次元空間で $0 \leq a_n \leq C, (n = 1, 2, \ldots, N)$ という矩形制約 (box constraint) をもっている点が異なりますが，ハードマージンと同様，二次計画問題になっています．

最適化問題を解いて $\mathbf{a}$ を求めたのち，未知データに対する識別を行うには，ハードマージン SVM の場合と同様，識別関数

$$g(\mathbf{x}) = \sum_{n=1}^{N} a_n t_n k(\mathbf{x}_n, \mathbf{x}) + w_0$$

を用います．

また，最適化問題の解は上記 KKT 条件の $a_n(t_n g(\mathbf{x}_n) - 1 + \xi_n) = 0$ を満たすので，各 $\mathbf{x}_n$ に対し，$a_n = 0$ もしくは $t_n g(\mathbf{x}_n) - 1 + \xi_n = 0$ のいずれかを満たします．$a_n > 0$ であるベクトルをサポートベクトルといい，それは

$$t_n g(\mathbf{x}_n) = 1 - \xi_n$$

を満たします．ハードマージン SVM のときと同様，$a_n = 0$ となる学習データ $\mathbf{x}_n$ は，識別関数に何も影響を及ぼしません．

●識別関数の w_0 を求める

さて，識別関数 $g(\mathbf{x})$ 中の w_0 を求めるために，サポートベクトルについてもう少し詳しく見てみましょう．サポートベクトルに対応する a_n は $a_n > 0$ ですが，制約条件より $a_n \le C$ です．$a_n < C$ の場合は，停留条件 $a_n = C - b_n$ より，$b_n > 0$ であることがわかります．さらに，KKT 条件より $b_n \xi_n = 0$ なので，$\xi_n = 0$ が成立する必要があります．よって，$t_n g(\mathbf{x}_n) = 1$ を満たすので，そのような $\mathbf{x}_n$ はちょうどマージン境界上に存在することがわかります．

一方，$a_n = C$ の場合は，停留条件 $a_n = C - b_n$ より，$b_n = 0$ であることがわかります．さらに，KKT 条件より $b_n \xi_n = 0$ なので，$\xi_n \ge 0$ が成立する必要があります．すなわち，このような $\mathbf{x}_n$ はマージン内に侵入しており，図 9.20 にも示すように $\xi_n \le 1$ の場合は正しく識別できますが，$\xi_n > 1$ の場合は誤識別することがわかります．

このように $0 < a_n < C$ となるサポートベクトル $\mathbf{x}_n$ については，$\xi_n = 0$ が成り立ち，したがって

$$t_n g(\mathbf{x}_n) = 1 - \xi_n = 1$$

が成立します．この条件はハードマージン SVM の場合と同じであることに注意すると，上記の識別関数より

$$t_n g(\mathbf{x}_n) = t_n \left(\sum_{n=1}^{N} a_n t_n k(\mathbf{x}_n, \mathbf{x}) + w_0 \right) = 1 \tag{9.54}$$

が成立します．この式はハードマージン SVM の式 (9.20) と同じです．

この式より，任意のサポートベクトル一つを用いれば w_0 を求めることができ，識別関数 $g(\mathbf{x})$ が求められますが，ここでもハードマージン SVM のときと同様，数値計算上の誤差による影響を抑えるために，すべてのサポートベクトルの平均をとることにします．サポートベクトルの本数が N_s とすると，w_0 は

$$w_0 = \frac{1}{N_s} \sum_{n \in S} \left(t_n - \sum_{m \in S} a_m t_m k(\mathbf{x}_n, \mathbf{x}_m) \right) \tag{9.55}$$

のように求められます．ここで，S は $0 < a_n < C$ となるデータ $\mathbf{x}_n$ の添え字の集合です．

9-9 // 多クラス SVM

　サポートベクトルマシンは本来 2 クラス識別器です．多クラスの問題を解く場合には，通常の 2 クラス SVM を複数組み合わせる方法がさまざま提案されています．最もよく用いられる方法は，Vapnik（バプニック）が 1998 年に提案した方法で，K 個のクラスがあるときに，あるクラス ω_k に属するデータを正例，それ以外の $K-1$ 個のクラスに属するデータを負例として 2 クラス SVM を学習し，それを $k = 1, 2, \ldots, K$ に対して行い，K 個の SVM の $g_k(\mathbf{x})$ を学習する方法です．この方法は **1 対他** (one versus the rest) **方式**と呼ばれます．

　1 対他方式の一般的な問題点は，図 9.21 に示すように，個々の SVM による推定が矛盾し，一つの入力に同時に複数のクラスが割り当てられる可能性があることです．

　この問題を避けるために，2-1 節で説明した識別関数法の考え方を利用し，

$$k = \operatorname*{argmax}_{i=1,2,\ldots,K} g_i(\mathbf{x})$$

を満たす k を一つ選択することがよく行われます．しかし，個々の SVM はまったく独立の識別問題を解くように学習しているため，$g_i(\mathbf{x})$ の値を比較することが意味をもつかどうかは保証されていません．

　1 対他方式の別の問題として，学習データ中の負例数が圧倒的に多くなり，正例と負例のバランスが悪くなることが挙げられます．負例数が多くなると問題に対する対称性は失われ，圧倒的に負例を重視した学習を行っていることになってしまいます．この問題に対して，Lee（リー）らは 2001 年に，正例に対する識別関数の教師データは 1 のままで，負例に対しては $-1/(K-1)$ として学習することを提案しました．

　また，Weston（ウェストン）と Watkins（アトキンス）は 1999 年に，各クラスと

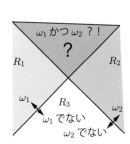

図 9.21　1 対他方式の問題点
　　　　（R_i は ω_i と識別される領域）

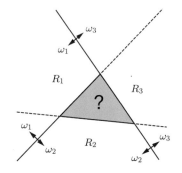

図 9.22　1 対 1 方式の問題点
　　　　（R_i は ω_i と識別される領域）

他のクラス全体のマージンが最大になるように一つの目的関数を定め，K個のSVM
を同時に学習する方法を提案しました．しかし，この方法は学習のための計算量が非
常に多いという問題を抱えています．通常の1対他方式ではK個の独立した最適化問
題をN個のデータを用いて解けばよいので，その計算量は$O(KN^2)$だけですみます
が，彼らの提案手法では，K個の変数をもつ最適化問題を解く計算量は$O(K^2N^2)$の
オーダーになってしまいます．

多クラス問題を解く別のアプローチとしては，すべてのクラスの組み合わせについ
て2クラスSVMを学習し，その結果得られた$(K-1)K/2$種類の識別器を適用して，
最も多くの識別器が正例として「投票」したクラスを識別結果とする方法があります．
このアプローチは**1対1** (one versus one) **方式**とも呼ばれます．しかし，図9.22に
示すように，1対1方式においても識別クラスが一意に定まらない可能性があります．
また，クラス数が大きい場合，1対他方式と比べ学習時間が大幅に増加するという欠
点もあります．

9-10 【補足】ラグランジュの未定乗数法

ラグランジュの未定乗数法 (method of Lagrange multiplier) は，フランス人数学
者ジョセフ・ルイ・ラグランジュが提案した最適化手法の一つです．

例えば，ある関数$f(\mathbf{x})$の値が，変数$\mathbf{x}$に関して定められた制約条件のもとで，ど
のような最大値や最小値をとるのかを求めるのに用います．

制約条件としては，(1) 等式制約条件$h(\mathbf{x}) = 0$と，(2) 不等式制約条件$h(\mathbf{x}) \leq 0$が
あります．

9-10-1 等式制約条件付き最適化

今，ある関数$f(\mathbf{x})$が$\mathbf{x}$に関する制約条件$h(\mathbf{x}) = 0$のもとで，どのような最大値や
最小値をとるのかを考えます．ラグランジュの未定乗数法では，まずラグランジュ関
数$L(\mathbf{x})$を定義します．それは，

$$L(\mathbf{x}) = f(\mathbf{x}) - a \cdot h(\mathbf{x}) \tag{9.56}$$

のように，極値を求めたい関数$f(\mathbf{x})$から，制約条件$h(\mathbf{x}) = 0$にラグランジュ乗数a
を乗じたものを引いたものです．

極値をとる$\mathbf{x}$を求めるには，このラグランジュ関数を$\mathbf{x}$で微分して0とおきます．

$$\frac{dL(\mathbf{x})}{d\mathbf{x}} = \frac{df(\mathbf{x})}{d\mathbf{x}} - a \cdot \frac{dh(\mathbf{x})}{d\mathbf{x}} = 0$$

$$\nabla_{\mathbf{x}} L(\mathbf{x}) = \nabla_{\mathbf{x}} f(\mathbf{x}) - a \nabla_{\mathbf{x}} h(\mathbf{x}) = 0 \tag{9.57}$$

これより,

$$\nabla_{\mathbf{x}} f(\mathbf{x}) = a \nabla_{\mathbf{x}} h(\mathbf{x}) \tag{9.58}$$

という関係が満たされた $\mathbf{x}$ で極値をもつことがわかります.

　この式の意味は,関数 $f(\mathbf{x})$ の勾配ベクトルと,関数 $h(\mathbf{x})$ の勾配ベクトルが同じ向きを向いている $\mathbf{x}$ で極値をとるということです.

　言い換えれば,関数 $f(\mathbf{x})$ と関数 $h(\mathbf{x})$ は点 $\mathbf{x}$ で交わり,同じ方向の勾配ベクトルをもつ,さらに言い換えれば,関数 $f(\mathbf{x})$ と関数 $h(\mathbf{x})$ は点 $\mathbf{x}$ で接している,ということです.

　接していると極値をもつことを理解するために,例題を見てみましょう.

　今,$f(x, y) = (x^2 + y^2)/2$ が,制約条件 $h(x, y) = (x - 2)^2 + (y + 2)^2 - 1 = 0$ のもとで,どのような極値をもつかを考えます.

　制約条件のもとで $f(x, y)$ がとり得る値を図示すると,図 9.23 の赤線のようになります.

　この図を見ると,$z = f(x, y)$ は最大値と最小値をもつことがわかります.等高線と垂直の方向が勾配 $\nabla f(x, y)$ を表すので,わかりやすいように $z = f(x, y)$ の等高線を何本か描きました.これを見ると,極値では等高線と制約条件式が接しています.すなわち,勾配 $\nabla f(x, y)$ と勾配 $\nabla h(x, y)$ とが同じ向きを向いています.それ以外の等高線は,制約条件式と交差はしていますが,その勾配は異なる方向を向いています.

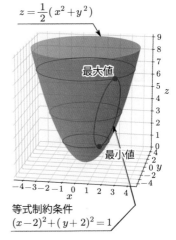

図 9.23　等式制約条件での極値

　ラグランジュ関数の意味は,このように,「極値を求めたい関数 $f(\mathbf{x})$ と制約条件 $h(\mathbf{x})$ が接する場所 $\mathbf{x}$ が極値である」ということです.

9-10-2　最大値問題と最小値問題

　もう少し厳密に勾配ベクトルを眺めてみましょう.図 9.24 に $\nabla f(\mathbf{x})$ と $\nabla h(\mathbf{x})$ を示しました.$\nabla f(\mathbf{x})$ は放物面の勾配なので放物面の最小値から外側に向かっています.一方,$h(\mathbf{x})$ は,その円の領域内が負で外側が正なので,$\nabla h(\mathbf{x})$ もこの領域の中心から外側に向かっています.

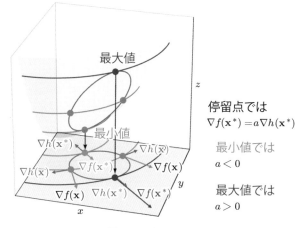

図 9.24 勾配の向き

今，制約条件下での $f(\mathbf{x})$ の最小値を求めたいなら，$\nabla f(\mathbf{x})$ と $\nabla h(\mathbf{x})$ は逆向きなので，ラグランジュ関数の導関数を 0 とおいて得られた式 (9.58)

$$\nabla f(\mathbf{x}) = a\nabla h(\mathbf{x})$$

の a の符号は負になります.

逆に最大値を求めたい場合は，$\nabla f(\mathbf{x})$ と $\nabla h(\mathbf{x})$ は同じ向きになるので，a の符号は正になります.

9-10-3 不等式制約条件付き最適化

今度は，ある関数 $f(\mathbf{x})$ が $\mathbf{x}$ に関する制約条件 $h(\mathbf{x}) < 0$ のもとで，どのような最大値や最小値をとるのかを考えます．ラグランジュ関数 $L(\mathbf{x})$ は等式のときと同様，以下のように定義します.

$$L(\mathbf{x}) = f(\mathbf{x}) - a \cdot h(\mathbf{x}) \tag{9.59}$$

極値をとる $\mathbf{x}$ を求めるには，制約条件による場合分けが必要になります.

それは，制約条件の範囲 $h(\mathbf{x}) < 0$ の中に $f(\mathbf{x})$ の極値が入る場合と，入らない場合です.

(a) 制約条件範囲に $z = f(\mathbf{x})$ の極値がある場合

例を，図 9.25（a）に示します．$z = f(x, y)$ の極小値が，赤色で示した制約条件の範囲 $h(x, y) \leq 0$ に入っています．この場合は，$f(\mathbf{x})$ の極値が求めたいものになるので，制約条件は必要なくなります．すなわち，単に $f(\mathbf{x})$ の極値を求めればよいのですが，これをラグランジュ関数から見ると，ラグランジュ乗数 $a = 0$ のもとで最大値，

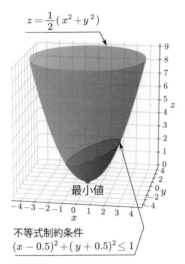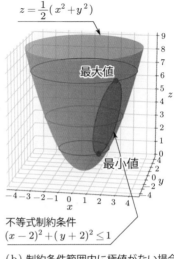

$$z = \frac{1}{2}(x^2 + y^2)$$

（a）制約条件範囲内に極値がある場合　（b）制約条件範囲内に極値がない場合

図 9.25　不等式制約条件での極値

最小値を求めることとみなすことができます．

(b) 制約条件範囲に $z = f(\mathbf{x})$ の極値がない場合

例を，図 9.25（b）に示します．今度は赤色で示した制約条件の範囲 $h(x, y) \le 0$ には，$z = f(x, y)$ の極値はありません．この場合は，最大値，最小値をとるのは $h(x, y) \le 0$ の境界，すなわち $h(x, y) = 0$ の場所で，等式制約条件と同じになります．すなわち，等式制約条件のときと同じラグランジュ関数で最大値，最小値を求めればよい，と考えることができます．

9-10-4　カルーシュ‐キューン‐タッカー条件（KKT 条件）

ここまで説明してきたように，不等式制約条件の場合は，不等式で制約された領域内に $f(\mathbf{x})$ の極値が存在するか否かで場合分けが必要で，

$$\begin{cases} 極値が存在する & \Rightarrow ラグランジュ乗数\ a = 0 \\ 極値が存在しない & \Rightarrow 制約式は等式\ h(\mathbf{x}) = 0 \end{cases}$$

となります．これを一つの式にまとめると，次のように書けます．

$$a \cdot h(\mathbf{x}) = 0 \tag{9.60}$$

これらのことから，ラグランジュ関数 $L(\mathbf{x}) = f(\mathbf{x}) - a \cdot h(\mathbf{x})$ に対し，不等式制約条件 $h(\mathbf{x}) \le 0$ のもとに最小値が存在する場合には，図 9.24 より $h(\mathbf{x}) \le 0$ の条件では $\nabla f(\mathbf{x}) - a \nabla h(\mathbf{x}) = 0$ の a は負でしたので，

$$\begin{cases} a \cdot h(\mathbf{x}) = 0 \\ a \quad\quad\ \le 0 \\ h(\mathbf{x}) \quad \le 0 \end{cases} \iff \begin{cases} a \cdot h(\mathbf{x}) = 0 \\ a \quad\quad\ \ge 0 \\ h(\mathbf{x}) \quad \ge 0 \end{cases} \tag{9.61}$$

のどちらかの三つ組の条件が成り立ちます．この条件をカルーシュ‐キューン‐タッカー条件（KKT 条件）といいます．

同様に，この不等式制約条件下に最大値が存在する場合には，図 9.24 より $h(\mathbf{x}) \le 0$ の条件では $\nabla f(\mathbf{x}) - a\nabla h(\mathbf{x}) = 0$ の a は正でしたので，

$$\begin{cases} a \cdot h(\mathbf{x}) = 0 \\ a \quad\quad\ \ge 0 \\ h(\mathbf{x}) \quad \le 0 \end{cases} \iff \begin{cases} a \cdot h(\mathbf{x}) = 0 \\ a \quad\quad\ \le 0 \\ h(\mathbf{x}) \quad \ge 0 \end{cases} \tag{9.62}$$

のどちらかの三つ組の条件が成り立ちます．

Chapter 9 この章の まとめ　理解できているかを再確認しましょう！

1. Widrow-Hoff の学習規則のような評価関数最小化法では，全学習データを用いて評価関数を最小にする識別境界を推定する．しかし，境界から離れた学習データ，特に外れ値が存在する場合にはそれが悪影響を及ぼし，**評価関数は最小化するものの識別率は悪くなる**ことがある． ⇨ **p**.201, 図 9.2

2. 識別境界と最も近い学習データとの距離を**マージン**と呼び，マージンが最大となる識別境界を決定しようというのが SVM の考え方である．マージン最大化に関与している学習データは少なく，これを**サポートベクトル**と呼ぶ． ⇨ **p**.201, 図 9.3（b）

   以下に SVM の手順（2 クラス識別問題の場合）を示す．

3. （定式化 1）：教師信号 $t_n \in \{-1, 1\}$ とすると，全学習データに対して，

$$\begin{cases} t_n = -1 \ \rightarrow g(\mathbf{x}) < 0 \\ t_n = 1 \ \ \ \rightarrow g(\mathbf{x}) > 0 \end{cases} \iff t_n g(\mathbf{x}) > 0$$

   となれば，線形識別境界 $g(\mathbf{x}) = 0$ で分類可能． ⇨ **p**.202, 式 (9.2)

4. （定式化 2）：識別境界面 $g(\mathbf{x}) = \mathbf{w}^t \mathbf{x} = 0$ と $\mathbf{x}_n$ との距離 r_n は $r_n = t_n(\mathbf{w}^t \mathbf{x}_n + w_0)/\|\mathbf{w}\|$ であり，距離 r_n が最小になるデータ $\mathbf{x}_n$ がサポートベクトル $\mathbf{x}^*$ の候補．

$$r^* = \min_n [r_n] = \frac{t^*(\mathbf{w}^t\mathbf{x}^* + w_0)}{\|\mathbf{w}\|} \qquad \Rightarrow \boxed{\text{p}}.202, \text{式 (9.5)}$$

5. （定式化 3）：サポートベクトルとの距離が最大になるように識別境界面 $g(\mathbf{x}) = 0$ のパラメタ $\mathbf{w}$, w_0 を求める．

$$\underset{\mathbf{w},w_0}{\mathrm{argmax}} \left[\frac{1}{\|\mathbf{w}\|} \min_n \left[t_n(\mathbf{w}^t\mathbf{x}_n + w_0) \right] \right] \qquad \Rightarrow \boxed{\text{p}}.203, \text{式 (9.6)}$$

6. （定式化 4）：サポートベクトルとの距離 $r^* = 1$ になるように $\mathbf{w}$, w_0 を正規化すると，上式の下線部が 1 になり，

$$\begin{cases} t_n g(\mathbf{x}) \geq 1, \ (n = 1, 2, \ldots, N) \text{ という条件のもと} \\[2mm] \underset{\mathbf{w},w_0}{\mathrm{argmax}} \left[\dfrac{1}{\|\mathbf{w}\|} \right] \Leftrightarrow \underset{\mathbf{w},w_0}{\mathrm{argmin}} \left[\dfrac{1}{2}\|\mathbf{w}\|^2 \right] \end{cases}$$

を解けばよい．　　　　　　　　　　　　$\Rightarrow \boxed{\text{p}}.204, \text{図 9.5}$　$\boxed{\text{p}}.205, \text{式 (9.12)}$

7. （定式化 5）：$\mathbf{x}$ が属するパターン空間では線形分離不可能でも，非線形な基底関数 $\varphi(\mathbf{x})$ で高次元空間に写像すれば，その空間では線形分離可能になり，線形識別境界面でクラスを分離できる可能性がある．その場合は，

$$\begin{cases} t_n g(\varphi(\mathbf{x})) = t_n(\mathbf{w}^t\varphi(\mathbf{x}_n) + w_0) \geq 1, \ (n = 1, 2, \ldots, N) \text{ という条件のもと} \\[2mm] \underset{\mathbf{w},w_0}{\mathrm{argmax}} \left[\dfrac{1}{\|\mathbf{w}\|} \right] \Leftrightarrow \underset{\mathbf{w},w_0}{\mathrm{argmin}} \left[\dfrac{1}{2}\|\mathbf{w}\|^2 \right] \end{cases}$$

を解けばよい．　　　　　　　　　　　　$\Rightarrow \boxed{\text{p}}.203, \text{図 9.4}$　$\boxed{\text{p}}.204, \text{式 (9.10)}$

8. （解法 1）：7 の制約付き最適化問題をラグランジュの未定乗数法で解く．ラグランジュ乗数のベクトル $\mathbf{a} = (a_1, \ldots, a_n)$ を用いて，ラグランジュ関数は

$$L(\mathbf{w}, w_0, \mathbf{a}) = \frac{1}{2}\|\mathbf{w}\|^2 - \sum_{n=1}^{N} a_n \left\{ t_n(\mathbf{w}^t\varphi(\mathbf{x}_n) + w_0) - 1 \right\}$$

と書ける．この関数の停留点を求めるために $\mathbf{w}$, w_0 で微分し 0 とおくと，

$$\mathbf{w} = \sum_{n=1}^{N} a_n t_n \varphi(\mathbf{x}_n), \quad 0 = \sum_{n=1}^{N} a_n t_n$$

が得られ，これをラグランジュ関数に代入すると，$\mathbf{w}$, w_0 が消えて，

$$L(\mathbf{w}, w_0, \mathbf{a}) = L(\mathbf{a}) = \sum_{n=1}^{N} a_n - \frac{1}{2}\sum_{n=1}^{N}\sum_{m=1}^{N} a_n a_m t_n t_m k(\mathbf{x}_n, \mathbf{x}_m)$$

$$\text{ただし，} \ k(\mathbf{x}_n, \mathbf{x}_m) = \varphi(\mathbf{x}_n)^t\varphi(\mathbf{x}_m)$$

となる．これは元のラグランジュ関数 $L(\mathbf{w}, w_0, \mathbf{a})$ の**双対表現**．したがって

$$a_n \geq 0, \quad \sum_{n=1}^{N} a_n t_n = 0$$

の条件のもとで $L(\mathbf{a})$ の最大化問題を解けばよい.

⇨ **p** .205, 式 (9.13)　**p** .206, 式 (9.16)

9. （解法 2）：$k(\mathbf{x}_n, \mathbf{x}_m)$ は高次元空間への写像関数 $\varphi(\mathbf{x})$ の内積で, **カーネル関数**という.

$$k(\mathbf{x}_n, \mathbf{x}_m) = \varphi(\mathbf{x}_n)^t \varphi(\mathbf{x}_m)$$

カーネル法：$\varphi(\mathbf{x})$ を知らなくともカーネル関数だけ定義すれば, 双対問題の $L(\mathbf{a})$ の最大化は解ける. 単純なカーネル関数の中には, 実際に内積を計算すると $\varphi(\mathbf{x})$ がわかるものもある.

⇨ **p** .209, 9-6 節

10. （解法 3）：$\varphi(\mathbf{x})$ が求められる場合は, 高次元空間での線形識別関数 $g(\mathbf{x}') = \mathbf{w}^t \mathbf{x}' + w_0$ が求められる.

$$\mathbf{w} = \sum_{n=1}^{N} a_n t_n \varphi(\mathbf{x}_n), \quad \begin{cases} w_0 = 1 - \sum_{n=1}^{N} a_n t_n k(\mathbf{x}_n, \mathbf{x}^+), \ \text{もしくは} \\ w_0 = \dfrac{1}{N_s} \sum_{n \in S} \left(t_n - \sum_{m=1}^{N} a_m t_m k(\mathbf{x}_n, \mathbf{x}_m) \right) \end{cases}$$

⇨ **p** .205, 式 (9.14)　**p** .207, 式 (9.19)　**p** .208, 式 (9.21)

11. （解法 4）：a_n が解析的に解けないときは, 以下の更新式を使って逐次解法で求める.

$$\mathbf{a}' = \begin{cases} 0 & (a_n \leq 0) \\ \mathbf{a} + \eta_a \dfrac{\partial L(\mathbf{a})}{\partial \mathbf{a}} & (a_n > 0) \end{cases}, \quad \beta' = \beta + \eta_\beta \dfrac{\partial L(\mathbf{a})}{\partial \beta}$$

$$\frac{\partial L(\mathbf{a})}{\partial a_n} = \left(1 - \sum_{m=1}^{N} a_m t_n t_m k(\mathbf{x}_n, \mathbf{x}_m) - \beta \sum_{m=1}^{N} a_m t_n t_m \right)$$

$$\frac{\partial L(\mathbf{a})}{\partial \beta} = \frac{1}{2} \left(\sum_{n=1}^{N} a_n t_n \right)^2$$

⇨ **p** .209, 式 (9.28)　**p** .209, 式 (9.30)　**p** .209, 式 (9.31)

12. カーネル関数は設計者が決めるので, 高次元空間に写像しても完全に線形分離可能とできるとは限らない. 分離できない場合, **スラック変数** ξ_n を導入してマージンの考え方を緩和した条件を**ソフトマージン**という.

$$t_n g(\mathbf{x}_n) > 1 - \xi_n, \quad (n = 1, 2, \ldots, N), \quad \text{ただし } \xi_n \geq 0$$

⇨ **p** .228, 図 9.20　**p** .228, 式 (9.40)

13. ソフトマージン SVM の場合，最小化すべき目的関数は

$$\underset{\mathbf{w},w_0,\boldsymbol{\xi}}{\mathrm{argmin}}\left[C\sum_{n=1}^{N}\xi_n+\frac{1}{2}\|\mathbf{w}\|^2\right]$$

である．双対形式はハードマージンの場合と変わらないが，制約条件が以下のように異なる．

$$\begin{cases}0\le a_n\le C\\[2mm]\displaystyle\sum_{n=1}^{N}a_nt_n=0\end{cases}$$

⇨ **p**.229, 式 (9.41)　**p**.230, 式 (9.53)

期待損失最小化
（リスク最小化）識別

　第4〜7章では，パターンの生じる事前確率と，パターンがあるクラスに属する可能性を表したクラス依存確率密度を用いて，認識を行う方法を説明してきました.

　私たちが行っているパターン認識は，実はこれ以外の情報も用いています. 私たちは，環境の認識を常に行っているとお話ししてきましたが，認識自体が目的ではないのです. 認識した結果を用いて行動することで，より多くの利益，より少ない損害を得ようとしています. すなわち，認識結果に基づいた行動により多くの損害を得る可能性が高いと判断したときは，認識結果にその損害可能性を加味して再評価しています. このように，起こり得る利益や損害が認識結果に影響を及ぼす認識モデルとして，この章では，**期待損失最小化（リスク最小化）識別**を説明します.

10-1 / 認識の目的

　識別問題の要求としては，識別を行った結果がすべて正しいことが望まれるわけですが，一般には識別誤りが必ず存在します.

　この識別誤り率を最小にするような決定則が，今まで学習してきた最小誤り率識別でした.

　一方，実際パターン認識を行う目的を考えると，何らかの目的のために認識を行う場合がほとんどです.

　言い換えれば，認識を行った結果（推定結果）は認識器（自分）の判断結果なわけで，これを信じて，自分の次の行動が決定されていきます.

　例えば，

- みなさんが交差点にたどり着いたとしましょう.
- この交差点を渡って道路の反対側に行きたいとします.
  これが上で述べた『何らかの目的』です.
- 視覚から得られる情報などを元に安全か否かの認識を行います.

「普段から自動車が通ることは滅多にない.」などの先験知識（事前確率）を使うこともあるでしょう.

「視覚情報」など環境から得られる特徴パターンも用いて判断するでしょう.

- これらの情報を総合的に判断して，その結果『安全』『危険』のいずれかの認識結果を推定します.
- 『安全』と判断した結果を信じて，交差点を渡ります.（行動）
- 行動の結果，うまく道路の反対側に到着すれば目的は達成されました.

  行動の結果，自動車にひかれてしまうと，目的は達成されないばかりでなく大きな損失を被ります.

このように，ある目的のために認識は行われ，その認識結果を信じて行動を実行するのですが，正しい識別が行えれば報酬が与えられたり，誤った識別を行うと被害を被ったりするのが日常です.

前章まででは，識別誤りを評価値として識別性能を論じてきましたが，これは，識別という行動の妥当性までしか考えられておらず，識別行動の結果，最終的にどのような利害が生じるのかを考慮していなかったということです.

また，実際の多くの場面では，同じ誤り率でも，誤った場合の被害が大きい場合と，小さい場合が存在します. 今，誤り確率が 0.01 となる判断を行おうとしている場合,「99% は正解するのだからこれでよい」と考えられるのは，誤った場合の被害や正解した場合の報酬を考慮していない場合のみです. 正解しても何も報酬がなく，誤ると多大な被害が生じるような場合には，単純に誤り確率という尺度だけでは判断はできません.

この章では，"損失"，"リスク" という概念を導入し，リスクが最小となる決定則を考えていきます. さらに，リスクが最小となる決定則は，ある条件のもとでは，最小誤り識別と等価になることも説明していきます.

10-2 // 損失とリスク

図 10.1 に示すように，あるパターン $\mathbf{x}$ を観測し識別を行った結果，そのパターンはクラス ω_i に属すると推定したとします. その推定結果を受け，知識を動員して,「クラス ω_i であるならば，行動 α_i を実行すべき」という行動決定をします.

実際に行動を実行すると，それにより環境の状態は変化し，その環境内から影響を受けます.

もしも，パターンの推定結果が間違っていると，行動 α_i を実行すると被害にあうは

図 10.1 認識，行動，損失

ずです．この被害の大きさを**損失**といいます．逆に，パターンの推定結果が合っていれば，行動 α_i を実行すると利得があるはずです．これを**負の損失**といいます．

すなわち，識別結果が正しいか否かによって，実行した行動に依存した損失 λ を得るわけです．

10-2-1 損失関数 $\lambda(\ )$

本来クラス ω_j として識別すべきパターンをクラス ω_i と誤識別し，その結果，行動 α_i を選択し実行した場合の損失を，式 (10.1) のように表記することにします．

$$\lambda(\alpha_i|\omega_j) \tag{10.1}$$

これは，あるパターンの属するクラスを識別（推定）し，それに対応する行動をとった場合に被る損失を意味します．

この際，どの識別結果に対してどの行動を選択するかは，その人の知識によって決まりますが，ここでは，識別結果 ω_i に対応する行動は α_i と対応付けします．例えば，識別結果が "クラス ω_2" であれば，"行動 α_2" が実行されるわけです（図 10.2）．

この損失関数 λ は，誤識別することにより，誤った行動をし被る損失という意味のほかに，正しい識別をし，正しい行動をした際に受ける報酬も表します．その場合の損失は，一般的に負の値をとります．

損失の大きさは，行動に依存して異なります．例えば，次のようなタスクを考えましょう．

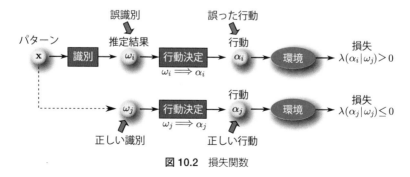

図 10.2 損失関数

価格の高い和牛肉と価格の安い輸入牛肉があったとします．これを識別しましょう．

牛肉には和牛と輸入牛の2種類しかないとします．あるお肉屋さんが，和牛と輸入牛とを99%の確率で正しく識別できるとします．

すなわち，100回に1度は誤認識をするということです．誤認識の種類は

1. 和牛を輸入牛に間違える
2. 輸入牛を和牛に間違える

の2種類ですね．

さて，ここで損失を考えましょう．識別したあとの行動としては，その肉を（もしくは料理したものを）お客さんに売るわけです．

1. 和牛を輸入牛として売る → お客さんは喜びます
2. 輸入牛を和牛として売る → お客さんは怒ります

お肉屋さんの被る損失はどうでしょうか．

1. 和牛を輸入牛として売る → お客さんは喜びますが，高い肉を安く売ってしまったので損をします
2. 輸入牛を和牛として売る → 怒ったお客さんを満足させるためにコストがかかります

間違えてしまったので，1, 2いずれの場合も損失を被るわけですが，その大きさは異なりますね．きっと，「輸入牛を和牛として売る」ほうが損失は大きいでしょう．

ということは，「和牛か輸入牛かの識別が怪しいときには，輸入牛と判断したほうが損失は少なそう」です．このように，識別結果を厳密に信じないで，損失の大きさに依存して判断を歪めたほうがよい場合があります．

さて，識別結果が「怪しい」とか，「損失が少なそう」とか，このままではあまりにも定性的なので，これを定式化していきます．

10-2-2　条件付きリスク

決定理論の分野で，**リスク**という考え方がありますので，それを導入します．リスクとは，期待される損失（損失の期待値）で定式化されます．

今，あるパターン $\mathbf{x}$ を観測したとき，行動 α_i をとる場合のリスクを考えます．こ

の行動をとろうとしたということは，パターン $\mathbf{x}$ をクラス ω_i と推定したということです.

　クラスを ω_i と推定する際には，今まで学習してきた事後確率最大化基準を用いて推定したとします. すなわち，さまざまなクラスに対する事後確率 $P(\omega_j|\mathbf{x})$ の中で，最も $P(\omega_i|\mathbf{x})$ が大きかったということですね.

　でも，もしかしたら，パターン $\mathbf{x}$ のクラスは ω_i 以外かもしれません. さて，本当は ω_j だったとしたら，間違えた判断を下したことになり，それに従った行動 α_i に対しては損失が生じてしまいます.

　この損失がどの程度になるかを，損失の期待値という形で表現するのが条件付きリスクです.

　あるパターン $\mathbf{x}$ を観測して，そのパターンがクラス ω_j であると判断する確率は $P(\omega_j|\mathbf{x})$ です. よって，行動 α_i に対して期待される損失 R は，クラス ω_j であると推定する確率 $P(\omega_j|\mathbf{x})$ ごとに，そう推定した場合の損失 $\lambda(\alpha_i|\omega_j)$ を掛けて，全クラス C に対して加算すればよいことになり，

$$R(\alpha_i|\mathbf{x}) = \sum_{j=1}^{C} \lambda(\alpha_i|\omega_j)P(\omega_j|\mathbf{x}), \quad (1 \le i \le C) \tag{10.2}$$

となります. この式は**損失 λ の期待値**です.

　この，「行動 α_i に対して期待される損失 $R(\alpha_i|\mathbf{x})$」のことを，**条件付きリスク**といいます.

　さて，みなさんなら，どういう行動をとるでしょうか. 「この条件付きリスク $R(\alpha_i|\mathbf{x})$ が最も小さい行動 α_k をとる」のではないでしょうか.

　このように，どのような観測値 $\mathbf{x}$ を得た場合でも，条件付きリスクを最小化する行動を選択することにより，期待される損失を最小にできるのが望ましいと考える決定則が成立します.

　決定則は，あり得るすべての観測値 $\mathbf{x}$ に対して，どの行動をとるべきかを教えてくれる関数 $\alpha(\mathbf{x})$ で書くことにします.

$$\alpha_k = \alpha(\mathbf{x}) = \underset{\alpha_i}{\arg\min} \, R(\alpha_i|\mathbf{x}) \tag{10.3}$$

このように，リスクが最小になるような行動をとる基準のことを**期待損失最小化基準（リスク最小化基準）**といい，リスクが最小になるような行動を選択する方法を**ベイズ決定則** (Bayes decision rule) といいます.

　では，この期待損失最小化基準と，その行動の源となったクラス識別で用いた事後確率最大化基準との関係を見てみましょう.

　ここでは例題として 2 クラス識別を考えると，行動 α_i は

$$\begin{cases} \text{クラス } \omega_1 \text{ と判定} \implies \text{行動 } \alpha_1 \\ \text{クラス } \omega_2 \text{ と判定} \implies \text{行動 } \alpha_2 \end{cases} \tag{10.4}$$

のように定義できます.

　また, 表記を簡単にするために, これ以降は

$$\lambda(\alpha_i|\omega_j) = \lambda_{ij} \tag{10.5}$$

と書くことにします.

　すると, 式 (10.2) の条件付きリスクは以下のように書けます.

$$\begin{cases} R(\alpha_1|\mathbf{x}) = \lambda_{11}P(\omega_1|\mathbf{x}) + \lambda_{12}P(\omega_2|\mathbf{x}) \\ R(\alpha_2|\mathbf{x}) = \lambda_{21}P(\omega_1|\mathbf{x}) + \lambda_{22}P(\omega_2|\mathbf{x}) \end{cases} \tag{10.6}$$

この条件付きリスクが小さい行動を選択するという基準なので, たとえば $R(\alpha_1|\mathbf{x}) < R(\alpha_2|\mathbf{x})$ の場合は,

$$R(\alpha_1|\mathbf{x}) < R(\alpha_2|\mathbf{x}) \implies \omega_1 \text{ と判定する}$$
$$(\text{リスクの小さいほうを選択する}) \tag{10.7}$$

というルールになります.

　この判断条件は上式より,

$$\lambda_{11}P(\omega_1|\mathbf{x}) + \lambda_{12}P(\omega_2|\mathbf{x}) < \lambda_{21}P(\omega_1|\mathbf{x}) + \lambda_{22}P(\omega_2|\mathbf{x})$$
$$(\lambda_{21} - \lambda_{11})P(\omega_1|\mathbf{x}) > (\lambda_{12} - \lambda_{22})P(\omega_2|\mathbf{x}) \tag{10.8}$$
$$\implies \omega_1 \text{ と判定する}$$

のように展開できます.

　一般に, 判定を誤った場合に被る損失 $(\lambda_{21}, \lambda_{12})$ は, 判定が正しいときに被る損失 $(\lambda_{11}, \lambda_{22})$ よりも大きいので, $(\lambda_{21} - \lambda_{11})$, $(\lambda_{12} - \lambda_{22})$ は正の値をもちます.

　式 (10.8) の λ に関する項を除くと, 事後確率の大きいほうの行動を選択するという当たり前の結果になりますが, その結果を損失による係数で調整して行動を決定するという意味をこの式はもつわけです.

　さらに, 式 (10.8) にベイズの定理を適用すると, 事後確率を事前確率で表現できます.

$$(\lambda_{21} - \lambda_{11})\frac{p(\mathbf{x}|\omega_1)}{p(\mathbf{x})} \cdot P(\omega_1) > (\lambda_{12} - \lambda_{22})\frac{p(\mathbf{x}|\omega_2)}{p(\mathbf{x})} \cdot P(\omega_2)$$

$$\underbrace{\frac{p(\mathbf{x}|\omega_1)}{p(\mathbf{x}|\omega_2)}}_{\text{尤度比}} > \frac{\lambda_{12} - \lambda_{22}}{\lambda_{21} - \lambda_{11}} \cdot \frac{P(\omega_2)}{P(\omega_1)}$$

この式は，「左辺の尤度比が，右辺の観測値 **x** に依存しない一定の閾値よりも大きければ，判定 ω_1 を採用する」と解釈することができます.

10-2-3　総合リスク

さて，条件付きリスクは，あるパターン **x** が観測されたときに，どのような行動をとるのが損失が少ないかという指標を与えてくれました. しかし，パターン **x** にはさまざまなものが存在します. あるパターンに対してはリスクが少ないが，あるパターンに対してはリスクは大きいかもしれません. そこで，あらゆるパターン **x** を考えたときに，最もリスクが少ない行動が優れた行動だと考えることにします. その指標が**総合リスク**と呼ばれるものです.

総合リスクは，与えられた決定則 $\alpha(\mathbf{x})$ に関して期待される損失で，次のように表されます.

$$R = \int R(\alpha(\mathbf{x})|\mathbf{x})p(\mathbf{x})\,d\mathbf{x} \tag{10.9}$$

この式を見ると，総合リスクとは，最小な条件付きリスクの期待値であることがわかります. すなわち尺度として，総合リスクが最も小さくなるような決定則が望まれるわけです.

式 (10.9) から明らかに，どんな **x** に対しても $R(\alpha(\mathbf{x})|\mathbf{x})$ が最も小さくなるように $\alpha(\mathbf{x})$ が選択されれば，総合リスクは最小化されます.

各 $R(\alpha(\mathbf{x})|\mathbf{x})$ を最小にしたときの総合リスクを**ベイズリスク** R^* と呼び，これが達成し得る最高の結果になります.

10-3　【例題】期待損失最小化（リスク最小化）基準

ここでは，先ほども登場した牛肉の例を具体的に考えてみることにします.

今，牛肉には，和牛 ω_1 と輸入牛 ω_2 の二つのクラスがあるとします. ある牛肉を手にとったとき，それが和牛か輸入牛かの確率は，それらの流通量にかかっています. ここで，和牛の流通量は牛肉全体の 30% だとすると，ある牛肉が和牛か輸入牛かの事前確率 $P(\omega_1)$, $P(\omega_2)$ は以下のように書けます.

$$P(\omega_1) = 0.3, \quad P(\omega_2) = 0.7$$

次に，お肉屋さんの牛肉の目利きの能力を定めます. ここでは簡単のために特徴量は 1 次元で考えることにし，図 10.3 に示すように，あるお肉屋さんはお肉のある特徴 X に対して，ある識別境界 X_0 をもっているものとします. すなわち，お肉の特徴 X が

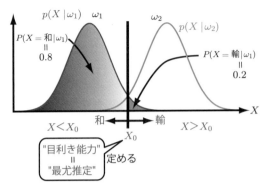

図 10.3 　目利き能力

$X < X_0$ であれば和牛と判断します．どのような特徴量 X を用いるかと，どこに識別
境界 X_0 をおくべきかが，そのお肉屋さんの目利き能力です．

和牛 ω_1 を正しく識別できる目利き能力を $P(X = 和|\omega_1)$ と書くことにすると，ク
ラス依存確率分布 $p(X|\omega_i)$ を用いて，図より，

$$P(X = 和|\omega_1) = \int_{-\infty}^{X_0} p(X|\omega_1)\, dX$$

と書けます．

同様に，輸入牛 ω_2 に対しては $P(X = 輸|\omega_2)$ の確率で輸入牛と見分けることができる
としましょう．ということは，本当は和牛なのに $P(X = 輸|\omega_1) = 1 - P(X = 和|\omega_1)$
の確率で輸入牛と判断してしまうし，本当は輸入牛なのに $P(X = 和|\omega_2) = 1 - P(X =$
輸$|\omega_2)$ の確率で和牛と判断してしまうということです．

今，お肉屋さんの具体的な目利きの能力を以下のように定めます．

$$P(X = 和|\omega_1) = 0.8 \quad \Longleftrightarrow \quad P(X = 輸|\omega_1) = 0.2$$
$$P(X = 輸|\omega_2) = 0.8 \quad \Longleftrightarrow \quad P(X = 和|\omega_2) = 0.2$$

次に損失を考えます．和牛を売ると 1000 円儲かり，輸入牛を売ると 500 円儲かる
とします．というわけで，

$$損失 \lambda_{11} = -1000 円, \quad 損失 \lambda_{22} = -500 円$$

とおきます．では，「和牛を輸入牛として売った」ときには，どうなるでしょうか．こ
の場合は，お客さんは和牛を安く買えたのでラッキーです．一方，お肉屋さんは和牛
と輸入肉の差額だけ損をしますので，

$$お肉屋さんの損失 \lambda_{21} = 500 円$$

と書けます．逆に，「輸入牛を和牛として売った」ときには，お客さんは黙っていませ
ん．お客さん次第で謝る方法はいろいろあるでしょうが，ここでは輸入牛を和牛とし

て売ったことによりお客さんから余計に払ってもらった 500 円を返して，お詫びとして 1000 円払うとして，

$$お肉屋さんの損失 \lambda_{12} = 1000 円$$

と考えます．

さて，あるお肉に対して，お肉屋さんの目利きの結果は「和牛」だったとします．そのとき，（行動 α_1:）和牛として売るべきか，（行動 α_2:）輸入牛として売るべきか，を考えるために，リスク R を考えます．リスク $R(\alpha_1|和)$ と $R(\alpha_2|和)$ を比較して，リスクが小さい行動をとるのがよいのでしたね．

目利きの結果が「輸入牛」だった場合も同様です．よって，以下の四つのリスクを計算することになります．

目利き結果 $X = 和$

$$R(\alpha_1|和) = \lambda_{11} \cdot P(X=和|\omega_1) \cdot P(\omega_1) + \lambda_{12} \cdot P(X=和|\omega_2) \cdot P(\omega_2)$$
$$R(\alpha_2|和) = \lambda_{21} \cdot P(X=和|\omega_1) \cdot P(\omega_1) + \lambda_{22} \cdot P(X=和|\omega_2) \cdot P(\omega_2)$$

目利き結果 $X = 輸$

$$R(\alpha_1|輸) = \lambda_{11} \cdot P(X=輸|\omega_1) \cdot P(\omega_1) + \lambda_{12} \cdot P(X=輸|\omega_2) \cdot P(\omega_2)$$
$$R(\alpha_2|輸) = \lambda_{21} \cdot P(X=輸|\omega_1) \cdot P(\omega_1) + \lambda_{22} \cdot P(X=輸|\omega_2) \cdot P(\omega_2)$$

さあ，普通の状態でしたら，お肉屋さんが「和牛と識別」したならば，「和牛として売り」，「輸入牛と識別」したならば「輸入牛として売る」のが，リスクが小さくなってほしいですね．具体的にこれらのリスクを計算してみましょう．

目利き結果 $X = 和$

$$R(\alpha_1|和) = (-1000) \cdot 0.8 \cdot 0.3 + 1000 \cdot 0.2 \cdot 0.7 = -100$$
$$R(\alpha_2|和) = 500 \cdot 0.8 \cdot 0.3 + (-500) \cdot 0.2 \cdot 0.7 = 50$$

目利き結果 $X = 輸$

$$R(\alpha_1|輸) = (-1000) \cdot 0.2 \cdot 0.3 + 1000 \cdot 0.8 \cdot 0.7 = 500$$
$$R(\alpha_2|輸) = 500 \cdot 0.2 \cdot 0.3 + (-500) \cdot 0.8 \cdot 0.7 = -250$$

この結果より，このお肉屋さんの目利き能力の場合は，目利き結果が和牛であれば和牛として売ったほうがリスクは少なく，目利き結果が輸入牛であれば輸入牛として売ったほうがリスクが少ないので普通に商いをすればよいことがわかりました．このように，リスク最小化基準を用いると，識別結果に対してどのような行動をとるべきかを知ることができます．

Let's try!

リスク最小化基準

　上記の例題では，お肉屋さんが「和牛と識別」したならば「和牛として売り」，「輸入牛と識別」したなら「輸入牛として売る」のがリスクが小さくなる行動でしたが，ここでは，さまざまなケースについて考えてみましょう．上の例題で示した条件を，この課題では基本条件と呼ぶことにします．

(1) 基本条件に対し，和牛の流通量が 10% と少なく，事前確率 $P(\omega_1) = 0.1$, $P(\omega_2) = 0.9$ のとき，お肉屋さんは，それぞれの目利きの結果に対してどのような行動をとるべきでしょうか．

(2) 基本条件に対し，目利きの能力が低いお肉屋さんと，目利きの能力が高いお肉屋さんがいます．目利きの能力が高いお肉屋さんは $P(X = 和|\omega_1) = P(X = 輸|\omega_2) = 0.9$ だとします．目利きの能力が低いお肉屋さんは $P(X = 和|\omega_1) = P(X = 輸|\omega_2) = 0.6$ だとします．それぞれのお肉屋さんは，どのような行動をとるべきでしょうか．

(3) お客さんがとてもよい人で，「輸入牛を和牛として買っても，何も文句もいわなかった」場合を考えると，お肉屋さんは安い肉を高く買ってもらったことになり，差額分だけ儲かります．すなわち損失 $\lambda_{12} = -500$ 円となるわけですが，このとき，お肉屋さんはそれぞれの目利きの結果に対してどのような行動をとるべきでしょうか．

(4) お客さんがクレーマーで，「輸入牛を和牛として売ったら大変な補償をしなくてはならなかった」とします．ここではその損失を $\lambda_{12} = 3000$ 円とします．このとき，お肉屋さんはそれぞれの目利きの結果に対してどのような行動をとるべきでしょうか．

10-4 / 事後確率最大化基準との関係

　今まで学習してきたように，事後確率最大化 (MAP) 基準は最小誤り率識別でした．
　誤りを避けるためには，誤りの確率（誤り率：error rate）を最小化する決定則を探すことになるわけです．ここで，

$$\lambda(\alpha_i|\omega_j) = \begin{cases} 0 & (i = j, \text{ すなわち正しいとき}) \\ 1 & (i \neq j, \text{ すなわち誤ったとき}) \end{cases} \tag{10.10}$$

のような 0–1 損失関数を定義すると，この関数は，どんな誤りに対しても単位損失量 "1" を割り当てるため，すべての誤りは等価となります．

　このような損失関数に対応する条件付きリスクを求めてみると，以下のようになり

ます.

$$R(\alpha_i|\mathbf{x}) = \sum_{j=1}^{c} \lambda(\alpha_i|\omega_j)P(\omega_j|\mathbf{x}) = \underbrace{\sum_{j \neq i} P(\omega_j|\mathbf{x})}_{\text{誤り確率}}$$

$$= 1 - P(\omega_i|\mathbf{x}) \tag{10.11}$$

この条件付きリスクを最小にするには,事後確率 $P(\omega_i|\mathbf{x})$ を最大にすればよいことがわかります.

以上のように,0–1 損失関数を採用した場合のリスク最小決定規則は,事後確率最大化基準と同じ結果になります.

10-5 ミニ-マックス基準

今まで,事前確率は学習パターンから求めたり,既知の経験から推定したりしてきましたが,実際には学習パターンから求めることは困難です.学習パターンに偏りがなければ,まずまずの精度で推定することはできるでしょうが,そもそも学習パターンに偏りがないことを調べることが困難なのです.よって,今までの経験に基づいて推定することが多いのですが,これもまた問題があります.事前確率は過去の経験値から推定するわけですが,過去と現在では状況が変わっている場合も多いですし,状況ごとに事前確率が変動してしまうことも多いのです.

例えば,最近の異常気象などはよい例でしょう.温暖化に伴い過去の経験と異なる事象が多く起こっています.また,事前確率が変動する例としては,人為的に環境を操作するようなゲームや株式市場などがあります.

このように,事前確率は変動することが多いので,事前確率が変動してもうまく認識ができるようにしたいというのがここでの目標です.すなわち,最低ラインを保証する認識ということもできます.

このためには,あらゆる事前確率の値に対して最悪の総合リスクをできるだけ小さくするように,識別器を設計すればよいことになります.

言い換えれば,起こり得る最大の総合リスクを最小にするように,識別器を設計すればよいということです.このような決め方をミニ-マックス基準といいます.

2 クラス ω_1, ω_2 の場合を例に説明します.今,識別器が ω_1 と判定する特徴空間内の(今のところ未知)領域を $\mathcal{R}_1$ とします.ω_2 についても同様に,$\mathcal{R}_2$ とします.

すると,総合リスク R は,条件付きリスクの式 (10.6) とベイズの定理を用いると,

$$R = \int R(\alpha(\mathbf{x})|\mathbf{x})p(\mathbf{x}) \, d\mathbf{x}$$

$$
\begin{aligned}
&= \int_{\mathcal{R}_1} \big(\lambda_{11} P(\omega_1|\mathbf{x}) + \lambda_{12} P(\omega_2|\mathbf{x}) \big) p(\mathbf{x}) \, d\mathbf{x} \\
&\quad + \int_{\mathcal{R}_2} \big(\lambda_{21} P(\omega_1|\mathbf{x}) + \lambda_{22} P(\omega_2|\mathbf{x}) \big) p(\mathbf{x}) \, d\mathbf{x} \\
&= \int_{\mathcal{R}_1} \left(\lambda_{11} \frac{P(\omega_1)p(\mathbf{x}|\omega_1)}{p(\mathbf{x})} + \lambda_{12} \frac{P(\omega_2)p(\mathbf{x}|\omega_2)}{p(\mathbf{x})} \right) p(\mathbf{x}) \, d\mathbf{x} \\
&\quad + \int_{\mathcal{R}_2} \left(\lambda_{21} \frac{P(\omega_1)p(\mathbf{x}|\omega_1)}{p(\mathbf{x})} + \lambda_{22} \frac{P(\omega_2)p(\mathbf{x}|\omega_2)}{p(\mathbf{x})} \right) p(\mathbf{x}) \, d\mathbf{x} \\
&= \int_{\mathcal{R}_1} \big(\lambda_{11} P(\omega_1)p(\mathbf{x}|\omega_1) + \lambda_{12} P(\omega_2)p(\mathbf{x}|\omega_2) \big) \, d\mathbf{x} \\
&\quad + \int_{\mathcal{R}_2} \big(\lambda_{21} P(\omega_1)p(\mathbf{x}|\omega_1) + \lambda_{22} P(\omega_2)p(\mathbf{x}|\omega_2) \big) \, d\mathbf{x}
\end{aligned}
$$

のように展開することができます．ここで，

$$
\begin{cases}
P(\omega_2) = 1 - P(\omega_1) \\
\displaystyle \int_{\mathcal{R}_1} p(\mathbf{x}|\omega_1) \, d\mathbf{x} = 1 - \int_{\mathcal{R}_2} p(\mathbf{x}|\omega_1) \, d\mathbf{x}
\end{cases}
$$

という関係が成り立ちますので，総合リスクは

$$
R = \underline{\lambda_{22} + (\lambda_{12} - \lambda_{22}) \int_{\mathcal{R}_1} p(\mathbf{x}|\omega_2) \, d\mathbf{x}}
$$

$$
+ \underline{P(\omega_1) \left\{ (\lambda_{11} - \lambda_{22}) + (\lambda_{21} - \lambda_{11}) \int_{\mathcal{R}_2} p(\mathbf{x}|\omega_1) \, d\mathbf{x} - (\lambda_{12} - \lambda_{22}) \int_{\mathcal{R}_1} p(\mathbf{x}|\omega_2) \, d\mathbf{x} \right\}}
$$

$$
= \quad \overbrace{\underline{R_{mm}}}^{\text{事前確率を含まない}} \quad + P(\omega_1) \cdot \underline{R_z} \tag{10.12}
$$

のように書き直すことができます．

　この式は，一度決定境界が設定されれば（つまり $\mathcal{R}_1$, $\mathcal{R}_2$ が決定されれば），総合リスクは事前確率 $P(\omega_1)$ に対して線形であることを示しています．

　この $P(\omega_1)$ の係数（傾き）R_z が 0 になるような境界があれば，そのリスクは事前確率からは独立となります．このときの R を**ミニ‐マックス解**といい，ミニ‐マックスリスク R_{mm} は，

$$
\begin{aligned}
R = R_{mm} &= \lambda_{22} + (\lambda_{12} - \lambda_{22}) \int_{\mathcal{R}_1} p(\mathbf{x}|\omega_2) \, d\mathbf{x} \\
&= \lambda_{11} + (\lambda_{21} - \lambda_{11}) \int_{\mathcal{R}_2} p(\mathbf{x}|\omega_1) \, d\mathbf{x}
\end{aligned} \tag{10.13}
$$

となります．

この考え方を図 10.4 を用いて説明します．結論からいえば，ベイズリスクが最大になる事前確率 $P(\omega_i)$ を探すと，それに対応する決定境界がミニ-マックス解を与えることになります．

よって，$R_{mm} = $ 最大のベイズリスク となります．

まず，式 (10.12) によって総合リスク R が計算できるための条件は，

1. 決定境界を決める（領域 $\mathcal{R}_1$, $\mathcal{R}_2$ を決める）
2. 事前確率を決める

ことです．そうすると，式 (10.12) より，総合リスク R を求めることができます．

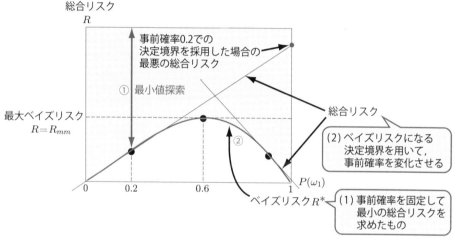

図 10.4 ミニ-マックス解の例

さて，事前確率は固定のまま，この決定境界を変化させると，総合リスク R は図 10.4 ①のように変化しますので，総合リスクが最小になるような決定境界を探索したとしましょう．これがベイズリスク R^* です．

次に，このベイズリスクをあらゆる事前確率に対して求めると，図 10.4 ②に示すように，事前確率のそれぞれの値に対して，最適な決定境界とそれに対応したベイズリスクが求められます．

さて，このような $P(\omega_1)$ が既知であることを元に決定された最適な識別境界において，事前確率が変化してしまうと，式 (10.12) で説明したように，総合リスクは事前確率 $P(\omega_1)$ の線形関数として変化します．

この総合リスクは事前確率の端の値（左端 (0) もしくは右端 (1)）で最大となります．

これが，最悪の総合リスクになるわけです．この最悪のリスクを最小化するには，最

大ベイズリスクをとるような事前確率での決定境界を採用すればよいのです．図 10.4
の例では，$P(\omega_1) = 0.6$ が最悪のベイズリスクとなっています．この場合，どんなに
事前確率が変化しても総合リスクは変化せず，ベイズリスクよりは悪くなりません．
それ以外の事前確率での最適決定境界を採用した場合には，ベイズリスクは低いので
すが，最悪の総合リスクは $P(\omega_1) = 0.6$ の場合よりも必ず高くなってしまうのが，図
からわかると思います．

　このようにして，**ミニ‐マックス解**が定まります．この考え方は，ゲーム理論など
でよく使われますので理解しておくとよいでしょう．ゲーム理論では「相手がどんな
手を使ってくるかはわからないが，それによって自分が被る最悪の損失をできるだけ
小さくするように，自分の手を決める」という基準が，このミニ‐マックスリスクの
考え方です．

Let's try!   10-2

ミニ‐マックス基準

　式 (10.12) を理解するために，具体的な例を計算してみましょう．パターン **x** は 1
次元とします．一般に，クラス依存確率密度 $p(\mathbf{x}|\omega_1)$, $p(\mathbf{x}|\omega_2)$ は正規分布などでモデ
ル化するのですが，ここでは簡単のために，図 10.5 に示すような分布を用いることに
します．

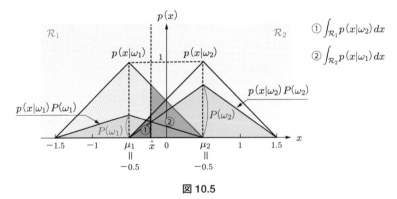

図 10.5

　事前確率 $P(\omega_1)$, $P(\omega_2)$ が与えられると，事後確率 $p(\omega_1|x)$, $p(\omega_2|x)$ が定まります．
この事後確率が等しい点 $\hat{x}$ が識別境界で，これにより領域 $\mathcal{R}_1$, $\mathcal{R}_2$ が定まります．

(1) この二つの分布の平均 μ_1, μ_2 と事前確率 $P(\omega_1)$, $P(\omega_2)$ とを用いて，識別境界 $\hat{x}$
の式を表してください．

(2) $\mu_1 = -0.5$, $\mu_2 = 0.5$, $P(\omega_1) + P(\omega_2) = 1$ を用いて，$\hat{x}$ を $P(\omega_1)$ の式で表してください．

(3) $\hat{x}$ と図の関係を用いて，$\displaystyle\int_{\mathcal{R}_1} p(x|\omega_2)\,dx$ と $\displaystyle\int_{\mathcal{R}_2} p(x|\omega_1)\,dx$ を $P(\omega_1)$ の式として表してください．

(4) 総合リスク R は式 (10.12) のように書けるので，この式に (3) で求めた結果を代入してください．ただし，ここでは，識別結果が正しかったときの損失 λ_{11}, λ_{22} は 0 とすることにします．すなわち，λ_{12}, λ_{21}, $P(\omega_1)$ のみで総合リスク R を表してください．

(5) (4) で求めた式を $P(\omega_1)$ で微分し，$R' = dR/d\omega_1$ を求めてください．

(6) (a) 識別を間違えたときの損失が等しい ($\lambda_{12} = \lambda_{21} = 1$) 場合と，(b) 損失 $\lambda_{12} = 2$, $\lambda_{21} = 1$ の場合の総合リスク $R(\omega_1)$ のグラフを描いてみましょう．図 10.4 のように上に凸のグラフになるはずですので，その最大値をとる事前確率と総合リスクの値を，(4)，(5) の結果を用いて求めてください．

Chapter 10 この章の **まとめ**　　　理解できているかを再確認しましょう！

1. 識別問題の目的は，識別した結果に基づき何らかの**行動**をすること．行動の結果，利益を得たり，損害を被ったりする．
   →リスクが最小となるように識別するように，パターン認識の概念を拡張する．
   ⇨ p.243, 図 10.1

2. 真のクラス ω_j のパターンを ω_i と推定して行動 α_i をとったときの損失を $\lambda(\alpha_i|\omega_j)$ とする．
   ⇨ p.243, 図 10.2

3. 損失の期待値をリスクといい，パターン $\mathbf{x}$ を観測して，ある行動 α_i をとったときに被る損失の期待値を**条件付きリスク** $R(\alpha_i|\mathbf{x})$ という．

$$R(\alpha_i|\mathbf{x}) = \sum_{j=1}^{C} \lambda(\alpha_i|\omega_j)P(\omega_j|\mathbf{x}), \quad (1 \leq i \leq C)$$

   条件付きリスクが最小になる行動をとるべきである（**リスク最小化基準**）．

$$\alpha_k = \alpha(\mathbf{x}) = \underset{\alpha_i}{\operatorname{argmin}} R(\alpha_i|\mathbf{x})$$

   ⇨ p.245, 式 (10.2)　 p.245, 式 (10.3)

4. どんな識別誤りに対しても損失が同じである場合は，リスク最小化基準は MAP 基準（事後確率最大化基準）の結果と同じになる．
   ⇨ p.250, 10-4 節

5. 識別するためには事前確率が必要だが，状況に応じて変動してしまうことがあり，事前確率が求められない場合も多い．このような場合に，ある事前確率を設定すればリスクを算出できるので，事前確率を変化させて最悪のリスク（リスクの最大値）を計算する．この最大リスクが最小になるよう行動を決めるのがミニ－マックス基準．
   ⇨ p.253, 図 10.4

索　引

著者略歴

荒井 秀一（あらい・しゅういち）

1984 年 3 月	慶應義塾大学工学部電気工学科卒業
1986 年 3 月	慶應義塾大学大学院工学研究科電気工学専攻修士課程修了
1989 年 3 月	慶應義塾大学大学院理工学研究科電気工学専攻博士課程修了（工学博士）
1989 年 4 月	千葉工業大学工学部情報工学科助手
1991 年 4 月	千葉工業大学工学部情報工学科専任講師
1995 年 4 月	千葉工業大学工学部情報工学科助教授
1997 年 4 月	武蔵工業大学工学部電子情報工学科教授
2003 年 4 月	武蔵工業大学工学部コンピュータ・メディア工学科助教授
2007 年 4 月	武蔵工業大学知識工学部情報科学科准教授
2008 年 4 月	武蔵工業大学知識工学部情報科学科教授
2009 年 4 月	東京都市大学知識工学部情報科学科教授
2020 年 4 月	東京都市大学情報工学部情報科学科教授
	現在に至る

編集担当 上村紗帆（森北出版）
編集責任 藤原祐介（森北出版）
組 版 ブレイン
印 刷 丸井工文社
製 本 同

ビジュアルテキスト パターン認識 © 荒井秀一 2021

2021 年 3 月 30 日 第 1 版第 1 刷発行 【本書の無断転載を禁ず】

著 者 荒井秀一
発 行 者 森北博巳
発 行 所 森北出版株式会社
　　　　　東京都千代田区富士見 1-4-11 （〒102-0071）
　　　　　電話 03-3265-8341 ／ FAX 03-3264-8709
　　　　　https://www.morikita.co.jp/
　　　　　日本書籍出版協会・自然科学書協会　会員
　　　　　JCOPY ＜（一社）出版者著作権管理機構 委託出版物＞

落丁・乱丁本はお取替えいたします.

Printed in Japan ／ ISBN978-4-627-88091-7